Precampañas Electorales

Andrés Valdez Zepeda

Índice de Contenidos

Capitulo Uno

Las Precampañas en su Contexto

1. Introducción

La democratización del sistema político mexicano ha generado diversas transformaciones en las formas que utilizan los institutos políticos para nominan a sus candidatos para ocupar cargos de representación pública. De métodos tradicionales y autoritarios, en la que la dirección del partido, sin consulta a sus militantes ni a la sociedad, decidían quienes ocupaban las candidaturas, han pasado a métodos más democráticos, sustentados en la participación ciudadana y la consulta de simpatizantes y militantes de los partidos políticos, dando origen a lo que se conoce como las precampañas o las elecciones primarias al seno de las formaciones políticas partidistas.

Estas precampañas, están ocupando, hoy día, la atención de la mayoría de los dirigentes y militantes partidistas, ya que para asegurar participar en una contienda electoral constitucional, primero se tiene que asegurar el ganar la elección interna y ser favorecidos también con el respaldo popular.

Las precampañas son ejercicios democráticos que buscan legitimar social y políticamente a los candidatos que postula un partido a los diferentes puestos de elección popular. Representa, un avance en la democratización de los partidos políticos, aunque puede generar divisiones internas, desgaste político y un mayor gasto económico.

Sin embargo, las precampañas, también, ayudan a posicionar políticamente a los partidos, dotan de legitimidad a los candidatos, dinamizan las estructuras electorales de la organización y generar el "clima político" necesario para que los militantes entren en una elección constitucional.

En este capítulo introductorio se aborda brevemente el estudio de los principales aspectos relacionados a las precampañas o campañas internas y su diferencia de las campañas constitucionales. Se enlistan una serie de recomendaciones prácticas para ser más competitivos los ejercicios proselitistas pre-electorales y se debate sobre los problemas más importantes y el futuro de las precampañas.

2. Las estrategias de precampaña

Las estrategias en una campaña son diferentes a las que se usan en las precampañas. Las primeras, por ejemplo, se enfocan hacia los ciudadanos en pleno ejercicio de sus derechos políticos que establece la legislación electoral. La segunda, a un grupo más limitado de ciudadanos, generalmente sólo a los que pertenecen o simpatizan con un partido político, en lo particular.

En este sentido, la estrategia más funcional para las precampañas es aquella que se sustenta en las relaciones particulares y de contacto más personalizado con los que deciden (militantes, simpatizantes, directivos, consejeros, etc.) con el fin de construir los consensos necesarios para ganar la postulación. Este tipo de estrategia, bien la pudiéramos llamar, de relaciones, sustentada en el contacto personal del aspirantes con grupos específicos de la sociedad y el partido. En este tipo de elecciones, las campañas mediáticas no tienen tanto efecto persuasivo en elecciones locales, pero si, hay que reconocerlo, en comicios nacionales.

Las estrategias más recomendables en precampañas tienen que ver con el contacto directo, el proselitismo individualizado, el tejer alianzas y compromisos específicos con grupos, personajes y corrientes internas, así como la construcción de consensos amplios con la militancia y los líderes formales e informales del partido.

3. Las precampañas y el mensaje político

El tipo de mensaje para una precampaña, también, difiere del de una campaña. El primero, tiene que trasmitir una seguridad de éxito, triunfo y avance de la formación partidista en su conjunto, apelando a las emociones, sentimientos, principios, ideología y estereotipos aceptados por la mayoría de los militantes y simpatizantes del partido. La segunda, apela al interés general, habla de los problemas, necesidades y expectativas de la gente, no sólo de los militantes. Pone énfasis en el todo, no sólo en la parte, invoca el bienestar común y el interés de todos.

Los mensajes de una precampaña se direccionan hacia objetivos precisos, relacionados con la conservación o conquista del poder, el fortalecimiento y consolidación de la institución partidista y hacia la solución de problemas específicos de la sociedad. Por su parte, los mensajes de las campañas son más amplios e incluyentes, abordan temas menos ideológicos y se direccionan hacia la totalidad del electorado.

4. Las precampañas y la mercadotecnia

La mercadotecnia política es necesaria para las precampañas y más si se trata de elecciones nacionales o estatales, pero es menos útil en elecciones locales donde el número de militantes o delegados de un partido son pocos. En este tipo de elecciones las relaciones, el contacto directo y el proselitismo electoral casa a casa son más efectivos que las campañas mediáticas.

Sin embargo, toda precampaña puede hacer uso de las técnicas, estrategias y saberes que ha generado la mercadotecnia político electoral con el fin de ganar la elección y obtener la candidatura que se busca. Por ejemplo, la investigación de mercados ayudaría a conocer mejor a los electores para diseñar un mensaje adecuado para su persuasión. La comunicación política ayudaría a saber comunicar mejor las ideas, propuestas y proyectos del precandidato. La imagen ayudaría a un mejor posicionamiento y a obtener más simpatías y votos de los militantes, delegados o simpatizantes de un partido. Las estrategias permitirían direccionar mejor las acciones y alcanzar los objetivos que se buscan. Finalmente, el contacto directo ayudará a generar los votos necesarios y la confianza que se requieren para ganar la postulación.

5. Las precampañas y la normatividad electoral

En varias naciones latinoamericanas, las precampañas no se encuentran reguladas por alguna ley electoral. Esto se debe, en gran medida, a la mocedad de la democracia y lo reciente de las elecciones internas para definir candidatos a puestos de elección popular. Sin embargo, algunos institutos y partidos políticos, han reglamentado las elecciones internas y han establecido reglas para dar certeza y confianza a los participantes.

En lo particular, en México hasta el año 2007 no estaban reglamentadas las precampañas a nivel federal y sólo algunos estados de la república, como Aguascalientes Chiapas, Estado de México, Jalisco, Guerrero, Nayarit, Quintana Roo y Tlaxcala, Coahuila, habían introducido hasta ese año disposiciones normativas orientadas a regular las precampañas, fijando limites presupuéstales, tiempos y formas para la elección de los candidatos.

Sin embargo, la falta de reglamentación oficial no implicaba que todo pueda ser valido en los comicios internos, ya que escándalos, excesos y problemas internos pueden afectar la voluntad del ciudadano y trastocar la elección constitucional. De ahí la importancia de cuidar la elección y llevarla de acuerdo a parámetros social y políticamente aceptados, tratando de evitar trastornos y complicaciones mayores, ya que de nada sirve que se gane o imponga una candidatura, pero se pierda la elección constitucional. Al contrario, la precampaña debe ser la plataforma segura de lanzamiento que posibilite el obtener la constancia de mayoría que otorga la autoridad electoral.

6. Recursos para las precampañas

A diferencia de las campañas, en las elecciones internas generalmente no se cuenta con presupuestos de origen público para financiar las actividades de proselitismo y comunicación política. El partido, dispone de recursos sólo para la organización del proceso electoral, pero no para la promoción y campaña de los candidatos.

Por ello, todo aspirante a un puesto de elección popular debe crear la estructura administrativa y política, una especie de ingeniería financiera, para colectar fondos económicos y recursos materiales que usará en la precampaña. Aunque, es importante, decirlo, el recurso más importante en las elecciones internas es el talento humano y el tiempo.

Para recaudar fondos se pueden organizar colectas entre amigos, familiares, simpatizantes y camaradas del partido; organizar rifas y eventos masivos (comidas, bailes, festivales, etc.) para la recaudación, así como solicitar donaciones a grupos empresariales y políticos que estén dispuestos a apoyar la candidatura. Sin embargo, es muy importante hablar con claridad y no cometer el error de crear o firmar compromisos de los cuales luego se puede arrepentir más tarde.

En los últimos días, algunos partidos políticos han fijado topes de gasto de las precampañas con la idea de imponer límites a los contrincantes y evitar excesos en los gastos. Sin embargo, la fiscalización de los gastos de las precampañas por los partidos políticos es prácticamente inexistente y las sanciones, cuando existen, son muy laxas.

7. La administración de una pre-campaña

Administrar una pre-campaña es una tarea un tanto similar a la de una campaña constitucional, aunque de menores dimensiones. En la gestión de la precampaña se tiene que poner especial atención en la planeación, la dirección, la organización y la evaluación y control de la misma.

En materia de organización de una precampaña se requiere hacer un diseño organizacional o arquitectura política operativa y flexible, que cubra las tareas específicas más importantes para la precampaña como la coordinación general de la misma, la coordinación de comunicación y medios, alianzas estratégicas, e imagen y opinión pública, entre otras.

En el ámbito de la evaluación es importante evaluar el avance de la precampaña, al menos, en tres ocasiones con el fin de conocer avances, resultados, insuficiencias y grado y calidad de posicionamiento del candidato. En el aspecto de control es necesario tener un seguimiento puntual de las actividades, agendas, compromisos y gastos de la precampaña. Sobre esta última, es importante tomar en cuenta que la falta de control de las actividades y recursos usados en la precampaña puede originar conflictos y escándalos que pueden, a su vez, repercutir negativamente en la elección.

8. Los problemas generados por precampañas

Las precampañas son ejercicios democráticos en la que dos o más precandidatos confrontan sus ideas, proyectos, propuestas y personalidades buscando ocupar la postulación del partido para un puesto de elección popular. Esta confrontación genera al interior de la organización una serie de problemas como las divisiones, los escándalos y las desbandadas de algunos dirigentes y militantes partidistas.

Las divisiones internas, mal manejadas, dañan a la institución partidista y generan una idea generalmente negativa en la sociedad. De hecho, las divisiones internas y las luchas pre electorales, muchas veces, son el factor que lleva a la perdida de la elección. De ahí que todo partido deba cuidar que la elección interna y la confrontación política que ésta implica, no genera desintegraciones mayores.

9. El futuro

La democracia electoral hará de las campañas internas un procedimiento recurrente al que acudirán, por igual, partidos y formaciones políticas en la búsqueda de los consensos sociales y políticos que demandará la lucha por el poder. De esta forma, más que fenómenos aislados, las precampañas serán ejercicios cotidianos que poco a poco se institucionalizarán el seno de los partidos y que pronto serán reguladas por los organismos y leyes electorales.

Las precampañas, además, irán incorporando elementos propios de las campañas constitucionales como los debates de los precandidatos, la realización de encuestas de opinión sobre las preferencias electorales, la tecnología de la información y, sobre todo, el marketing político especializado para elecciones internas.

De esta forma, de casos fortuitos o aislados, las elecciones internas pasarán a ser ejercicios habituales que reflejarán el nivel de democratización interna de las instituciones partidistas y que, en última instancia, coadyuvarán en la consolidación de la democracia electoral de los países latinoamericanos.

Capitulo Dos
Las Precampañas Electorales:
Aspectos conceptuales e históricos

Su concepto

Una precampaña puede ser definida como el proceso de selección de candidatos que tiene cada partido político, conforme a sus reglas, procedimientos, calendarios y acuerdos internos.[1] La precampaña inicia cuando sale publicada la convocatoria por parte de los órganos competentes del partido y concluye cuando se entrega la constancia de mayoría para el o los candidatos ganadores.

Las precampañas, también llamadas elecciones internas o primarias, pueden ser definidas, también, por un lado, como procesos intensos de comunicación persuasiva, organización y movilización electoral, así como de cuidado y defensa del voto, que realizan distintas personalidades y sus equipos de campaña con el objetivo de ganar el apoyo de los electores y así ser nominados por su partido político o coalición partidista como candidato a un puesto de elección popular en los próximos comicios constitucionales. Por el otro, son acciones persuasivas o disuasivas para evitar que sus competidores u oponentes obtengan los votos necesarios para ganar la elección.

Es decir, toda precampaña implica dos grandes frentes. El frente de atracción de sufragios para la causa propia y el frente de repulsión de votos para los adversarios.

Su historia

Las precampañas tienen una vieja historia. Por ejemplo, en los Estados Unidos de Norteamérica, tanto el Partido Demócrata como el Partido Republicano han institucionalizado un procedimiento de competencia interna para postular a sus candidatos a la presidencia de la república, llamado popularmente como "elecciones primarias."

---

[1] El Código Electoral del Estado de México, por su parte, en su artículo 144 A, define a la etapa de las precampañas como actos realizados por los partidos políticos, dirigentes, militantes, afiliados y simpatizantes, dentro de sus procesos internos de selección de candidatos a los diversos cargos de elección popular.

Su historia se remonta a los inicios del siglo XX, cuando Theodore Roosevelt fue electo, mediante votación abierta, como candidato del Partido Progresista a la presidencia en 1901. Hoy día, estas elecciones inician en enero del año electoral, con los comicios estatales en Iowa y, concluyen, generalmente, en agosto con la realización de las convenciones nacionales de los dos partidos, en las que los delegados electos en los diferentes estados y los súper-delegados nominan oficialmente a su candidato presidencial.

En el caso de México, la primer precampaña que se realizó fue en 1919 por Álvaro Obregon para alcanzar la presidencia de México, ya que mucho antes que fuera nominado como candidato del Partido Nacional Revolucionario, Obregón había realizado una campaña anticipada para asegurar su nominación. Sin embargo, propiamente hablando, la primer gran precampaña que se realizó en México a nivel nacional fue la de Vicente Fox Quesada, cuando desde 1997 inició su cruzada, primero para ganar la nominación del Partido Acción Nacional y luego la elección presidencial en el año 2000. De hecho, la precampaña de Fox fue una de las más extensas y exitosas, la cual tuvo una duración de tres años y le permitió a Fox ser el candidato único e indiscutible del PAN rumbo a las elecciones del 2000. En el 2003, también Andrés Manuel López Obrador inició su precampaña en búsqueda de su nominación a la presidencia de la república por parte del Partido de la Revolución Democrática (PRD) y otros partidos de izquierda como el Partido del trabajo y el Partido convergencia.

Su legislación

En la legislación federal, las precampañas electorales no se reglamentaron sino hasta hace poco tiempo, cuando se aprobó la nueva reforma constitucional en materia electoral en noviembre del 2007 y el Código de Instituciones y Procedimientos Electorales (COFIPE) en febrero del 2008. A nivel estatal, la regulación de las precampañas se realizó tanto por los partidos políticos como por la normatividad electoral aplicable a los comicios locales. Las entidades federativas que iniciaron con la regulación de las campañas antes de las reformas electorales constitucionales del 2007 fueron Baja California Sur, Coahuila, Chiapas, san Luis Potosí, el Estado de México, el Distrito Federal, Jalisco, Guerrero, Nayarit, Quintana Roo y Tlaxcala.

De acuerdo al nuevo ordenamiento constitucional a nivel nacional, se establecen límites en la erogación de los partidos políticos en sus precampañas, ya que ahora las precampañas no podrán durar más de las dos terceras partes de lo que duran las campañas electorales. Asimismo, durante sus precampañas, los partidos políticos dispondrán en conjunto de un minuto por cada hora de transmisión en cada estación de radio y canal de televisión; el tiempo restante se utilizará conforme a lo que determine la ley.

Esto implicará que los precandidatos a algún puesto de elección popular puedan ser sancionados si no acatan los ordenamientos electorales generales y que se establezcan limites y regulaciones de las precampañas en leyes secundarias para tener procesos internos muchos más ordenados y equitativos. Al establecerse tiempos máximos de precampaña los pre candidatos tendrán que ceñirse a los mismos, evitando que algunos inicien su precampaña tres años antes del inicio del proceso electoral, como pasó con Vicente Fox Quesada, quien inició su precampaña rumbo a la presidencia de la república tres años antes de la justa electoral.

Este nuevo ordenamiento constitucional implicará también para los aspirantes a un puesto de elección popular y las instituciones partidistas el tener un mayor cuidado y observancia de la ley en los procesos internos de los partidos, el eficientar mejor los recursos disponibles al interior de la organización, el focalizar los esfuerzos hacia mercados meta y el cuidar, de cierta manera, la unidad de la institución, más allá de apetitos personales de muchos actores políticos.

Su importancia

Las precampañas son procesos político- persuasivos muy importantes no sólo para afianzar los regímenes democráticos, sino también para dotar de legitimidad y popularidad a los candidatos que competirán en las próximas elecciones constitucionales. De hecho, ganar una precampaña puede ser sinónimo de éxito, en muchos casos, en las contiendas constitucionales, ya que muchos precandidatos lograr tal visibilidad, popularidad y respaldo social durante los procesos internos que es difícil parar su inercia ganadora. Tales fueron los casos, por ejemplo, de Vicente Fox Quesada en México en el año 2000 o de Barack Obama en los Estados Unidos en el 2008, ambos candidatos triunfadores en las elecciones presidenciales.

Las precampañas también son muy importantes para el rimen de competencia y para los sistemas democráticos por las siguientes razones. Primero, permiten seleccionar a los candidatos más competitivos, que lograr construir consensos al interior de las organizaciones partidistas, ganando el apoyo mayoritario de los votantes. Segundo, las precampañas generan un mayor dinamismo al interior de los partidos políticos, superando, muchas veces, la inmovilidad y el burocratismo institucional en el que caen muchas organizaciones partidistas en tiempos no electorales. Tercero, las precampañas, principalmente las más creativas y bien publicitadas, logran una mayor visibilidad social, misma que puede resultar benéfica para el partido de cara a los comicios constitucionales.

Cuarto, las precampañas permiten que un mayor número de electores conozca a los futuros candidatos que serán postulados a un puesto de elección popular. Quinto, las precampañas ayudan también a posicionar temas de campaña que resultan, muchas veces, relevantes y de interés para todos los votantes durante los procesos constitucionales. Sexto, las precampañas permiten configurar equipos de campaña y obtener experiencias sobre estrategias de comunicación, organización, movilización y defensa del voto que pueden servir en los procesos constitucionales.

Séptimo, las precampañas permiten que los candidatos conozcan mejor a los electores y recorran el territorio donde se desarrollará la contienda. Octavo, las precampañas permiten la colecta de fondos económicos donados por parte de particulares, mismos que pueden integrar una base de datos para futuros financiamientos para las campañas constitucionales. Novenos, las precampañas ayudan a crear el clima y el ambiente propicio para el éxito de una contienda electoral constitucional. Finalmente, las precampañas dotan de información y ayudan a los electores a prefigurar o formarse un juicio anticipado sobre la opción electoral que pueden apoyar en la próxima gesta electoral constitucional.

Sus cuidados

Toda precampaña genera una serie de experiencias, tanto positivas como negativas, que pueden incidir en el resultado final de una elección constitucional. Por ello, es importante no sólo para el partido político, sino también, para los precandidatos procesar adecuadamente las precampañas, cuidado que no se salgan de control y puedan resultar contraproducentes de cara a las elecciones constitucionales.

Los problemas que pueden generarse en una precampaña son los siguientes. Primero, las precampañas generan una natural división o confrontación al interior del partido, misma que, de no tenerse los cuidados respectivos, pueden dañar irreversiblemente las posibilidades de la campaña constitucional. De hecho, hay muchos casos en la que las precampañas mal gestionadas por los partidos políticos se convierten en verdaderos problemas que dañan las posibilidades de éxito en el futuro. En algunos casos, las precampañas han generado candidatos para otros partidos opositores, mermando la posibilidad de ganar las elecciones para el partido propio.

Segundo, las precampañas pueden también, principalmente las que se exceden, contribuir al hartazgo de los electores y, por lo tanto, generan un mayor abstencionismo en los comicios constitucionales, ya que, por ejemplo, una campaña que ocasione una saturación mediática, más que ayudar, puede generar el efecto bumerán y resultar contraproducente para el partido impulsor.

Tercero, las precampañas muy extensas e intensas pueden, también, agotar física, mental y moralmente a los equipos de campañas, nutridos por militantes y simpatizantes, quienes pueden mermar en su entusiasmo y resultar contraproducente en los comicios constitucionales.

Cuarto, desde la perspectiva de la teoría de la democracia y el principio de equidad en la elección, las precampañas se pueden convertir en procesos que generen inequidad en la contienda constitucional ante la falta de regulación en su financiamiento, ya que muchas veces, el resultado de la elección se define desde las primarias, con precampañas de Estado que se caracterizan por el dispendio y el uso de abundantes recursos, tanto públicos como privados, para ganar la contienda. Por ejemplo, en la elección presidencial del 2000 en México, el periódico *El Universal* solicitó a la empresa *Verificación y Monitoreo* la realización de un monitoreo sobre el gasto en medios electrónicos de los precandidatos a la Presidencia de la República. En este monitoreo, se concluyó que los aspirantes presidenciales gastaron en las precampañas 1 mil 003.6 millones de pesos.[2]

Quinto, las precampañas pueden también agotar los recursos económicos de los precandidatos, quienes le apuestan todo al proceso interno, lo cual puede repercutir negativamente en las campañas constitucionales, que demandan, la mayoría de las veces, un mayor monto de recursos económicos.

Finalmente, las precampañas pueden, también, ayudar a desgatar la imagen y reputación de los candidatos participantes en la contienda, ya que toda precampaña implica dar razones y mostrar evidencias del por qué votar a favor, pero también del por qué no votar por los opositores. Es decir, los golpes y ataques dados al calor de la precampaña pueden ser mortales para los contendientes, cuyas repercusiones afectan sus posibilidades tanto en los procesos internos como en los constitucionales.

La precampaña permanente

Las precampañas electorales son definidas como procesos políticos que se circunscriben temporalmente a la convocatoria que emita el partido o los órganos facultados por el partido para tal efecto. Esto es, las precampañas tienen un periodo corto de duración, que de acuerdo a la normatividad electoral federal, no deben duran más de dos terceras partes de lo que duran las campañas electorales.

Sin embargo, los candidatos mejor posicionados en los procesos internos son aquellos que han hecho de la política una actividad permanente que no se circunscribe a los tiempos que marca la convocatoria o el partido para la realización de la precampaña. Es decir, para que sea exitosa una precampaña debe hacerse de manera

---

[2] Para *El Universal*, los precandidatos del PAN habrían gastado 272 millones de pesos (mdp); los precandidatos del PRI habrían gastado 396.1 mdp; los precandidatos del PRD gastaron 29.3 mdp y el precandidato del PVEM habría gastado 285.5 mdp.

permanente, ya que la política implica construcción, tejer relaciones y acuerdos políticos, gestionar el afecto de la gente y, sobre todo, edificar una buena imagen y una alta reputación, mismas que se logran en el mediano o largo plazo.

De hecho, no sólo las precampañas, sino también las campañas constitucionales deben dar lugar a las campañas políticas, mismas que se realizan de manera permanente para asegurar, en muchos de los casos, ser exitosas. En otras palabras, lo que se requiere es impulsar y organizar campañas políticas de forma permanente, respetando los calendarios que fijan los partidos o las autoridades electorales para los comicios internos y constitucionales, pero apostándole a la construcción de lealtades electorales, afinidades políticas y posicionamientos en una perspectiva de mediano o largo plazo.

Tipología

Las precampañas electorales pueden ser clasificadas en cinco tipos. Por un lado, de acuerdo a su resultado, estas pueden ser exitosas o fracasadas. Las primeras, son aquellas que logran alcanzar los objetivos buscados y las segundas no. Toda precampaña exitosa no necesariamente es una campaña ganadora, ya que, en muchos casos, los objetivos que se buscan, por parte de los contendientes, puede ser el publicitar una plataforma electoral, alcanzar un porcentaje específico de votación que le asegure cierto capital para poder negociar alguna posición o simplemente para figurar como una opción dentro del partido. Las segundas son las campañas fracasadas que no lograr alcanzar ninguno de los objetivos buscados por los participantes.

De acuerdo al impacto en la conducta de los electorales, las precampañas también pueden clasificarse en efectivas o inefectivas. Las campañas efectivas son aquellas que además de ser ganadoras internamente logran un gran impacto entre la sociedad, sirviendo como pivote fundamental para ganar las contiendas constitucionales.

De acuerdo a su extensión, las precampañas pueden ser clasificadas como cortas, medianas o largas. Las precampañas cortas tienen un margen de duración de entre dos a cuatro semanas. Las medianas de un meas a cuatro meses y las largas de cuatro meses en adelante.

De acuerdo a los recursos económicos involucrados, estas pueden ser onerosas, sumamente onerosas o austeras. Las precampañas sumamente costosas son aquellas que sobresalen por el dispendio. Las onerosas son aquellas que cuentan con los suficientes recursos, tanto de origen público como privada, para la realización de las actividades proselitistas. Por su parte, las campañas austeras son aquellas que se caracterizan por el ahorro y el uso más racional del recurso.

Finalmente, las precampañas también se pueden clasificar de acuerdo con el método de selección de los mismos, el cual puede ser por encuesta o por elección. A través del método de encuesta, se pregunta generalmente a los electores a quién de los precandidatos registrados se le conoce, qué tipo de opinión se tiene sobre ellos (positiva o negativa) y, sobre todo, sí el día de hoy fuera la elección por cual de ellos votaría. A través de este procedimiento, se trata de seleccionar a los candidatos que asegure una mayor rentabilidad electoral, sean más conocidos y, sobre todo, cuenten con un mayor respaldo popular. Sin embargo, el método de encuesta presenta una serie de desventajas que van desde las de carácter estrictamente metodológico, pasando por cuestiones de carácter político (encuestas a modo) o de inequidad en la contienda (ya que los políticos que han tenido mayores espacios en los medios de comunicación son los que generalmente son más conocidos) hasta ciertas distorsiones que el propio procedimiento genera, ya que muchos de los encuestados no necesariamente votarían por el partido y el candidato postulado, pero su opinión si es tomada en cuenta por los encuestadores.

Los problemas de carácter metodológico están relacionados con las distorsiones que el propio procedimiento genera, como pueden ser la selección del tamaño de la muestra (no sea representativa), el diseño del instrumento de investigación (por ejemplo, el orden en el que se presentan los precandidatos puede generar una distorsión), el levantamiento y procesamiento de la información (encuestas inventadas o falseadas) y, sobre todo, la interpretación errónea de los resultados (la encuesta es sólo válida para el momento en que fue tomada).

Las distorsiones de carácter político implican un uso inadecuado del instrumento por quienes mandaron hacer las encuestas y de quienes las realizaron con el objetivo de beneficiar a un determinado precandidato y perjudicar a otros. Es decir, la encuesta solamente se usa como elemento legitimador de una decisión cupular, predominando el interés político sobre las cuestiones técnicas.

Las encuestas también pueden acentuar los problemas de inequidad en la contienda, ya que los precandidatos generalmente nuevos, que no han tenido la oportunidad de trascender a la opinión pública ven reducido sus posibilidades de ser considerados por el instrumento como los más viables o lo que prefieren los votantes.

Finalmente, las encuestas son procedimientos falibles que se sustentan en la opinión de los encuestados, pero dicha opinión no necesariamente representa realmente la decisión que los propios entrevistados tomen al momento de la elección. Es decir, la realidad electoral puede variar mucho, respecto de lo que puede reflejar la propia encuesta.

Ahora bien, de acuerdo con el carácter de quien es el gran elector o los que pueden sufragar en la contienda para elegir a sus candidatos, las precampañas se dividen también en cuatro tipos. Primero, en la que pueden votar todos los ciudadanos estén o no afiliados al partido, con el único requisito de que estén en el padrón electoral y tenga la credencial del Instituto Electoral Federal (IFE) para votar. Segunda, en la que sólo pueden votar para elegir a sus candidatos todos los militantes del partido, sean estos con derechos plenos o adherentes, como suelen llamarlos en algunos institutos, como en el Partido Acción Nacional (PAN). Tercero, en la que votan solamente los delegados, previamente electos por las bases. Y, finalmente, en la que el comité directivo sea nacional, estatal, o municipal (o algún órgano ex profeso del partido) por mayoría de sus miembros decide las candidaturas.

La primera forma de elección es abierta a la sociedad y busca una mayor legitimidad social, ya que todos los ciudadanos, incluidos los de los partidos opositores, tienen la oportunidad de participar en la elección de los candidatos. En la segunda forma, se denomina elección interna, ya que solamente los que cuenten con membrecía partidista pueden votar en la contienda. La tercera se denomina elección interna por delegados, en la que solamente aquellos militantes, que han sido facultados ex profeso por las bases partidistas, pueden participar en la elección. Finalmente, la última forma se denomina elección interna por los órganos directivos, ya que solamente los órganos de dirección pueden determinar las candidaturas.

La elección abierta a la sociedad presenta una serie de ventajas y desventajas. Las ventajas más importantes son, primero, la legitimidad social de cuño democrático con la que se dota al candidato y al partido que acude a este tipo de procedimientos; segundo, la mayor visibilidad política y el estruendo mediático que la propia contienda genera; tercero, la activación política de una parte del electorado, principalmente la que simpatiza y apoya al candidato y la dinamicidad que se imprime a la institución producto de la misma contienda interna. Desvirtuar el propio proceso electoral por la posible participación de militantes de otros partidos opositores interesados en que un determinado personaje sea nominado como candidato, el desgaste del candidato y su equipo de campaña que genera la propia contienda y el enfado en ciertos sectores sociales (principalmente cuando hay dispendio), así como utilizar métodos perversos de estirpe pre democrática para ganar la nominación (compra y coacción del voto) son dos de las principales desventajas de este tipo de procedimientos, que pueden aumentar el nivel de conflictividad y desgaste político al interior de la organización.

La elección por todos los militantes, evita ciertos niveles de artificialidad en la contienda, al asegurar que solamente los que posean alguna membrecía partidista puedan participar en la nominación de candidatos, lo que asegura cierto control institucional. Sin embargo, una de las desventajas es que es menor el nivel de legitimidad social el que adquieren tanto el partido y el candidato postulado, ya que solamente vota una pequeña parte de la sociedad (los que militan en el instituto), limitando la participación de toda la ciudadanía. De igual forma, la elección abierta hacía los militantes no evita que se impulsen prácticas perversas (clientelismo, corporativismo y compra y coacción del voto), que no sean solamente contraproducentes para la democracia partidista, sino también para la propia contienda constitucional, al generar un efecto *boomerang* que se revierte en contra de sus impulsores.

La elección por delegados asegura también que sean los propios militantes quienes determinen las candidaturas. Sin embargo, el número de electores directos que participa se reduce significativamente, lo que puede ser contraproducente desde la perspectiva de construcción de legitimidad social para el candidato y reforzamiento de las credenciales democráticas del partido. De la misma forma, este tipo de elección permite ciertas distorsiones del proceso, ya que si bien en teoría los delegados representan el sentir y la decisión de sus bases, en la práctica, muchas veces, los delegados actúan *in moto propio,* alejados del mandato de sus representados.

La elección de los candidatos por los comités directivos o los órganos creados ex profeso para la nominación permite un mayor control institucional y dota de cierta certidumbre al proceso. Sin embargo, este procedimiento no asegura seleccionar a los mejores candidatos, ni evita los conflictos al interior del partido. De igual manera, con este tipo de procedimientos no se obtiene la legitimidad social, ni la visibilidad pública que puede resultar benéfica para el partido de cara a la elección constitucional, amén de que tampoco representa un avance de la cultura democrática que debe prevalecer al interior de las formaciones partidistas.

Ninguno de estos cuatro métodos, asegura por sí mismo, el elegir a los mejores candidatos o ganar las elecciones constitucionales, ni evita una serie de prácticas perversas, muchas veces, contrarias al espíritu democrático y de legalidad que debe prevalecer en este tipo de elecciones primarias. Sin embargo, desde la perspectiva de lo que social y políticamente es más correcto, tanto la nominación abierta a la sociedad como la elección por todos los militantes de un determinado partido político, cuando se procesan adecuadamente y se evitan los altos niveles de conflictividad interna, resultan ser una de las opciones más aconsejables.

Capítulo Tres

Ventajas y Desventajas de las Precampañas

1. Introducción

Desde la perspectiva estratégica, las precampañas presentan una serie de ventajas y desventajas para las organizaciones partidistas, de cara a los procesos constitucionales. Esto es, cuando un partido político, sea por decisión propia, mandato estatutario o visión estratégica, decide elegir a sus candidatos mediante un proceso electoral abierto y competitivo, puede, en algunos casos, obtener ventajas de este proceso o, en otros, por el mal manejo y gestión de la precampaña, puede resultarle contraproducente.

A continuación, se describen y analizan las principales ventajas y desventajas que pueden representar para los partidos políticos por la celebración de elecciones internas, así como por la falta de las precampañas o por la simulación de su celebración de este tipo de procesos.

2. Las ventajas

Las ventajas más importantes que puede obtener un partido o coalición de partidos políticos por la celebración de precampañas electorales son, al menos, ocho. Primero, las precampañas profundizan y desarrollan la democratización interna de los partidos. Segundo, las precampañas ayudan a lograr una mayor visibilidad social. Tercero, las precampañas dotan de una mayor legitimidad política tanto a los partidos como a sus candidatos de cara a una elección constitucional. Cuarto, las precampañas ayudan a dinamizar las estructuras partidistas para poder enfrentar de manera más exitosa los procesos electorales constitucionales. Quinto, las precampañas pueden ayudar a avanzar en el proceso de posicionamiento político electoral tanto al partido o coalición de partido, así como a los candidatos. Sexto, las precampañas ayudan también a realizar una mejor diagnostico de la situación que prevalece en el mercado electoral, conociendo mejor a los electores y el contexto de la elección. Séptimo, las precampañas ayudan en la construcción de liderazgos partidarios y finalmente, las precampañas coadyuvan en el fortalecimiento de las instituciones partidistas.

Es decir, las precampañas bien gestionadas, cuidadas e implementadas pueden ayudar a construir una serie de ventajas competitivas en la disputa por el poder, catapultando a los candidatos victoriosos y aumentando las posibilidades de éxito de los partidos o coaliciones de partidos políticos, amén de contribuir a la democratización del sistema de electoral y de partidos políticos.

A continuación, se analizan estas ventajas.

a. Democracia interna

Desde la perspectiva de la teoría de la democracia, las campañas internas son procesos competitivos en la que dos o más precandidatos buscan obtener el voto mayoritario de los electores (militantes y/o simpatizantes) con el fin de ser postulados oficialmente por el partido o coalición de partidos a un cargo de representación popular. En este sentido, las precampañas son procesos plurales que ayudan a avanzar y profundizar la democratización de los partidos políticos.

La democracia interna genera incentivos para una mayor participación ciudadana en los procesos partidarios y un mayor entusiasmo por parte de los diferentes grupos y colectivos políticos que aspiran a ocupar las candidaturas a los diferentes puestos de elección pública. Las precampañas también dotan de legitimidad interna a los procesos partidarios y generan incentivos para fomentar una mayor competencia interna.

b. Visibilidad social

Las precampañas hacen más visibles, socialmente hablando, los procesos partidarios internos, logrando que una parte de la ciudadanía se entere e involucre directa o indirectamente en este tipo de procesos. La visibilidad social y el estruendo mediático que se genera por la precampaña pueden resultar benéficos para el partido, en la medida que logran captar la atención de los ciudadanos, refuerzan predisposiciones político-electorales existentes en la mente de los electores, ayudan en la construcción de la identidad partidista y, sobre todo, generan simpatías hacia causas, temas y liderazgos partidarios.

En este sentido, las precampañas ayudan a logran un mayor posicionamiento del partido y sus candidatos de cara al proceso electoral constitucional, en la medida de que una gran parte de los electores se entera de la política por los medios de comunicación.

c. Legitimidad política

Las precampañas ayudan a dotar de una mayor legitimidad política a los candidatos a un puesto de elección popular, así como a las instituciones partidistas, dándole la legitimidad democrática por la forma en que fue nominado para la elección constitucional. Es decir, cuando un candidato fue electo mediante un procedimiento democrático en la que participan los militantes y/o ciudadanos éste tiene una mayor legitimidad de origen que otros que fueron nominados por los partidos a través de procedimientos no democráticos. Esta legitimidad de origen dota al candidato y al partido, a su vez, de mayores activos electorales durante la campaña constitucional.

Toda campaña exitosa reclama que sus candidatos estén social y políticamente legitimados, ya que de lo contario habrá criticas y cuestionamientos de parte de los opositores. De hecho, la falta de legitimidad de los candidatos se convierte en una desventaja competitiva durante las campañas constitucionales, mientras que le legitimidad se transforma en una ventaja.

La legitimidad ayuda, además, en la construcción del consentimiento social, lo cual es un factor importante a considerar en toda campaña electoral. De hecho, toda campaña busca como propósito central construir consensos sociales necesarios en la edificación de mayorías electorales.

d. Dinamización de las estructuras partidistas

Las precampañas ayudan a dinamizar las estructuras electorales de los partidos y a generar una mística de acción electoral propicia para la movilización política. El ambiente electoral que generan las precampañas sirve, también, de estimulo para que sectores sociales y partidistas se involucren en las actividades proselitistas propias de una contienda electoral.

La dinamización política que generan las precampañas contribuye a un mejor posicionamiento de los candidatos y los partidos que las impulsan, así como a una mayor efervescencia y activismo político de militantes y simpatizantes. Esta dinamización, se puede traducir en activos electorales durante las campañas constitucionales, así como en aprendizajes y experiencias de trabajo colaborativo entre distintos núcleos partidistas.

Una estructura partidista dinamizada se convierte, ya bajo una campaña constitucional, en una maquinaria electoral musculosa y altamente eficiente que aporta sus activos en las acciones de organización, proselitismo, comunicación y movilización electoral, así como en el cuidado y defensa del voto.

e. Avanzar en el posicionamiento político del candidato y partido

Las precampañas ayudan a posicionar en el mercado electoral tanto al partido o coalición de partidos, como a los candidatos que postulan. De hecho, en algunos casos, las precampañas logran catapultar a los candidatos, de tal forma, que se genera una inercia ganadora que es difícil contener por parte de los opositores durante la elección constitucional. En otros casos, las precampañas también sirven para logran activos políticos en diferentes núcleos de población o en sectores específicos del electorado, permitiendo un acercamiento tanto en materia programática como logística con los ciudadanos.

Las precampañas ayudan además a vincular al partido y sus candidatos con diferentes causas sociales, lo cual puede resultar estratégico para sustentar la agenda programática de la elección constitucional. Las precampañas también ayudan a avanzar en la constitución de los frentes estratégicos de las campañas electorales, como puede ser el conocimiento del mercado electoral, el proselitismo y la comunicación persuasiva, la organización de la estructura electoral, la movilización de activos políticos y el cuidado y defensa del voto.

Finalmente, las precampañas no sólo ayudan a avanzar en el posicionamiento político de los partidos y sus candidatos, sino también a posicionar a la propia política electoral entre los ciudadanos, así como a posicionar al propio sistema de partidos.

f. Diagnóstico del mercado electoral

Las precampañas son oportunidades valiosas para conocer a la gente y hacer un diagnóstico profundo de la situación que guarda el mercado electoral. A través de las precampañas, se conoce los problemas principales de los electores, sus deseos, expectativas, sueños, emociones y sentimientos, así como las filias y fobias partidistas. Cuando las precampañas son abiertas y se realizan entre la ciudadanía en lo general y no sólo entre la militancia partidista, afloran los temas que le interesan a la gente y los tópicos que potencialmente pueden nutrir la agenda programática de la campaña constitucional.

El diagnóstico oportuno y certero del mercado electoral, dota de información relevante
para la toma de decisiones de parte del partido y para afinar el trazo estratégico de la campaña constitucional. Las precampañas posibilitan un acercamiento y vinculación entre candidatos y ciudadanos, lo que resulta relevante para alcanzar los objetivos políticos que se buscan.

De hecho, toda campaña profesional parte de un diagnóstico profundo del mercado electoral, así como del conocimiento de las circunstancias, particularidades y momentos que se están viviendo en la elección.

g. Construye liderazgos partidarios

Las precampañas no sólo ayudan a mejorar el posicionamiento de quienes resultan ser electos como candidatos, sino también a construir verdaderos líderes políticos, ya que las elecciones internas se constituyen en verdaderas oportunidades para que diferentes personas e individuos puedan sobresalir por sus competencias y habilidades, tanto políticas como organizativas y comunicacionales.

De hecho, muchos de los liderazgos partidistas se forjan al calor de las elecciones internas y como consecuencia de su desempeño en gestan tan importantes como las propias contiendas internas para nominar a los diferentes abanderados a los distintos puestos de elección popular.

Estas precampañas ayudan también a conformar un liderazgo partidista, ya que cada instituto político construirá su presente y su futuro a partir de las acciones y fortalezas que esté edificando a lo largo de los años.

h. Fortalece la institución partidista.

Las precampañas, bien gestionadas y organizadas, ayudan, sobre todo, a fortalecer a los partidos políticos como instituciones centrales de los sistemas democráticos. En este sentido, al fortalecerse los partidos se posibilita el fortalecimiento de la democracia.

El fortalecimiento de los partidos se da en tres diferentes niveles. Primero, fortaleciendo su sistema de competencia y debate interno. Segundo, vigorizando las estructuras electorales de los partidos. Y, tercero, generando el clima político propicio para que los candidatos avancen en su posicionamiento de cara a la elección constitucional.
Finalmente, las precampañas ayudan a legitimar no sólo al candidato y al proceso mismo de selección, sino a la propia institución partidista, en la medida que lo dotan de un capital político importante, mismo que se puede convertir en una ventaja competitiva en la elección constitucional.

3. Desventajas

Una precampaña puede resultar ventajosa para avanzar los propósitos políticos electorales de los partidos y sus candidatos, como se vio anteriormente. Sin embargo, mal cuidada o gestionada una precampañas puede generar un efecto inverso y convertirse en una desventajas para sus impulsores.
Los principales riesgos y desventajas que una precampaña puede generar son cinco. Primero, la división y confrontación interna.

Segundo, el desgaste físico, emocional y económico de la institución partidista. Tercero, aumento del nivel de conflictividad interna. Cuarto, alertando a la competencia sobre estrategias y temas o aspectos controvertidos del candidato ganador. Quinto, desaliento y desánimo de las opciones perdedoras.

a.División y confrontación interna. Uno de los principales problemas que generan las precampañas es la división y confrontación interna entre los militantes y simpatizantes de un partido o coalición de partidos. De hecho, la división interna generado por un mal procesamiento de los conflictos sucintados a raíz de las precampañas y la nominación de candidatos se ha convertido en una desventaja competitiva que ha llevado a la pérdida de muchas campañas electorales. Durante las precampañas, se generan una serie de agravios y confrontaciones entre aspirantes a ocupar las candidaturas, mismos que de no mitigarse y atemperarse en tiempo y forma, se convierten en conflictos mayores que reducen las posibilidades de éxito del precandidato ganador ya durante las elecciones constitucionales.

Por ello, es recomendable que todos y cada uno de los institutos políticos que realizan elecciones internas para elegir a sus candidatos a los diferentes puestos de elección popular, generen incentivos para la concertación de los participantes y establezcan mecanismos institucionales que permitan que, independientemente de los resultados, todos los participantes sean ganadores del proceso interno, mediante el establecimiento de cuotas o formulas que permitan un juego de suma positiva en la que todos los participantes ganen. Es decir, si bien alguien resulta ganador del proceso, a los perdedores se le aseguran estatutariamente otros espacios o candidaturas para que se vean motivados a participar en los procesos constitucionales.

La falta de unidad partidista se ha convertido en una especie de ley de la política electoral en la que si se participa en una elección confrontado, dividido y fraccionado las posibilidades de perder aumentan significativamente. Por el contrario, si se participa en una elección unidos y reconciliados todos los grupos y fracciones del partido o coalición de partidos, a pesar de los agravios y confrontaciones que se generaron en las precampañas, las posibilidades de ganar aumentan también significativamente. Es decir, como lo decía el gran literato latinoamericano Nicanor Parra "o se salvan juntos o se hunden por separado."

La división interna lleva a la pérdida de la elección por cinco razones principales. Primera, porque se desestimula la participación en las elecciones constitucionales de muchos votantes y simpatizantes que apoyaron a los precandidatos perdedores, prefiriendo estos no votar o votar por los candidatos de los partidos contrarios. Segundo, porque se divide la posibilidad de éxito al dividirse el número de posibles electores que apoyarían al candidato que resultó ganador de la contienda interna. Es decir, se aplica el principio de "divide y vencerás." Tercero, porque la sociedad percibe un clima de conflicto y confrontación que la hace dudar sobre las posibilidades de éxito del partido durante las elecciones y sobre los beneficios que puede generar un partido dividido en caso de llegar a ser gobierno. Cuarto, porque la división puede generar rupturas mayores de líderes carismáticos y renuncias de personajes connotados del partido y de sus seguidores. Finalmente, porque los conflictos internos se convierten en escándalos mediáticos que dañan la imagen del partido y sus posibilidades de éxito electoral.

b. Rupturas y renuncias. Las precampañas cuando se salen de control o no existe la necesaria disciplina partidaria generan rupturas y renuncias de cuadros políticos y sus seguidores, lo cual debilita a la institución partidista y reduce sus posibilidades de éxito durante las elecciones. Para evitar que esto suceda, generalmente se impulsa lo que coloquialmente se denomina "operación cicatriz," con el fin de buscar la reconciliación de las partes y anteponer el interés general por encima de apetitos personales

Las rupturas y renuncias partidistas y, lo que es peor, su adhesión con los contrincantes o sus causas reducen significativamente las posibilidades de éxito de los candidatos y partidos conflictuados, llevándose a la oposición no sólo cierto capital político, sino también gran parte de la estructura electoral y los liderazgos partidistas.
Ante este latente peligro, los partidos deben sopesar los riegos que implica el convocar a elecciones internas cuando no existen ni las condiciones de una competencia justa o equitativa, ni la madurez y disciplina partidaria de los participantes y, mucho menos, una cultura

democrática que se traduzca en el reconocimiento del triunfo de los precandidatos ganadores. Es decir, un proceso abierto de elección interna puede llevar, sino se cuida y procesa adecuadamente, al desastre del partido en las elecciones constitucionales.

c.Desgaste de la estructura electoral. Las precampañas también generan un desgaste partidista y de la estructura electoral. Este desgaste puede darse a nivel emocional, físico y económico. A nivel emocional se genera ante la prevalencia de un conflicto mayor al interior del partido o por las pobres posibilidades que las encuestas preelectorales le otorgan a los diferentes precandidatos, lo que afecta el estado de ánimo de los simpatizantes y apoyadores del partido o coalición de partidos. El desgaste físico se genera a raíz de procesos electorales internos prolongados e intensos y el desgaste económico por los gastos excesivos de las propias precampañas tanto para la institución partidista como para los distintos precandidatos. Es decir, las precampañas generar un aumento de los gastos, lo cual puede mermar los recursos disponibles para hacer frente a los gastos de la elección constitucional.

d.Alerta a la competencia. Las precampañas pueden servir también para revelar información estratégica y táctica a los adversarios, quienes a partir de esta información pueden diseñar sus contra estrategias que pueden ser muchos más efectivas y demoledoras. Durante las precampañas también se revelan los temas centrales sobre la que sustenta su campaña los precandidatos, sus antecedentes, errores y debilidades.
El uso por parte de la oposición de lo que se conoce como inteligencia competitiva para obtener información relevante de fortalezas y debilidades de los precandidatos puede resultar también perjudicial para el partido y sus candidatos durante las elecciones constitucionales.

4. A manera de conclusión

La realización de precampañas en los diferentes partidos políticos constituye un avance en la institucionalización partidista y refleja una profundización en la democracia interna de estos institutos políticos. Sin embargo, una precampaña no sólo genera ventajas a favor del partido impulsor, sino también puede resultar desventajosa, principalmente cuando este tipo de competencias no se procesa adecuadamente o cuando no existen las condiciones necesarias para lograr un éxito en su organización.

Bien gestionada una precampaña dota de legitimidad social y política, tanto al partido como al candidato, ayuda en su posicionamiento político, genera una mayor visibilidad social, dinamiza las estructuras partidistas y fortalece a las instituciones partidistas, amén de generar inercias que pueden ayudar a catapultar las candidatos durante las elecciones constitucionales. Mal gestionadas, las precampañas pueden dividir y confrontar a las organizaciones partidistas, generar rupturas mayores y renuncias de distintos militantes y dirigentes, amén de los escándalos y conflictos que de esto se deriven, debilitando a los partidos políticos.

De ahí la necesidad de valorar si existen o no las condiciones y la cultura democrática necesaria para organizar elecciones internas y así generar ventajas competitivas para el partido y sus candidatos de cara a las elecciones constitucionales. En caso de no existir tales condiciones, se puede recurrir a método indirectos, como el uso de las encuestas, para indagar sobre las preferencias electorales de los ciudadanos y militantes de un determinado partido, así como sobre las posibilidades de éxito de los diferentes precandidatos a un puesto de elección popular. La idea es evitar que una precampaña se convierta en una desventaja que lleve al partido y a sus candidatos a la pérdida de la elección constitucional.

Capitulo Cuatro
La Reglamentación de las Precampañas

Como se ha señalado, por muchos años, las precampañas electorales no fueron reglamentadas, ya que existía una endeble tradición entre los partidos por organizar procesos internos democráticos para postular a sus candidatos a los diferentes puestos de elección popular. Sin embargo, con el avance del proceso de transición política, lo cual también permeó en las organizaciones partidistas, algunos partidos nacionales experimentaron cambios importantes en sus procesos internos para postular candidatos, aumentando significativamente el número de militantes que aspiraban a ocupar una candidatura.

La efervescencia y el activismo de muchos actores políticos, quienes realizaban actividades anticipadas de precampaña y usaban con frecuencia recursos económicos (algunos de los cuales eran de carácter público) para tratar de obtener ciertas ventajas en la lucha por lograr las postulaciones como candidatos, amén de la inequidad que introducían a la contienda, generó la necesidad de reglamentar las precampañas.

Esta reglamentación se inició, en primera instancia, por los partidos políticos, algunos de los cuales, como el caso del PAN, aprobó un reglamento para las elecciones de sus candidatos desde 1994. El PRD lo realizó también en 1995. Después fueron algunas de las entidades federativas del país, como Jalisco y Coahuila,[3] las que reglamentaron sus precampañas, aunque esta legislación fue laxa y, muchas veces, incumplida por parte de quienes aspiraban a ser postulados para algún cargo de elección popular. Es decir, a diferencia de lo que se ha dado en otros casos en materia electoral, para el asunto de las precampañas la reglamentación no se inició en el centro, ni vino del nivel federal, sino que partió de las propias organizaciones partidistas y de los estados.

Sin embargo, con la extensa precampaña que realizó desde 1996 Vicente Fox como precandidato a la presidencia de la república, de cara a la elección presidencial del 2000, las voces y propuestas para

---

[3] Los estados de la república mexicana que habían reglamentado sus precampañas antes de la reglamentación federal eran: Baja California, Baja California Sur, Campeche, Chiapas, Coahuila, Colima, Distrito Federal, Estado de México, Nayarit, Querétaro, Quintana Roo, Tlaxcala, Sonora y Zacatecas.

reglamentar las precampañas aumentaron, ya que se consideraba que el principio de equidad en las contiendas, que se establece como principio constitucional en materia electoral, era vulnerado ante la falta de reglamentación de las precampañas.

No fue sino hasta fines del año 2007, cuando el Poder Legislativo aprobó, por primera, vez la reglamentación de las precampañas a nivel federal, como parte de una serie de reformas constitucionales en materia electoral. A inicios del 2008, el Congreso nacional aprobó, también, el nuevo Código Federal de Instituciones y Procedimientos Electorales (COFIPE), el cual reglamentó en lo específico las precampañas a nivel federal, pero que ha permeado y, de cierta forma, moldeado lo establecido también en las leyes y códigos electorales locales.

A partir de ese año, las precampañas pasan a ser reguladas por la ley y la autoridad electoral. De acuerdo al nuevo ordenamiento, se establecieron también periodos de precampaña, ya que ahora éstas no podrán durar más de las dos terceras partes de lo que duran las campañas electorales constitucionales. Asimismo, durante sus precampañas, los partidos políticos dispondrán en conjunto de un minuto por cada hora de transmisión en cada estación de radio y canal de televisión; el tiempo restante se utilizará conforme a lo que determine la ley.

Esto implica la posibilidad de que los precandidatos a algún puesto de elección popular puedan ser sancionados si no acatan los ordenamientos electorales generales y que se establezcan limites y regulaciones de las precampañas en leyes secundarias para tener procesos internos muchos más ordenados y equitativos. Al establecerse tiempos máximos de precampaña los pre-candidatos tendrán que ceñirse a los mismos, evitando que algunos inicien su precampaña tres años antes del inicio del proceso electoral, como pasó con Vicente Fox Quesada, quien comenzó su precampaña rumbo a la presidencia de la república tres años antes de la justa electoral.

Conceptualización normativa

De acuerdo al artículo 212 del COFIPE, se define a la precampaña como "el conjunto de actos que realizan los partidos políticos, sus militantes y los precandidatos a candidaturas a cargos de elección popular debidamente registrados por cada partido." En el caso de la legislación electoral de las entidades federativas, como por ejemplo, el estado de Jalisco, en su Ley Electoral la conceptualización de la precampaña es muy similar a lo que se establece en la ley federal, sólo agregándose al final la frase "o coalición."

En este mismo numeral del COFIPE, se señala que "se entiende por actos de campaña electoral las reuniones públicas, asambleas, marchas y en general aquellos en que los precandidatos a una candidatura se dirigen a los afiliados, simpatizantes o al electorado en general, con el objetivo de tener su respaldo para ser postulado como candidato a un cargo de elección popular."
Es decir, la precampaña es conceptualizada desde la perspectiva legal, como todos los actos que realizan quienes aspiran a ser postulados a un cargo de elección popular, formando parte de lo que se conoce como los procesos internos para la selección de los candidatos, mismo que esta regulado tanto por el COFIPE como por los estatutos, reglamentos y acuerdos de los partidos políticos.

Por su parte, de acuerdo al Reglamento de los Procesos Internos de Selección de Candidatos y Precampañas aprobado por el Instituto Electoral y de Participación Ciudadana del Estado de Jalisco, se consideran actos de precampaña además de los que se señalan en el COFIPE también "aquellos que tengan como objetivo fundamental la presentación de su plataforma electoral y en el que se realice la promoción de algún precandidato inscrito en el proceso interno de selección de candidatos. "

El procedimiento que utiliza cada una las organizaciones partidistas para elegir a sus candidatos los determina cada partido, en lo particular, observando los principios constitucionales y democráticos establecidos en la Máxima Carta Magna.

Períodos de precampañas

De acuerdo al artículo 211 del COFIPE, "para el caso de los procesos electorales federales en que se renueve el titular del Poder Ejecutivo

Federal y las dos Cámaras del Congreso de la Unión, las precampañas darán inicio en la tercera semana de diciembre del año previo a la elección y estas no podrán durar más de sesenta días. Durante los procesos electorales federales en que se renueve solamente la Cámara de Diputados, las precampañas darán inicio en la cuarta semana de enero del año de la elección. No podrán durar más de cuarenta días, y tratándose de precampañas, darán inicio al día siguiente de que se apruebe el registro interno de los precandidatos. Las precampañas de todos los partidos deberán celebrarse dentro de los mismos plazos. Cuando un partido tenga prevista la celebración de una jornada de consulta directa, ésta se realizará el mismo día para todas las candidaturas."

Para el caso del estado de Jalisco, el artículo 10 del Reglamento de Precampañas señala que "el periodo de precampaña de cada partido político dará inicio en la fecha que para tal efecto se establezca en el informe que cada instituto político haya presentado ante la autoridad electoral y concluirá a más tardar en la fecha limite que para tal efecto señale el Código electoral local, tratándose de proceso electoral ordinario o de conformidad con el acuerdo que emita el Consejo general en el proceso extraordinario, según corresponda a la elección a desarrollarse." En otros estados como Chihuahua y Sinaloa, las leyes electorales locales son muy similares a lo que se señala en la legislación federal.

Sanciones

El mismo COFIPE, en su artículo 211, numeral 3 establece que "Los precandidatos a candidaturas a cargos de elección popular que participen en los procesos de selección interna convocados por cada partido no podrán realizar actividades de proselitismo o difusión de propaganda, por ningún medio, antes de la fecha de inicio de las precampañas; la violación a esta disposición se sancionará con la negativa de registro como precandidato."

El numeral 5 de este mismo ordenamiento, señala que "Queda prohibido a los precandidatos a candidaturas a cargos de elección popular, en todo tiempo, la contratación de propaganda o cualquier otra forma de promoción personal en radio y televisión. La violación a esta norma se sancionará con la negativa de registro como precandidato, o en su caso con la cancelación de dicho registro. De comprobarse la violación a esta norma en fecha posterior a la de postulación del candidato por el partido de que se trate, el Instituto Federal Electoral negará el registro legal del infractor."

Por su parte, el artículo 213 del COFIPE señala que "Es competencia directa de cada partido político, a través del órgano establecido por sus Estatutos, o por el reglamento o convocatoria correspondiente, negar o cancelar el registro a los precandidatos que incurran en conductas contrarias a este Código o a las normas que rijan el proceso interno, así como confirmar o modificar sus resultados, o declarar la nulidad de todo el proceso interno de selección, aplicando en todo caso los principios legales y las normas establecidas en sus Estatutos o en los reglamentos y convocatorias respectivas. Las decisiones que adopten los órganos competentes de cada partido podrán ser recurridas por los aspirantes o precandidatos ante el Tribunal Electoral, una vez agotados los procedimientos internos de justicia partidaria."

Impugnaciones

El COFIPE contempla la posibilidad de impugnación. En su artículo 213, se señala que "Los partidos políticos, conforme a sus Estatutos, deberán establecer el órgano interno responsable de la organización de los procesos de selección de sus candidatos y, en su caso, de las precampañas."

El numeral 2 de dicho ordenamiento agrega, "Los precandidatos podrán impugnar, ante el órgano interno competente, los reglamentos y convocatorias; la integración de los órganos responsables de conducir los procesos internos, los acuerdos y resoluciones que adopten, y en general los actos que realicen los órganos directivos, o sus integrantes, cuando de los mismos se desprenda la violación de las normas que rijan los procesos de selección de candidatos a cargos de elección popular. Cada partido emitirá un reglamento interno en el que se normarán los procedimientos y plazos para la resolución de tales controversias."

Por su parte, el numeral 3 apunta que "Los medios de impugnación internos que se interpongan con motivo de los resultados de los procesos de selección interna de candidatos a cargos de elección popular deberán quedar resueltos en definitiva a más tardar catorce días después de la fecha de realización de la consulta mediante voto directo, o de la asamblea en que se haya adoptado la decisión sobre candidaturas."

Finalmente, en el numeral 4 y 5 se apunta que "Los medios de impugnación que presenten los precandidatos debidamente registrados en contra de los resultados de elecciones internas, o de la asamblea en que se hayan adoptado decisiones sobre candidaturas, se presentarán ante el órgano interno competente a más tardar dentro de los cuatro días siguientes a la emisión del resultado o a la conclusión de la asamblea. Solamente los precandidatos debidamente registrados por el partido de que se trate podrán impugnar el resultado del proceso de selección de candidatos en que hayan participado."

Fiscalización y limitaciones

Las precampañas electorales están sujetas prácticamente a las mismas limitaciones y controles que se establecen para las campañas electorales constitucionales. Estas limitaciones, se dan en el orden presupuestal, de duración y de orientación.

En materia presupuestal, por ejemplo, la ley contempla topes máximos que los partidos y sus precandidatos pueden gastar en sus procesos internos, los cuales de no cumplirse pueden ser sujetos de sanción. Por ejemplo, el articulo 214 del COFIPE en su numeral 4 establece que "los precandidatos que rebasen el tope de gastos de precampaña establecido por el Consejo General serán sancionados con la cancelación de su registro, o, en su caso, con la pérdida de la candidatura que haya obtenido. En el último supuesto, los partidos conservan el derecho de realizar las sustituciones que procedan."

Sobre la fiscalización de las precampañas, este mismo artículo del COFIPE en sus numerales 1 al 3, señala que "A más tardar en el mes de noviembre del año previo al de la elección, el Consejo General del Instituto Federal Electoral determinará los topes de gasto de precampaña por precandidato y tipo de elección para la que pretenda ser postulado. El tope será equivalente al veinte por ciento del establecido para las campañas inmediatas anteriores, según la elección de que se trate."

"El Consejo General, a propuesta de la Unidad de Fiscalización de los Recursos de los Partidos Políticos, determinará los requisitos que cada precandidato debe cubrir al presentar su informe de ingresos y gastos de precampaña. En todo caso, el informe respectivo deberá ser entregado al órgano interno del partido competente a más tardar dentro de los siete días siguientes al de la jornada comicial interna o celebración de la asamblea respectiva."

"Si un precandidato incumple la obligación de entregar su informe de ingresos y gastos de precampaña dentro del plazo antes establecido y hubiese obtenido la mayoría de votos en la consulta interna o en la asamblea respectiva, no podrá ser registrado legalmente como candidato. Los precandidatos que sin haber obtenido la postulación a la candidatura no entreguen el informe antes señalado serán sancionados en los términos de lo establecido por el Libro Séptimo de este Código."

Sobre los ingresos y egresos económicos en las precampañas, el artículo 216 establece criterios generales y reglamenta en sus cinco numerales los plazos y las reglas aplicables para su fiscalización. Así por ejemplo, el numeral uno, apunta que "Cada partido político hará entrega a la Unidad de Fiscalización de los informes de ingresos y gastos de cada uno de los precandidatos que hayan participado en sus precampañas, según el tipo de elección de que se trate. Informará también los nombres y datos de localización de los precandidatos que hayan incumplido la obligación de presentar el respectivo informe, para los efectos legales procedentes.

El numeral dos señala que "Dentro del informe anual que corresponda, cada partido político reportará los gastos efectuados con motivo de la realización de sus procesos de selección interna y precampañas, así como los ingresos utilizados para financiar dichos gastos."

El numeral tres agrega que "Los informes señalados en el párrafo 1 anterior serán presentados ante la Unidad de Fiscalización a más tardar dentro de los treinta días posteriores a la conclusión de los procesos de selección interna de candidatos a cargos de elección popular."

Finalmente los numerales 4 y 5 de este ordenamiento apunta que "la Unidad de Fiscalización revisará los informes y emitirá un dictamen consolidado por cada partido político en el que en su caso, se especificarán las irregularidades encontradas y se propondrán las sanciones que correspondan a los precandidatos o al partido. Y que "para los efectos del párrafo anterior, el Consejo General, a propuesta de la Unidad de Fiscalización, determinará reglas simplificadas y procedimientos expeditos para la presentación y revisión de los informes de ingresos y gastos de precampaña de los precandidatos."

En materia de pre campañas negativas y pre campañas anticipadas también el COFIPE en su artículo 213, numeral 6, contempla la posibilidad de sanción, ya sea negando o cancelando el registro de quienes impulsen este tipo de prácticas. Al respecto, este numeral señala que "Es competencia directa de cada partido político, a través del órgano establecido por sus Estatutos, o por el reglamento o convocatoria correspondiente, negar o cancelar el registro a los precandidatos que incurran en conductas contrarias a este Código o a las normas que rijan el proceso interno, así como confirmar o modificar sus resultados, o declarar la nulidad de todo el proceso interno de selección, aplicando en todo caso los principios legales y las normas establecidas en sus Estatutos o en los reglamentos y convocatorias respectivas. Las decisiones que adopten los órganos competentes de cada partido podrán ser recurridas por los aspirantes o precandidatos ante el Tribunal Electoral, una vez agotados los procedimientos internos de justicia partidaria."

Por su parte, el artículo 217 de este código "a las precampañas y a los precandidatos que en ellas participen les serán aplicables, en lo conducente, las normas previstas en el COFIPE respecto de los actos de campaña y de propaganda electoral."

Dinero Público en las Precampañas

Generalmente, existe, durante la etapa pre electoral, la tentación de muchos funcionarios de gobierno de usar su posición, la envestidura que les da el puesto y los recursos públicos bajo su administración, para lograr obtener una ventaja para ser postulados como candidatos a un determinado puesto de elección popular. De esta forma, se utiliza, por ejemplo, el cargo que se ostenta como plataforma política para llegar al nuevo cargo, se privilegia o aumenta significativamente la inversión presupuestal en el estado o municipio natal del precandidato, se realizan viajes y visitas de "trabajo" frecuentes a su circunscripción electoral, se publicitan en los medios masivos de comunicación sus visitas y logros, así como se magnifica las ayudas y el interés que el precandidato muestra sobre los asuntos de interés de sus "futuros" electores.

Sin embargo, este tipo de acciones están tipificadas como ilegales en el artículo 134 constitucional, que prohíbe la propaganda personalizada y el uso de recursos públicos por parte de los funcionarios de gobierno para fines político electorales. Si bien, esta norma constitucional no ha sido reglamentada en una ley secundaria, y no se han establecido las sanciones que deben aplicarse a quienes la infringen, lo cierto es que puede dar origen a impugnaciones constitucionales, como la violación del artículo 134 o la realización de una pre-campaña anticipada, escándalos mediáticos por parte de actores políticos e instituciones partidistas que crean que sus intereses y derechos puedan ser vulnerados con este tipo de prácticas.

En este sentido, es importante no sólo cumplir con la normativa que reclama todo sistema democrático, sino también evitar que este tipo de acciones y prácticas generen políticamente un efecto boomerang que finalmente más que ayudar, perjudique los propósitos u objetivos buscados.

Propaganda en precampañas

La ley electoral federal prohíbe a los pre-candidatos realizar actos proselitistas y difusión de propaganda de manera anticipada, *so pena* de ser castigados con la negativa del registro como precandidato. Sin embargo, una vez iniciados los procesos internos para la selección de sus candidatos oficialmente estos pueden recibir apoyos presupuestales y tiempos en radio y televisión. Esto se establece en el articulo 211 del COFIPE, que en su numeral 4 señala "Los partidos políticos harán uso del tiempo en radio y televisión que conforme a este Código les corresponda para la difusión de sus procesos de selección interna de candidatos a cargos de elección popular, de conformidad con las reglas y pautas que determine el Instituto Federal

Electoral. Los precandidatos debidamente registrados podrán acceder a radio y televisión exclusivamente a través del tiempo que corresponda en dichos medios al partido político por el que pretenden ser postulados.

Comentarios adicionales

Las precampañas electorales o elecciones internas son procesos rutinarios de las democracias y partidos modernos, que tienen como propósito central el postular a los candidatos a un puesto de elección popular.

En muchos países de América latina, las elecciones internas se iniciaron como parte del proceso de transición política de sistemas autoritarios o totalitarios hacia sistemas democráticos. Conforme avanzaba el proceso de democratización y éste incluía a los partidos políticos, quienes experimentaron un proceso inédito de crecimiento en el número de militantes y de aspirantes a las distintas candidaturas a los diferentes puestos de elección popular, se creó la necesidad de reglamentar las precampañas.

Para el caso de México, la reforma constitucional en materia electoral de finales del 2007 reglamentó, por primera vez a nivel federal, estos procesos proselitistas y a inicios del 2008 se reformó el COFIPE como ley reglamentaria del articulo 41 constitucional. Sin embargo, a nivel local varios estados ya habían reglamentado sus precampañas y también la mayoría de los partidos políticos nacionales había creado distintos reglamentos para normar los procesos de selección de sus candidatos.

En la normativa electoral, se establecen ciertos lineamientos y limitaciones para todos aquellos que aspiran a ser postulados como candidatos a un puesto de elección popular, así como para las instituciones que los postulan. Sin embargo, una cosa es lo que dice la ley y otra la que se vive en la cotidianidad de la política electoral. Las precampañas anticipadas, el uso de recursos públicos, las precampañas negativas y, sobre todo, las pre-campañas de Estado son las que se están imponiendo como práctica común del sistema electoral latinoamericano. En este sentido, el reto de las democracias modernas no sólo consiste en cumplir y hacer cumplir el Estado de derecho, sino también evitar los excesos y participar en el juego democrático respetando los principios de legalidad, justicia, libertad, imparcialidad, objetividad, certeza y, sobre todo, equidad en las contiendas internas.

Capitulo Cinco

La Valía de las Precampañas

1. Planteamiento del problema

Las elecciones primarias o precampañas son acciones persuasivas que realizan, generalmente, los militantes de un partido político con el fin de lograr el apoyo de los votantes y obtener la nominación para competir por un cargo de elección popular.[4] De hecho, las elecciones internas son procesos políticos competidos propios de sistemas democráticos, que tienen como finalidad no sólo elegir a los candidatos, sino también legitimarlos, así como lograr cierta visibilidad y posicionamiento político de cara a la elección constitucional.

La historia de las precampañas está ligada a los procesos de democratización del sistema de partidos políticos y a la existencia de una mayor pluralidad y competencia inter e intra-partidista (Valdez, 2004).

A nivel internacional, ha existido una tendencia a regular las precampañas, buscando garantizar la equidad de las contiendas, ya que, en procesos electorales anteriores, diferentes personajes de la política han iniciado procesos de promoción personal y posicionamiento político con muchos años de anticipación a la justa electoral, lo cual rompe, de cierta manera, con el principio de equidad.

Ahora bien, no sabemos con exactitud si la realización de una precampaña incide o no en el resultado de la elección constitucional, ya que existen diferentes casos de pre campañas que sí lograron generar una inercia de triunfo y fueron determinantes para ganar la elección constitucional, como fue el caso de la precampaña Barack Obama en los Estados Unidos de Norteamérica en el 2008 (Valdez, 2008), mientras que otras precampañas "exitosas" no lograron incidir

---

[4] De acuerdo a la legislación electoral en México (Cofipe artículos 211 a 217), una precampaña es distinta al proceso de selección de candidatos, ya que se considera como el equivalente a las campañas en los procesos internos de elección de los partidos políticos.

en el resultado final de la elección constitucional, como fue el caso de la impulsada por Roberto Madrazo Pintado en México durante el 2006.

De ahí que esta investigación tenga como propósito central el indagar sobre los efectos que generan las precampañas en la conducta del votante de cara a las elecciones constitucionales, toda vez que, lo que les importa medularmente a los diferentes partidos políticos, es ganar las elecciones constitucionales para acceder o conservar los puestos de representación pública y no sólo organizar pre campañas.

2. Metodología

Para realizar la investigación, se diseñó un cuestionario y se levantó una encuesta aleatoriamente entre 385 habitantes de la Zona Metropolitana de Guadalajara (México), mayores de edad, que tuvieran consigo su credencial electoral y que no militaran en ningún partido político. La encuesta se levantó entre el 3 y el 12 de marzo del 2009 en la vía pública.

El nivel de confiabilidad estadística fue del 95 % y un error estimado en +_ 5 por ciento. De acuerdo al Instituto Nacional de Geografía e Informática (INEGI), la población de la ZMG fue de 4 millones 295 mil habitantes para diciembre del 2008, la cual se tomó en cuenta como universo de estudio.

Para esta investigación, se procedió a realizar, en un primer momento, una revisión bibliográfica sobre la literatura existente respecto de las precampañas. En un segundo momento, se realizó una revisión extensa hemerográfica y en Internet de estudios y artículos sobre las precampañas. En un tercer momento, se diseñó un cuestionario y aplicó la encuesta en comento. En un cuarto momento, se hizo la tabulación y el análisis de los resultados obtenidos. Finalmente, se procedió a redactar el documento y formular las conclusiones respectivas.

Esta es una investigación casuística y descriptiva, que describe el caso de las precampañas en México, realizada a la luz de la teoría de los efectos de la comunicación política.

3. Hipótesis

a. Las precampañas si tienen un efecto en la conducta del elector e impactan en los resultados de los comicios constitucionales. Este efecto puede ser negativo o positivo, de acuerdo al tipo de pre-campaña, a la inercia que logren imprimirle, el perfil del candidato, la plataforma electoral propuesta y, sobre todo, las estrategias de persuasión, posicionamiento, organización y movilización que articulen.

b. Las precampañas como procesos internos de los partidos, no tienen un efecto en el resultado de la elección constitucional, ya que son procesos políticos distintos que se presentan en tiempos diferentes y bajo reglas y circunstancias también diferentes. En consecuencia, el resultado de los comicios constitucionales depende solamente de lo que se hace o se deja de hacer por parte de los candidatos y partidos participantes durante dichos procesos electorales.

c. No existe relación (ni positiva ni negativa) entre las precampañas y el resultado de las elecciones constitucionales, por ser procesos políticos distintos, aunque relacionados.

4. Marco Teórico

Desde la perspectiva académica, existen pocos estudios sobre las precampañas o elecciones primarias, aunque sí abundan diversos artículos periodísticos sobre los procesos de selección de los candidatos por parte de los diferentes partidos políticos.

Dentro de las escasas publicaciones académicas sobresalen cuatro tipos de enfoques sobre la temática de las precampañas. Primero están los estudios que apuntan sobre los objetivos o propósitos que buscan alcanzar las precampañas (Triada 2007).[5] Segundo, están los

---

[5] Por ejemplo, Triada (2007) señala que "mientras que algunos autores consideran que

análisis que hablan de la regulación de las precampañas o de la falta de un marco normativo más estricto. Tercero, aquellos que subrayan el aspecto financiero de las precampañas. Finalmente, encontramos los escritos que abordan el desarrollo de las precampañas y los incidentes y anécdotas propios de este tipo de procesos políticos.

Los escritos que abordan el estudio de las precampañas desde la perspectiva de los objetivos que cumplen, enfatizan que toda precampaña tiene como propósito, entre otros, el fortalecer o desarrollar la democracia interna de los partidos políticos; ayudan a que los electores conozcan más a los candidatos dotándolos de mayor visibilidad social; reducen el número de candidatos en las elecciones constitucionales;[6] generan una mayor permeabilidad social de sus propuestas en la medida que las precampañas sirven de plataforma publicitaria a los futuros candidatos; contribuyen a generar una mayor equidad en la contienda; contribuyen a legitimar social y políticamente a los candidatos y, sobre todo, las precampañas generan ciertas ventajas competitivas a sus participantes, si son bien gestionadas.

Los escritos que abordan los aspectos normativos de las precampañas, enfatizan centralmente en el análisis de las legislaciones electorales, la sobre-regulación o falta de regulación sobre estos procesos internos, las interpretaciones que las autoridades judiciales han dado a las precampañas y, sobre todo, la regulación de las precampañas en una perspectiva comparada.

Los estudios que abordan los aspectos de financiamiento de las precampañas, discurren en aspectos que van desde el origen y

---

dichas lagunas generan incentivos para que los candidatos financien su promoción personal de forma indiscriminada y en consecuencia alteren el principio de equidad en las contiendas electorales, otros autores consideran que dichas lagunas son inexistentes, ya que el financiamiento de la promoción personal de los individuos es materia privada, por lo tanto no debe estar sujeto a ningún tipo de control o verificación por parte de la autoridad electoral.

[6] Por ejemplo, Acota señala "Las elecciones primarias buscan hacer que los candidatos de los diferentes partidos políticos pasen por un proceso de elección interna dentro del partido, de modo tal que haya tan sólo un candidato por partido, reduciendo así el número de candidatos para una elección."

destino de los recursos, hasta aquellos que documentan los excesos y abusos de precandidatos, que usan los recursos públicos para obtener una mayor visibilidad social y un mejor posicionamiento político.

Finalmente, se encuentran los escritos que abordan el estudio de casos de precampaña, el análisis de aspectos circunstanciales de estos procesos internos o de casos anecdóticos sucedidos durante las precampañas.

Ahora bien, el estudio de los efectos que las campañas y, en lo particular, la comunicación política, generan en la conducta de los votantes no es nuevo. Al respecto, existe una amplia bibliografía y diferentes teorías que se han construido en los últimos años, tratando de explicar el impacto que la comunicación política usada en las campañas electorales genera en la conducta de los votantes.

Por ejemplo, la teoría de los efectos, impulsada por lo que se conoce como la Escuela de Sociología de Chicago en los años cuarentas, sostuvo que los medios de comunicación ejercen un fuerte poder sobre las ideas de las personas y, en lo particular, señala que durante los procesos electorales existe una influencia directa de la comunicación política en la conducta de los votantes,[7] de tal manera que el resultado de los comicios electorales es determinado o afectado por el tipo y carácter de la campaña (Mendelsohn y O´Keefe, 1976, Noélle-Neumann, 1983).[8] Es decir, en un sistema de cuño democrático, la comunicación política en las campañas electorales es determinante y define el carácter de la representación pública, de tal forma que las preferencias de los votantes se rigen por las circunstancias de cada elección (Patterson 1980; Page, Shapiro y Dempsey 1987, Bartels 1988 y Fan 1988). De esta manera, de acuerdo a esta concepción, las preferencias electorales de los votantes siempre pueden ser modificadas por las campañas y, en lo

---

[7] Por ejemplo, Jaime Sánchez Susarrey señala "insistir en que serán los candidatos, las campañas y los debates los que definirán al ganador (de la elección) es correcto." Véase "Calderón Entrampado," periódico Mural, Guadalajara, Jalisco, 4 de febrero del 2006, p. 7.

[8] Al respecto, por ejemplo, en una encuesta realizada por el CEO de la Universidad de Guadalajara a 300 habitantes de la zona metropolitana de Guadalajara sobre los efectos de los medios en la construcción de opinión pública, el 48.3 por ciento de los entrevistados consideró que los personajes públicos pueden influenciar a la sociedad con lo que comunican a nivel masivo, un 33.7 por ciento señaló que si, pero solo influyen a algunas personas, el 11.6 por ciento afirmó que no y el 6.4 por ciento dijo que no sabía o que no le interesa (Véase Ingrid Michelle Mendoza Gallardo, *La mediatización y la construcción de opinión pública*, en Gaceta Universitaria No. 418, p. 4, 12 de diciembre del 2006).

particular, por la comunicación política (Graber, 1980, Campbell *et al* 1992, Geer 1988, Norris *et al* 1999).

Sin embargo, existen otras apreciaciones teóricas que contradicen los supuestos de la teoría de los efectos, como es el caso de la teoría conocida como de la Universidad de Columbia, la cual postula que las campañas no son determinantes para el resultado final de los comicios, cumpliendo solamente un papel de reforzamiento de predisposiciones electorales generadas por una previa identidad partidista, social e ideológica (Lazarfeld, Berelson y Gaudet 1944, McCombs y Shaw, 1972, Butler y Kavanagh, 1997). En este sentido, las campañas electorales son importantes sólo porque activan y refuerzan predisposiciones latentes existentes entre los votantes, lo cual no resulta en la ganancia de nuevos adherentes, sino más bien, ayudan a la prevención de la pérdida de los votantes ya inclinados o anclados favorablemente, generando efectos mínimos sobre la conducta del elector (Heath *et al*, 1991).

En este mismo sentido, Kappler (1960) señala que los medios de comunicación de masas no son la causa habitual de los cambios en el comportamiento o las actitudes de los electores sino sirven para reforzar, a través de la exposición, percepción y retención selectiva, las disposiciones preexistentes.[9] Los medios de comunicación operan en el seno de un grupo de influencias, como la familia, la religión, los amigos, la escuela, etc., los cuales son más importantes en la creación de actitudes, creencias y comportamientos (Cooper y Jahoda, 1947).[10]

Por su parte, la teoría económica, también conocida como de elección racional, que, por cierto, difiere igualmente de los postulados de la teoría de los efectos, apunta que las utilidades esperadas por los votantes de los resultantes de su acción política generan preferencias sobre los diversos cursos de acción (Downs, 1957). Los electores prefieren los candidatos y partidos que le generan una real o perceptivamente mayor utilidad (Kreps, 1990). El ciudadano reconoce su propio interés, evalúa a todos los candidatos y partidos, según sus intereses personales y vota por el que mejor valora (Enelow y Hinich, 1984). En este sentido, las campañas no generan efectos persuasivos mayores, ya que el resultado electoral puede predecirse en función de unos pocos indicadores económicos (Sanders, 1997).

---

[9] Kappler, Joseph, 1960, The Effects of Mass Communication, Glencoe, IL, Free Press.

[10] Cooper, E. M. Jahoda, 1947, *"The evasion of propaganda: How prejudiced people respond to anti prejudiced propaganda"*, en the Journal of Psychology, Vol. 23, pp. 15-25.

Ahora bien, en los últimos años, han surgido nuevas concepciones teóricas y estudios empíricos que recalcan la importancia creciente de los medios de comunicación y, en lo particular de la televisión, en la conducta del elector en un contexto caracterizado por la agudización de la crisis de credibilidad e identidad de la gente con los partidos y la extenuación de las ideologías, así como por el papel crecientemente protagónico que están jugando en las campañas la personalidad, imagen y carisma de los candidatos (Campbell *et al.* 1992; Geer 1998; Norris *et al,* 1999). Es decir, estas nuevas concepciones, como por ejemplo, la teoría de los efectos cognitivos,[11] la *agenda setting*[12] y de la persuasión política, apuntan que las campañas si influencian la conducta de los votantes (Patterson 1980).

Todos estos últimos estudios sobre el efecto de la comunicación política en la conducta del elector se sustentan en las campañas constitucionales. Sin embargo, no existen estudios que hablen, en lo particular, sobre los efectos que generan en la conducta de los votantes las precampañas o elecciones internas de cara a las elecciones constitucionales. Es decir, hace falta estudiar desde la perspectiva académica el impacto que las precampañas generan en la conducta de los votantes en las elecciones constitucionales.

Esto es, en lo especifico, sobre los efectos que pueden generar las precampañas en la conducta del elector, los estudios son prácticamente inexistentes, prevaleciendo solamente análisis sobre las campañas constitucionales y sus efectos en el comportamiento del votante, pero no de los procesos internos, ya que la mayoría de los autores considera que las precampañas son solamente parte de los procesos internos que realizan los partidos para nominar a sus candidatos a un puesto de elección popular.

---

[11] Esta teoría señala que los individuos tratan de mantener sus actitudes, creencias y comportamientos de acuerdo entre si, prestando atención a los mensajes que estén en consonancia con sus opiniones previas, buscando información que refuerce su decisión, por ejemplo, prestando atención a los spots de campaña del candidato a favor del cual se ha decidido, protegiéndose, a su vez, de información que cuestione su decisión (Festinger, 1957). El individuo puede distorsionar, deformar, interpretar incorrectamente o argumentar en contra de la información disonante que apoya al candidato por el que no se ha decidido.

[12] MaCombs y Shaw (1972) creadores de esta teoría, señalan que los medios de comunicación consiguen transferir al público la importancia que otorgan a los temas que se discuten en campaña y de esta manera los candidatos y partidos influyen en los votantes.

Sobre las campañas, Lago y Martínez (2004) apuntan que las campañas juegan un papel relevante, tanto en la activación como en la conversión de los votantes.[13] Otros autores apuntan que las campañas electorales generan, al menos, cuatro tipos de efectos en la conducta y comportamiento de los votantes. Por ejemplo, Martínez i Coma (2003), señala que toda campaña genera cuatro tipos de efectos.[14] En primer lugar, el efecto del refuerzo de una preferencia política ya existente en la mente de los electores. En segundo lugar, el efecto de la activación de los electores que no consideraban votar, pero la campaña los motivó a participar. En tercer lugar, el efecto de la conversión de ciudadanos que estaban convencidos de una opción política, pero producto de la campaña, cambia su determinación y terminan votando por otra opción. Finalmente, el efecto de la desactivación, mismo que se produce en ciudadanos que deseaban participar, pero que, producto de las campañas, al final deciden no votar.

5. Hallazgos

Para tratar de medir el impacto de las precampañas en la decisión del voto de los electores en los comicios constitucionales, se diseñó un instrumento de investigación (anexo 1), el cual, a través de una prueba piloto, fue mejorado, para incrementar su nivel confiabilidad. Es decir, lo que se buscó fue que el instrumento realmente ayudará a medir lo que se buscar medir.

La encuesta, en comento, nos generó los siguientes resultados.

Primero, el 90 por ciento de los entrevistados señaló que si sabe, ha visto o escuchado sobre la existencia de las precampañas electorales en México (marzo del 2009).

Segundo, el 41 por ciento señaló que las actuales precampañas motivan a la gente a participar en las elecciones constitucionales a

[13] Ignacio Lago y Ferran Martínez, Una metodología alternativa para estimar los efectos de las campañas electorales, en Revista Española de Ciencia Política. Núm. 11, Octubre 2004, pp. 103-120.

[14] Ferran Martínez i Coma, ¿Cuáles fueron los efectos de la campaña electoral española del 2000? En www.dialnet.unirioja.es/servlet/fichero_articulo?codigo=1958516&orden=0

celebrarse en el mes de julio del 2009. Por su parte, el 55 por ciento de los entrevistados señaló que no motivan a los electores a votar.

Tercero, el 39 por ciento consideró que las precampañas ayudan a reducir el abstencionismo y el 54 por ciento que ayudan a aumentar el abstencionismo.

Cuarto, el 81 por ciento de los entrevistados señaló que las actuales precampañas electorales hartan a la gente, mientras que el 15 por ciento señaló que no hartan a la gente.

Quinto, el 37 por ciento de los entrevistados señalaron que las actuales precampañas benefician a la democracia, mientras que el 50 por ciento señalaron que las precampañas perjudicaban a la democracia.

Sexto, el 45 por ciento de los entrevistados señaló que las precampañas incrementan el conflicto al interior de los partidos políticos, mientras que el 56 por ciento señaló que reducen el conflicto al interior de los partidos.

Séptimo, el 63 por ciento de los entrevistados señalaron que las precampañas les generan a los candidatos una mayor visibilidad social, mientras que el 33 por ciento señaló que no le generan una mayor visibilidad.

Octavo, el 61 por ciento de los entrevistados señalaron que las precampañas electorales ayudan a que los votantes tengan un mayor conocimiento y permeabilidad de las propuestas de los candidatos y partidos, mientras que el 35 por ciento consideró que no ayudan.

Noveno, el 42 por ciento consideró que las precampañas ayudan a legitimar socialmente a los candidatos, mientras que el 54 por ciento consideró que no.

Décimo, el 73 por ciento señaló que las precampañas si tienen un efecto en la decisión del voto en la elección constitucional, mientras que el 33 por ciento señaló que no.

Decimo primero, sobre los efectos que generan en la conducta de los electores, el 45 por ciento señaló que refuerzan una preferencia electoral, un 39 por ciento señaló que son decisivas para la emisión de su voto, un 23 por ciento apuntó que cambian la decisión del voto, un 60 por ciento señaló que aumentan el abstencionismo, un 58 por ciento señaló que las precampañas generan hartazgo social.

Decimo segundo, el 40 por ciento de los entrevistados señaló que las precampañas si motivan a la gente a ir a votar en las elecciones constitucionales, mientras que el 56 por ciento señaló que las desmotivan.

Décimo tercero, el 34 por ciento de los entrevistados señaló que las pre-campañas si cumplen el objetivo de reforzamiento de la preferencia electoral ya existente en la mente del votante y el 62 por ciento señaló que no cumplen ese papel.

Decimo cuarto, el 24 por ciento señaló que las precampañas si ayudan a cambiar la decisión sobre la inclinación de su voto en las próximas elecciones constitucionales, mientras que el 73 por ciento, dijo que no ayudan a cambiar la decisión.

Décimo quinto, el 65 por ciento de los entrevistados señaló que las actuales precampañas si desmotivan a los electores a votar en las próximas elecciones constitucionales, mientras que el 32 por ciento señaló que no desmotivan.

6. Análisis y discusión de los resultados

De los resultados de las encuestas, se desprenden las siguientes conjeturas.

Primero, las precampañas electorales sí tienen un impacto en la conducta del elector. Este impacto puede ser de carácter positivo o negativo. El impacto positivo implica que las precampañas ayudan a darle una mayor visibilidad social a los aspirantes a un cargo de elección popular. Es decir, permiten que estos sean conocidos por los votantes. Implica también que las precampañas doten de mayor legitimidad a los candidatos, al recibir el apoyo mayoritario de los votantes en los procesos internos. Ayudan también a desarrollar y fortalecer la democracia interna de los partidos, en la medida que las precampañas son procesos políticos sustentados en la competencia y en la pluralidad, propios de los sistemas de cuño democrático.

El impacto negativo de las precampañas implica que estas generen un hartazgo de la gente, ya sea por la sobresaturación mediática o los excesos de los candidatos y partidos.[15] Implican, también, que generen un mayor abstencionismo, en la medida que los votantes, producto del hartazgo, se ven desmotivados a participar en las elecciones. Implican, también, que las precampañas generen el aumento del nivel de conflicto inter-partidista y esto pueda resultar contraproducente tanto para los partidos y sus candidatos, así como para el propio sistema político.

En otras palabras, las precampañas sí tienen un impacto en la conducta de los votantes, durante los comicios constitucionales, dependiendo de la gestión, el tratamiento y el perfil de las propias precampañas. Una precampaña bien gestionada, con buenos aspirantes, con estrategias creativas e inteligentes (en materia de comunicación, investigación, proselitismo, organización, imagen, movilización y cuidado y defensa del voto), sin errores ni divisiones internas, con un conflicto interno relativamente controlado, con aspirantes disciplinados y, sobre todo, con una buena plataforma electoral generará, seguramente, una inercia ganadora misma que impactará los resultados de las elecciones constitucionales.

Por el contrario, una precampaña mal gestionada o sub administrada, con malos candidatos, sin estrategias o con estrategias equivocadas, plagadas de errores y conflictos internos, con precandidatos indisciplinados, con una mala plataforma electoral y con pobres controles internos, seguramente será una precampaña que genere un efecto "negativo" en la conducta de los votantes durante los comicios constitucionales.

Segundo, todo exceso es malo. Algunas de las pre-campañas pueden generar el efecto inverso al que se busca. Bajo un contexto, por un

---

[15] Un exceso muy frecuente en las precampañas es el dispendio de recursos que se da durante las elecciones internas en medio de una crisis económica. Es decir, los candidatos gastan grandes cantidades de dinero para tratar de obtener la nominación del partido, cuando, muchas veces, la mayoría de los votantes está sufriendo una serie de penurias y aprietos económicos.

lado, de desprestigio de la política, de crisis del paradigma de representación pública, de crisis de imagen, credibilidad y confianza de los partidos políticos y, por el otro, de un desencanto creciente de los electores y de mayores demandas por parte de la sociedad, las precampañas tienen que ser especialmente cuidadas. Precampañas dispendiosas, aburridas, altamente conflictuadas y mal gestionadas pueden generar hartazgo, desencanto, protesta y oposición de los ciudadanos, lo que se puede traducir en un aumento del abstencionismo. Precampañas abusivas e insensibles a los problemas y deseos de la gente pueden generar incluso el voto contrario.

Tercero, para algunos aspirantes a un puesto de elección popular, el ganar las precampañas es algo muy importante, ya que, muchas veces, el ganar los procesos internos de nominación significa, prácticamente, ganar la elección constitucional. De hecho, muchas veces las precampañas se convierten en procesos políticos hiper-competidos e hiper-conflictuados, principalmente en partidos altamente posicionados, electoralmente hablando, mismos que tienen amplias posibilidades de ser mayoritariamente votados en los comicios constitucionales.

De ahí que los partidos políticos deban poner especial atención en la organización de los procesos internos para nominar a sus candidatos a los diferentes puestos de elección popular, ya que una precampaña altamente conflictuada genera una serie de costos políticos en las elecciones constitucionales, mientras que una precampaña bien gestionada puede ser el detonante para el fortalecimiento y triunfo en los comicios constitucionales. Es decir, la precampaña puede fortalecer o debilitar a sus impulsores, lo que resultará trascendente en la elección constitucional.

De ahí se desprende la siguiente recomendación técnica para los diferentes partidos que contemplan dentro de sus estatutos y normas internas la celebración de precampañas: Las precampañas deben fortalecer al partido y al candidato nominado, para asegurar un efecto positivo en la conducta del votante durante los procesos electorales constitucionales. Toda precampaña que debilite al partido y sus candidatos nominados generará un efecto negativo que les resultará contraproducente en los comicios constitucionales.

Cuarto, en ciertos casos, las precampañas ayudan a lograr un alto posicionamiento político para algunos personajes, como se desprende de los resultados de la encuesta, lo cual puede, en cierta manera, resultar contraproducente, al menos, desde tres diferentes perspectivas. Primero, el alto posicionamiento electoral puede generar un exceso de confianza por parte de los candidatos punteros, lo que puede afectar el trabajo de campaña, al disminuir el dinamismo de la actividad proselitista. Segundo, el alto posicionamiento del candidato hace que los opositores se unifiquen en sus ataques en contra del candidato puntero, afectando, de cierta manera, las preferencias del electorado. Tercero, un alto posicionamiento de un candidato, producto de un proceso de selección interna exitoso y bien gestionado, puede ensorbecer al candidato y su equipo de campaña, lo cual le puede afectar durante la campaña constitucional.

Quinto, para que una precampaña genere el efecto deseado en la conducta del votante y logre impactar en el resultado de la elección constitucional, esta debe ser excelsa, grandiosa y sobresaliente, que genere una inercia de triunfo y construya ventajas competitivas sostenibles, que emocione, entusiasme y movilice a los electores.

7. A manera de conclusión

Las precampañas electorales son parte de los procesos políticos modernos, propios de los sistemas electorales democráticos, mismas que se impulsan, generalmente, con el fin de elegir (a través de elecciones) a los diferentes candidatos de los partidos políticos a un determinado puesto de elección popular. A través de las precampañas o elecciones internas se legitima democráticamente el sistema de partidos y el sistema electoral predominante en una determinada nación.

Sobre el efecto de las precampañas en la conducta del votante, de cara a las elecciones constitucionales, se puede concluir lo siguiente.
A pesar de que son procesos distintos, organizados en tiempos diferentes (aunque contiguos), las precampañas sí generan un efecto en la conducta del votante en las elecciones constitucionales. Este efecto puede ser negativo o positivo. El efecto negativo, generalmente, es contraproducente al propósito de sus impulsores, mientras que el

efecto positivo es, usualmente, favorable a los objetivos de sus promotores.

Los efectos positivos que generan las precampañas son distintos y se presentan en diferente grado o magnitud. Los más importantes son 1) dotan de una mayor visibilidad social a los candidatos y partidos; 2) pueden generar una mayor participación de los ciudadanos en los comicios electorales; 3) pueden ayudar a reducir el abstencionismo; 4) ayudan a consolidar la democracia al interior de los partidos políticos; 5) ayudan a que los votantes conozcan las propuestas de los candidatos y partidos; 6) ayudan a legitimar social y políticamente a los candidatos; 7) refuerzan preferencias políticas existentes ya entre los ciudadanos; 8) ayudan a cambiar la decisión sobre la inclinación de algunos votantes; y 9) generan la activación de ciertos electores.

Por su parte, los efectos negativos que generan las precampañas son: 1) pueden hartar a la gente; 2) pueden aumentar el nivel de abstencionismo; 3) pueden generar sobresaturación entre el electorado; 4) pueden desmotivar a los votantes; 5) pueden aumentar el nivel de conflicto inter e intra-partidista; 6) pueden generar votos de protesta; 7) pueden generar la desactivación de ciertos electores; 8) pueden desprestigiar a los partidos, a sus candidatos y, a la propia, política; 9) pueden generar mayor incredulidad de la gente hacia el sistema político; y 10) pueden molestar y generar ira entre la gente.

El generar un efecto negativo o positivo, por parte de las precampañas, depende de su gestión. Una precampaña mal gestionada, sin un trazo estratégico adecuado, con malos candidatos y plagada de errores, seguramente, generará un impacto negativo. Por el contrario, una campaña bien gerenciada, con estrategias efectivas, con buenos candidatos y sin errores, seguramente, generará un efecto positivo.

Un estudio Exploratorio sobre los Efectos de las Precampañas en la Conducta del Votante

Indicaciones. La información que se obtenga por el siguiente cuestionario es estrictamente confidencial y se usará únicamente para fines académico-científicos. Favor de contestar las siguientes preguntas siendo lo más sincero posible.

Sexo _____ Edad_____ Escolaridad_____

1. ¿Sabe Usted, ha visto o escuchado algo sobre la existencia de las actuales precampañas electorales?

   a. Si   b) No   c) No contestó

2. ¿Cree usted, que las actuales precampañas electorales, motivan a la gente a participar en las elecciones constitucionales a celebrarse en el mes de julio del 2009?

   a. Si los motivan   b) No los motivan   c) No contestó

3. ¿Cree usted que las actuales precampañas electorales ayudan a aumentar o a reducir el abstencionismo?

   a. Aumentan el abstencionismo
   b. Reducen el abstencionismo
   c. No contestó

4. En su opinión, ¿las actuales precampañas electorales hartan a la gente?

   a. Si   b) No   c) No contestó

5. En su opinión, ¿cree usted que las actuales precampañas electorales benefician o perjudican a la democracia?

   a. Benefician   b) Perjudican   c) No contestó

6. ¿Cree Usted que las actuales precampañas electorales reducen o incrementan el conflicto interno al interior de los partidos políticos?

   a. Reducen el conflicto   b) Incrementan el conflicto   c) No contestó

7. ¿Cree usted que las actuales precampañas le generan a los candidatos y a sus partidos una mayor visibilidad social?
   a. Si generan una mayor visibilidad social
   b. No generan una mayor visibilidad social
   c. No contestó

8. ¿Cree usted que las actuales precampañas electorales ayudan a lograr que los votantes tengan un mayor conocimiento y permeabilidad de las propuestas de los candidatos y partidos?
   a. Si ayudan a que los votantes conozcan las propuestas de los candidatos y partidos.
   b. No ayudan a que los votantes conozcan las propuestas de los candidatos y partidos
   c. No contestó

9. En su opinión, ¿ las actuales precampañas electorales ayudan a legitimar socialmente a los candidatos?
   a. Si ayudan   b) No ayudan   c) No contestó

10.   En su opinión, las precampañas electorales tienen un efecto decisivo en la decisión de su voto en la elección constitucional?
   a. Si tienen un efecto
   b. No tienen un efecto
   c. No contestó

11.   En su opinión, ¿Cuál es el efecto que generan las precampañas en la conducta del votante durante los comicios

constitucionales? Subraye la opción u opciones que considera correctas, pudiendo ser más de una.

    a. Refuerzan mi preferencia electoral (reforzamiento)
    b. Son decisivas para la emisión de mi voto (activación y motivación)
    c. Cambian la decisión de mi voto (conversión)
    d. Aumentan el abstencionismo (desactivación)
    e. Generan hartazgo
    f. Ninguna de las anteriores
    g. No contestó

12.   ¿Cree usted que las precampañas motivan (activación) a la gente a ir a votar en las elecciones constitucionales o las desmotivan?

    a. Las motivan
    b. Las desmotivan
    c. No contestó

13.   ¿Cree Usted que las precampañas cumplen el objetivo de reforzamiento (refuerzo) de la preferencia electoral que usted ya tiene como votante?

    a. Si cumplen el papel de reforzamiento
    b. No cumplen el papel de reforzamiento
    c. No contestó

14.   En su opinión, ¿las precampañas electorales ayudan o no a cambiar (conversión) su decisión sobre la inclinación de su voto en las próximas elecciones constitucionales?
    a. Si ayudan a cambiar la decisión
    b. No ayudan a cambiar la decisión
    c. No contestó

15. ¿Cree usted que las actuales precampañas electorales desmotivan a los electores a votar en las próximas elecciones constitucionales?
   a. Si desmotivan
   b. No desmotivan
   c. No contestó

16. ¿Qué otro efecto cree usted que generan las campañas en la conducta del electorado?
   Señálelo…..

DURACIÓN DE PRECAMPAÑAS DE ACUERDO AL COFIPE (MEXICO)

Artículo 57

1. A partir del día en que, conforme a este Código y a la resolución que expida el Consejo General, den inicio las precampañas federales y hasta la conclusión de las mismas, el Instituto pondrá a disposición de los partidos políticos nacionales, en conjunto, dieciocho minutos diarios en cada estación de radio y canal de televisión.

2. Para los efectos del párrafo anterior la precampaña de un partido concluye, a más tardar, un día antes de que realice su elección interna o tenga lugar la asamblea nacional electoral, o equivalente, o la sesión del órgano de dirección que resuelva al respecto, conforme a los estatutos de cada partido.

3. Los mensajes de precampaña de los partidos políticos serán transmitidos de acuerdo a la pauta que apruebe el Comité de Radio y Televisión del Instituto.

4. Cada partido decidirá libremente la asignación, por tipo de precampaña, de los mensajes que le correspondan, incluyendo su uso para precampañas locales en las entidades federativas con proceso electoral concurrente con el federal. Los partidos deberán informar oportunamente al Instituto sus decisiones al respecto, a fin de que este disponga lo conducente.

5. El tiempo restante, descontado el referido en el párrafo 1 de este artículo quedará a disposición del Instituto para sus fines propios o los de otras autoridades electorales. En todo caso, los concesionarios de radio y televisión se abstendrán de comercializar el tiempo no asignado por el Instituto; lo anterior será aplicable, en lo conducente a los permisionarios.

Artículo 211

1. Los procesos internos para la selección de candidatos a cargos de elección popular son el conjunto de actividades que realizan los partidos políticos y los precandidatos a dichos cargos, de conformidad con lo establecido en este Código, en los Estatutos y en los reglamentos, acuerdos y demás disposiciones de carácter general que aprueben los órganos de dirección de cada partido político.

2. Al menos treinta días antes del inicio formal de los procesos a que se refiere el párrafo inmediato anterior, cada partido determinará, conforme a sus Estatutos, el procedimiento aplicable para la selección de sus candidatos a cargos de elección popular, según la elección de que se trate. La determinación deberá ser comunicada al Consejo General del Instituto dentro de las setenta y dos horas siguientes a su aprobación, señalando la fecha de inicio del proceso interno; el método o métodos que serán utilizados; la fecha para la expedición de la convocatoria correspondiente; los plazos que comprenderá cada fase del proceso interno; los órganos de dirección responsables de su conducción y vigilancia; la fecha de celebración de la asamblea electoral nacional, estatal, distrital o, en su caso, de realización de la jornada comicial interna, conforme a lo siguiente:

a) Durante los procesos electorales federales en que se renueven el titular del Poder Ejecutivo federal y las dos Cámaras del Congreso de la Unión, las precampañas darán inicio en la tercera semana de diciembre del año previo al de la elección. No podrán durar más de sesenta días.

b) Durante los procesos electorales federales en que se renueve solamente la Cámara de Diputados, las precampañas darán inicio en la cuarta semana de enero del año de la elección. No podrán durar más de
cuarenta días, y

c) Tratándose de precampañas, darán inicio al día siguiente de que se apruebe el registro interno de los precandidatos. Las precampañas de todos los partidos deberán celebrarse dentro de los mismos plazos.
Cuando un partido tenga prevista la celebración de una jornada de consulta directa, ésta se realizará el mismo día para todas las candidaturas.

3. Los precandidatos a candidaturas a cargos de elección popular que participen en los procesos de selección interna convocados por cada partido no podrán realizar actividades de proselitismo o difusión de propaganda, por ningún medio, antes de la fecha de inicio de las precampañas; la violación a esta disposición se sancionará con la negativa de registro como precandidato.

4. Los partidos políticos harán uso del tiempo en radio y televisión que conforme a este Código les corresponda para la difusión de sus procesos de selección interna de candidatos a cargos de elección popular, de conformidad con las reglas y pautas que determine el Instituto Federal Electoral. Los precandidatos debidamente registrados podrán acceder a radio y televisión exclusivamente a través del tiempo que corresponda en dichos medios al partido político por el que pretenden ser postulados.

5. Queda prohibido a los precandidatos a candidaturas a cargos de elección popular, en todo tiempo, la contratación de propaganda o cualquier otra forma de promoción personal en radio y televisión. La violación a esta norma se sancionará con la negativa de registro como precandidato, o en su caso con la cancelación de dicho registro. De comprobarse la violación a esta norma en fecha posterior a la de postulación del candidato por el partido de que se trate, el Instituto Federal Electoral negará el registro legal del infractor.

ACUERDO DEL CONSEJO GENERAL DEL INSTITUTO FEDERAL ELECTORAL, POR EL QUE SE ESTABLECEN LOS CRITERIOS RELATIVOS AL INICIO DE PRECAMPAÑAS EN MEXICO.

Acuerdo

PRIMERO. Para efectos de lo señalado en el artículo 211, párrafo 2, el plazo para la notificación corre a partir de la publicación de la convocatoria respectiva.

SEGUNDO. Los partidos políticos deberán determinar el procedimiento aplicable para la selección de sus candidatos, a más tardar el día 15 de diciembre de 2008, siempre tomando en consideración que el mismo debe definirse al menos 30 días antes de la fecha de publicación de la convocatoria respectiva.

TERCERO. Dentro de las setenta y dos horas siguientes a la fecha en que se haya definido el procedimiento aplicable para la selección de candidatos a Diputados por ambos principios, y a más tardar el 18 de diciembre de 2008, los partidos políticos nacionales deberán comunicarlo al Consejo General de este Instituto conforme a lo siguiente:

1. Deberán presentar escrito ante el Presidente del Consejo General de este Instituto o, en ausencia de éste, ante el Secretario Ejecutivo, mediante el cual se comunique:

   a) Fecha y órgano responsable de la aprobación del procedimiento para la selección de sus candidatos;
   b) Fecha de inicio del proceso interno de selección de candidatos;
   c) Método o métodos que serán utilizados para la selección de sus candidatos;
   d) Fecha en que se expedirá la convocatoria para tales efectos;
   e) Plazos y fechas que comprenderá cada fase del procedimiento respectivo;
   f) Órganos responsables de la conducción y vigilancia del procedimiento; y
   g) Fecha de celebración de la asamblea electoral o, en su caso, de realización de la jornada comicial interna.

2. Dicho escrito deberá encontrarse signado por el Presidente del Comité Ejecutivo Nacional u órgano equivalente del partido, acreditado ante la Dirección Ejecutiva de Prerrogativas y Partidos Políticos, o por el Representante del mismo ante el Consejo General de este Instituto y deberá acompañarse de la documentación que acredite el cumplimiento al procedimiento estatutario relativo. Tal documentación deberá consistir al menos en lo siguiente:

a) Convocatoria, acta y lista de asistencia de la sesión del órgano responsable de la aprobación del procedimiento aplicable para la selección de candidatos; y

b) En su caso, convocatoria, acta y lista de asistencia de la sesión del órgano que autorizó convocar a la instancia facultada para aprobar el mencionado procedimiento.

3. Una vez recibida la documentación mencionada, el Consejo General, con el apoyo de la Dirección Ejecutiva de Prerrogativas y Partidos Políticos, verificará, dentro de los 10 días siguientes, que en la aprobación del procedimiento aplicable para la selección de candidatos hayan sido observadas las normas estatutarias y reglamentarias correspondientes.

4. En caso de que de la revisión resulte que el partido político no acompañó la información y documentación señalada en los numerales 1 y 2 del presente punto de acuerdo, que permita verificar el cumplimiento al procedimiento estatutario aplicable, el Consejo General a través de la Dirección Ejecutiva de Prerrogativas y Partidos Políticos, realizará un requerimiento al partido político para que en un plazo de 3 días a partir de la notificación, remita la documentación o información omitida.

5. El resultado del análisis sobre el cumplimiento al artículo 211 párrafo 2 del código de la materia, así como de las normas estatutarias o reglamentarias aplicables, se hará del conocimiento del partido político, dentro del plazo de 10 días a partir de que dicha autoridad cuente con toda la documentación respectiva, conforme a lo siguiente:

   a) En caso de que el partido cumpla con lo anterior, se hará de su conocimiento mediante oficio de la Dirección Ejecutiva de Prerrogativas y Partidos Políticos, debidamente fundado y motivado.

b) En caso de que el partido no hubiese observado lo establecido por el artículo 211 párrafo 2 del código de la materia o bien por su normativa interna, la Dirección Ejecutiva de Prerrogativas y Partidos Políticos elaborará un proyecto de Resolución que someterá a la aprobación del Consejo General, en el que se señalen: el fundamento y los motivos por los que se considera que el partido incumplió su normativa; la instrucción de reponer el procedimiento para la determinación del método de selección de candidatos; así como los plazos para dicha reposición, en el entendido de que esta autoridad verificará el cumplimiento a lo ordenado en la mencionada Resolución.

CUARTO. El órgano estatutariamente facultado por cada uno de los partidos políticos nacionales deberá determinar la procedencia del registro de sus precandidatos el día 30 de enero de 2009.

QUINTO. Los partidos políticos nacionales deberán informar al Presidente del Consejo General de este Instituto, a través de su Representante ante dicho órgano de dirección, los nombres de los precandidatos cuyo registro resultó procedente, el 31 de enero de 2009.

SEXTO. Las precampañas electorales darán inicio el día 31 de enero del año 2009.

SÉPTIMO. Las solicitudes de registro de Convenios de Coalición y Acuerdos de Participación, deberán presentarse a más tardar el día 1° de enero de 2009.

OCTAVO. Las precampañas electorales concluirán a más tardar el día 11 de marzo del año 2009.

NOVENO. A partir de la conclusión de la precampaña y hasta el inicio de la campaña electoral los partidos políticos, coaliciones, precandidatos y candidatos, se abstendrán de realizar actos de proselitismo electoral.

DÉCIMO. La elección interna o la asamblea nacional electoral o equivalente o la sesión del órgano de dirección que conforme a los estatutos de cada partido resuelva respecto de la selección de candidatos, deberá celebrarse a más tardar el día 31 de marzo de 2009.

DÉCIMO PRIMERO. Los precandidatos deberán presentar su informe de precampaña ante el órgano interno del partido correspondiente, a más tardar el día 07 de abril de 2009, teniendo presente que deberá hacerlo invariablemente dentro de los siete días siguientes a la fecha de celebración de la jornada comicial interna.

DÉCIMO SEGUNDO. Los partidos políticos deberán notificar al Presidente del Consejo General de este Instituto, a través de su Representante ante dicho órgano de dirección, a más tardar el 10 de abril de 2009, los nombres de los precandidatos que no hubieren presentado informes de precampaña ante el órgano interno respectivo. A su vez, el Presidente del Consejo General remitirá las notificaciones a la Dirección Ejecutiva de Prerrogativas y Partidos Políticos del Instituto.

DÉCIMO TERCERO. Los partidos políticos deberán resolver los medios de impugnación internos que se interpongan con motivo de los resultados de los procesos de selección interna de candidatos a cargos de elección popular, a más tardar el día 14 de abril de 2009, tomando en consideración que los mismos deberán resolverse dentro de los 14 días siguientes a la fecha de realización de la consulta mediante voto directo o de la asamblea en que se haya adoptado la decisión sobre candidaturas.

DÉCIMO CUARTO. Los partidos políticos deberán presentar los informes de precampaña a que se refiere el artículo 83, párrafo 1, inciso c), del Código Federal de Instituciones y Procedimientos Electorales, a más tardar el día 10 de abril de 2009, considerando que deberán presentarse dentro de los 30 días siguientes a la conclusión de la precampaña respectiva.

DÉCIMO QUINTO. Las precampañas deberán sujetarse al "Reglamento para la fiscalización de los recursos de los Partidos Políticos Nacionales" y al "Reglamento de acceso a Radio y Televisión en materia electoral", así como a todos los demás ordenamientos que resulten aplicables.

DÉCIMO SEXTO. Publíquese este Acuerdo en el *Diario Oficial de la Federación*.

El presente Acuerdo fue aprobado en sesión extraordinaria del Consejo General celebrada el 10 de noviembre de dos mil ocho.

AGUASCALIENTES

CAPÍTULO II
DEL PROCEDIMIENTO DE LAS PRECAMPAÑAS POLÍTICAS
DE LOS PARTIDOS POLÍTICOS Y SUS PRE-CANDIDATOS

ARTÍCULO 128
LOS PARTIDOS POLÍTICOS PODRÁN DESARROLLAR SUS ACTIVIDADES UNA VEZ INICIADO EL PROCESO ELECTORAL Y HASTA EL MOMENTO DEL REGISTRO DE SUS CANDIDATOS, DENTRO DE LAS CUALES SE DEBERÁN SEGUIR LAS SIGUIENTES DISPOSICIONES:
I. LOS PARTIDOS POLÍTICOS O PRECANDIDATOS NO PODRÁN USAR EL EQUIPAMIENTO URBANO PARA FIJAR SU PROPAGANDA;
II. QUEDA PROHIBIDO EL USO DE LOS MEDIOS DE COMUNICACIÓN PARA PUBLICITAR A LOS PRE-CANDIDATOS MEDIANTE INSERCIÓN PAGADA, ÚNICAMENTE SE PODRÁ HACER USO DE ELLOS, A INVITACIÓN DE LOS PROPIOS MEDIOS, SIN COSTO ALGUNO, Y CON FINES MERAMENTE INFORMATIVOS;
III. LOS PRE-CANDIDATOS NO PODRÁN EXCEDERSE EN SUS GASTOS DE PRECAMPAÑA EN MÁS DE UN 25% DEL QUE EL PARTIDO POLÍTICO RESPECTIVO, RECIBA POR CONCEPTO DEL FINANCIAMIENTO ANUAL;
IV. QUEDA PROHIBIDO, INDEPENDIENTEMENTE DE LO SEÑALADO POR OTROS ORDENAMIENTOS LEGALES,
UTILIZAR RECURSOS PÚBLICOS O PUBLICITAR OBRA PÚBLICA EN BENEFICIO DE SU IMAGEN.

ARTÍCULO 129

CORRESPONDE EXCLUSIVAMENTE A LOS PARTIDOS POLÍTICOS EL DERECHO DE SOLICITAR EL REGISTRO DE CANDIDATOS A CARGOS DE ELECCIÓN POPULAR, POR CONDUCTO DEL PRESIDENTE DEL COMITÉ EJECUTIVO ESTATAL O SU EQUIVALENTE.

ARTÍCULO 130

EL REGISTRO DE CANDIDATURAS A GOBERNADOR, A DIPUTADOS Y A MIEMBROS DE AYUNTAMIENTOS, SERÁ DEL 15 AL 30 DE JUNIO INCLUSIVE, DEL AÑO DE LA ELECCIÓN.
LOS ORGANISMOS ELECTORALES DARÁN AMPLIA DIFUSIÓN A LA APERTURA DEL REGISTRO DE CANDIDATOS.

ARTÍCULO 131

LA SOLICITUD DE REGISTRO DE CANDIDATOS SERÁ PRESENTADA COMO SIGUE:
I. LA DE MIEMBROS DE AYUNTAMIENTOS, ANTE EL CONSEJO MUNICIPAL ELECTORAL RESPECTIVO, O ANTE EL CONSEJO GENERAL DEL INSTITUTO ESTATAL ELECTORAL;
II. LA DE DIPUTADOS POR MAYORÍA RELATIVA, ANTE EL CONSEJO DISTRITAL RESPECTIVO, O ANTE EL CONSEJO GENERAL DEL INSTITUTO ESTATAL ELECTORAL;
III. LA DE DIPUTADOS POR REPRESENTACIÓN PROPORCIONAL ANTE EL CONSEJO GENERAL DEL INSTITUTO
ESTATAL ELECTORAL; Y
IV. LA DE GOBERNADOR ANTE EL CONSEJO GENERAL DEL INSTITUTO ESTATAL ELECTORAL.
EN LOS CASOS DE LAS FRACCIONES I Y II, PREVALECERÁ LA SOLICITUD PRESENTADA ANTE EL INSTITUTO ESTATAL ELECTORAL.

ARTÍCULO 132

LOS CONSEJOS DISTRITALES, Y LOS CONSEJOS MUNICIPALES ELECTORALES, COMUNICARÁN AL CONSEJO

GENERAL DEL INSTITUTO ESTATAL ELECTORAL, EL REGISTRO DE CANDIDATOS DENTRO DE LAS 48 HORAS SIGUIENTES A LA FECHA EN QUE SE LLEVE A CABO.

ARTÍCULO 133

LA SOLICITUD DE REGISTRO DE CANDIDATO DEBERÁ CONTENER:

I. NOMBRE Y APELLIDOS DEL CANDIDATO;

II. EDAD, LUGAR DE NACIMIENTO, DOMICILIO Y OCUPACIÓN;

III. CARGO PARA EL QUE SE LE POSTULA;

IV. DENOMINACIÓN, COLOR O COLORES DEL PARTIDO O COALICIÓN QUE LO POSTULAN;

V. NÚMERO DE CREDENCIAL PARA VOTAR CON FOTOGRAFÍA; Y

VI. DECLARATORIA BAJO PROTESTA DE DECIR VERDAD, DE NO SER MINISTRO DE NINGÚN CULTO.

LA SOLICITUD DEBERÁ ACOMPAÑARSE DE COPIA CERTIFICADA DEL ACTA DE NACIMIENTO, EN SU CASO, DE CONSTANCIA DE RESIDENCIA; DECLARACIÓN DE ACEPTACIÓN DE CANDIDATURA Y COPIA DE LA CREDENCIAL PARA VOTAR CON FOTOGRAFÍA.

ARTÍCULO 134

LAS CANDIDATURAS DE MIEMBROS DE AYUNTAMIENTOS SERÁN REGISTRADAS POR PLANILLAS DE PROPIETARIOS Y SUPLENTES; LAS DE DIPUTADOS POR EL PRINCIPIO DE MAYORÍA RELATIVA Y POR REPRESENTACIÓN PROPORCIONAL, POR FÓRMULAS DE CANDIDATOS COMPUESTAS, CADA UNA, POR UN CANDIDATO PROPIETARIO Y UN CANDIDATO SUPLENTE.

ARTÍCULO 135

PARA EL REGISTRO DE CANDIDATOS A TODO CARGO DE ELECCIÓN POPULAR, EL PARTIDO POLÍTICO POSTULANTE DEBERÁ PRESENTAR Y OBTENER EL REGISTRO DE LA PLATAFORMA ELECTORAL PARA LA ELECCIÓN, ANTES DEL 10 DE JUNIO DEL AÑO DE LA ELECCIÓN.

ARTÍCULO 136

LOS PARTIDOS POLÍTICOS PODRÁN REGISTRAR CANDIDATOS A DIPUTADOS QUE SERÁN ASIGNADOS POR EL PRINCIPIO DE REPRESENTACIÓN PROPORCIONAL, SI HUBIEREN REGISTRADO CANDIDATOS A DIPUTADOS POR EL PRINCIPIO DE MAYORÍA RELATIVA, EN POR LO MENOS, DOCE DE LOS DISTRITOS ELECTORALES UNINOMINALES.

ARTÍCULO 137

SI ALGÚN PARTIDO NO PRESENTA COMPLETA PARA SU REGISTRO LA LISTA ESTATAL DE CANDIDATOS, QUE DEBERÁ SER DE DIEZ FÓRMULAS, SEGÚN EL PRINCIPIO DE REPRESENTACIÓN PROPORCIONAL, PERDERÁ SU DERECHO A PARTICIPAR EN LA ELECCIÓN DE DIPUTADOS POR ESE PRINCIPIO.

ARTÍCULO 138

LOS PARTIDOS POLÍTICOS PODRÁN SUSTITUIR A LOS CANDIDATOS REGISTRADOS, PARA HACERLO, DEBERÁN OBSERVAR LAS DISPOSICIONES SIGUIENTES:

I. SOLICITARLO POR ESCRITO ANTE EL CONSEJO ELECTORAL CORRESPONDIENTE;

II. DENTRO DEL PLAZO A QUE SE REFIERE EL ARTÍCULO 130 DE ESTE CÓDIGO, PODRÁN SUSTITUIRLOS LIBREMENTE;

III. VENCIDO EL PLAZO A QUE SE REFIERE EL ARTÍCULO 130 SÓLO PODRÁN SUSTITUIRLOS POR FALLECIMIENTO, INHABILITACIÓN, INCAPACIDAD, EXPULSIÓN DEL PROPIO PARTIDO O RENUNCIA; EN ESTE ÚLTIMO CASO, NO PODRÁN SUSTITUIRLOS CUANDO LA RENUNCIA SE PRESENTE DENTRO DE LOS TREINTA DÍAS ANTERIORES AL DE LA ELECCIÓN; Y

IV. EN LOS CASOS EN QUE LA RENUNCIA O NEGATIVA DEL CANDIDATO FUERE NOTIFICADA POR EL MISMO

CONSEJO GENERAL DEL INSTITUTO ESTATAL ELECTORAL, ÉSTE LO HARÁ DEL CONOCIMIENTO DEL PARTIDO POLÍTICO DE QUE SE TRATE, A EFECTO DE QUE PROCEDA A SUSTITUIRLO.

ARTÍCULO 139

EL CONSEJO GENERAL DEL INSTITUTO PUBLICARÁ OPORTUNAMENTE EN EL PERIÓDICO OFICIAL DEL ESTADO LA RELACIÓN COMPLETA DE CANDIDATOS REGISTRADOS.

EN LA MISMA FORMA SE PUBLICARÁN LAS CANCELACIONES DE REGISTRO O SUSTITUCIONES DE CANDIDATOS.

BAJA CLIFORNIA NORTE

LIBRO SEXTO
DE LAS PRECAMPAÑAS
ARTÍCULO 216.-
CORRESPONDE EXCLUSIVAMENTE A LOS PARTIDOS POLÍTICOS AUTORIZAR A SUS MILITANTES O SIMPATIZANTES LA REALIZACIÓN DE ACTIVIDADES PROSELITISTAS EN BUSCA DE SU NOMINACIÓN A UN PUESTO DE ELECCIÓN POPULAR, DE MANERA PREVIA AL EVENTO DE
POSTULACIÓN O DESIGNACIÓN DE CANDIDATOS, CONFORME A SUS ESTATUTOS, ACUERDOS DE SUS ÓRGANOS DE REPRESENTACIÓN Y PRESCRIPCIONES DE ESTA LEY.

ARTÍCULO 217.-
PARA LOS FINES DE LA PRESENTE LEY, SE ENTENDERÁ POR:

PRECAMPAÑA ELECTORAL: ES EL CONJUNTO DE ACTIVIDADES REGULADAS POR ESTA LEY, Y LOS ESTATUTOS, ACUERDOS Y LINEAMIENTOS EMANADOS DE LOS PARTIDOS POLÍTICOS DE CONFORMIDAD CON AQUELLA, QUE REALIZAN LOS PRECANDIDATOS A SER POSTULADOS POR UN PARTIDO POLÍTICO A UN CARGO DE ELECCIÓN POPULAR, DENTRO DE UN PROCESO DE ELECCIÓN INTERNA CONVOCADO POR AQUEL, CON LA FINALIDAD DE PROMOVER SU IMAGEN Y CAPACIDAD COMO LA MEJOR PARA OBTENER LA CANDIDATURA;
ACTOS DE PRECAMPAÑA: SON LAS ACCIONES QUE TIENEN POR OBJETO MEJORAR LA IMAGEN DE LOS PRECANDIDATOS, CON EL FIN DE OBTENER LA NOMINACIÓN COMO CANDIDATO DEL PARTIDO POLÍTICO, PARA CONTENDER EN UNA ELECCIÓN CONSTITUCIONAL. ENTRE OTRAS, QUEDAN COMPRENDIDAS LAS SIGUIENTES:
A) REUNIONES PÚBLICAS O PRIVADAS;
B) ASAMBLEAS;

C) DEBATES;

D) ENTREVISTAS EN LOS MEDIOS;

E) VISITAS DOMICILIARIAS, Y

F) DEMÁS ACTIVIDADES QUE REALICEN LOS PRECANDIDATOS;

PROPAGANDA DE PRECAMPAÑA ELECTORAL: EL CONJUNTO DE ESCRITOS, PUBLICACIONES, IMÁGENES, GRABACIONES, PROYECCIONES Y EXPRESIONES QUE DURANTE LA PRECAMPAÑA ELECTORAL PRODUCEN Y DIFUNDEN LOS PRECANDIDATOS Y SUS SIMPATIZANTES, CON EL PROPÓSITO DE PRESENTAR Y DIFUNDIR SUS PROPUESTAS ANTE LOS MILITANTES DEL PARTIDO POR EL

QUE ASPIRAN SER NOMINADOS, Y

PRECANDIDATO: LOS CIUDADANOS QUE DECIDEN CONTENDER AL INTERIOR DE UN PARTIDO POLÍTICO CON EL FIN DE ALCANZAR SU NOMINACIÓN COMO CANDIDATO A UN PUESTO DE ELECCIÓN POPULAR.

ARTÍCULO 218.-

LAS PRECAMPAÑAS ELECTORALES INICIARÁN:

CUANDO SE CELEBREN ELECCIONES PARA ELEGIR GOBERNADOR DEL ESTADO, DIPUTADOS Y MUNÍCIPES, EL DÍA VEINTIDÓS DE FEBRERO DEL AÑO DE LA ELECCIÓN, Y CUANDO SE CELEBREN ELECCIONES PARA ELEGIR SÓLO DIPUTADOS AL CONGRESO DEL ESTADO Y MUNÍCIPES A LOS AYUNTAMIENTOS, EL DÍA DOCE DE MARZO DEL AÑO DE LA ELECCIÓN.

TODAS LAS PRECAMPAÑAS DEBERÁN CONCLUIR, A MÁS TARDAR, UN DÍA ANTES DEL INICIO DEL PERIODO DE LA SOLICITUD DE REGISTRO DE CANDIDATOS.

ARTÍCULO 219.-

EL PARTIDO POLÍTICO DEBERÁ A MÁS TARDAR VEINTE DÍAS PREVIOS AL INICIO DEL PERIODO DE PRECAMPAÑA A QUE SE REFIERE EL ARTÍCULO ANTERIOR, INFORMAR POR ESCRITO AL CONSEJO GENERAL LOS LINEAMIENTOS O ACUERDOS A LOS

QUE ESTARÁN SUJETOS LOS PRECANDIDATOS EN EL PERIODO DE PRECAMPAÑA.

ARTÍCULO 220.-
LOS LINEAMIENTOS O ACUERDOS REFERIDOS EN EL ARTÍCULO ANTERIOR, DEBERÁN CONTENER POR LO MENOS:

LOS CARGOS DE ELECCIÓN POPULAR SUJETOS A PRECAMPAÑA; EL PLAZO DE DURACIÓN DE LA PRECAMPAÑA ELECTORAL, ACORDE A LO DISPUESTO EN EL ARTÍCULO 218 DE ESTA LEY; EL PLAZO O TÉRMINO PARA ACREDITARSE LOS PRECANDIDATOS ANTE EL PARTIDO POLÍTICO; LA FORMA DE ELECCIÓN DEL CANDIDATO EN TÉRMINOS DE LOS ESTATUTOS CORRESPONDIENTES; LOS ÓRGANOS DE DIRECCIÓN RESPONSABLES DE SU CONDUCCIÓN Y VIGILANCIA; LA FECHA DE CELEBRACIÓN DE LA ASAMBLEA ESTATAL, MUNICIPAL, DISTRITAL, O EN SU CASO, DE REALIZACIÓN DE LA JORNADA COMICIAL INTERNA.
CUANDO UN PARTIDO POLÍTICO TENGA PREVISTA LA CELEBRACIÓN DE UNA JORNADA DE CONSULTA DIRECTA, ÉSTA SE REALIZARÁ SIMULTÁNEAMENTE PARA TODAS SUS CANDIDATURAS, Y LAS OBLIGACIONES Y PROHIBICIONES PARA LOS PRECANDIDATOS.

ARTÍCULO 221.-
EL CONSEJO GENERAL PROCEDERÁ A LA REVISIÓN DE LOS LINEAMIENTOS O ACUERDOS A LOS QUE ESTARÁN SUJETOS LOS PRECANDIDATOS, POR CONDUCTO DE LA COMISIÓN DEL RÉGIMEN DE PARTIDOS POLÍTICOS, OBSERVANDO EL SIGUIENTE PROCEDIMIENTO:
RECIBIDO EN EL CONSEJO GENERAL EL ESCRITO Y LINEAMIENTOS RESPECTIVOS, EL CONSEJERO PRESIDENTE LOS TURNARÁ DE MANERA INMEDIATA A LA COMISIÓN; LA COMISIÓN EN UN PLAZO DE TRES DÍAS VERIFICARÁ QUE LOS LINEAMIENTOS O ACUERDOS, REÚNAN LOS REQUISITOS

ESTABLECIDOS EN EL ARTÍCULO ANTERIOR; SI LOS LINEAMIENTOS REÚNEN LOS REQUISITOS, LA COMISIÓN EN EL PLAZO SEÑALADO EN LA FRACCIÓN ANTERIOR, INFORMARÁ AL CONSEJO GENERAL DE ELLO, ASÍ COMO AL PARTIDO POLÍTICO DE QUE SE TRATE, Y EN CASO DE QUE LOS LINEAMIENTOS NO SE AJUSTEN A LO DISPUESTO EN EL ARTÍCULO PRECEDENTE, LA COMISIÓN EN EL PLAZO REFERIDO EN LA FRACCIÓN II DE ESTE NUMERAL, NOTIFICARÁ AL PARTIDO POLÍTICO DE QUE SE TRATE, PARA QUE EN EL TÉRMINO DE TRES DÍAS CONTADOS A PARTIR DE LA NOTIFICACIÓN, LOS MODIFIQUE, APERCIBIÉNDOLO DE QUE EN CASO DE NO HACERLO EL CONSEJO GENERAL A PROPUESTA DE LA COMISIÓN HARÁ LAS MODIFICACIONES NECESARIAS.

LOS LINEAMIENTOS O ACUERDOS QUE SE PRESENTEN FUERA DEL PLAZO ESTABLECIDO EN EL ARTÍCULO 219 DE ESTA LEY, SERÁN DESECHADOS DE PLANO POR EL CONSEJO GENERAL, EN BASE AL DICTAMEN O ACUERDO QUE EMITA LA COMISIÓN. EN CONSECUENCIA EL PARTIDO POLÍTICO DE QUE SE TRATE, NO PODRÁ REALIZAR PROCESOS DE PRECAMPAÑA ELECTORAL.

ARTÍCULO 222.-

EL PARTIDO POLÍTICO DEBERÁ INFORMAR AL CONSEJO GENERAL SOBRE LA ACREDITACIÓN DE LOS PRECANDIDATOS, DENTRO DE LOS TRES DÍAS SIGUIENTES AL CIERRE DEL PLAZO DEL REGISTRO A QUE SE REFIERE LA FRACCIÓN III DEL ARTÍCULO 220 DE ESTA LEY, ACOMPAÑANDO LA SIGUIENTE INFORMACIÓN:

COPIA DEL ESCRITO DE SOLICITUD;
COPIA DE LA EXPOSICIÓN DE MOTIVOS;
COPIA DEL PROGRAMA DE TRABAJO;
NOMBRE DEL REPRESENTANTE DEL PRECANDIDATO;
NOMBRE DEL RESPONSABLE DE LA OBTENCIÓN, ADMINISTRACIÓN Y GASTO DE LOS RECURSOS RECABADOS,

DEL PRECANDIDATO, Y DOMICILIO PARA OÍR Y RECIBIR NOTIFICACIONES DEL PRECANDIDATO O SU REPRESENTANTE. EN EL CASO DE LOS MUNÍCIPES, LOS PARTIDOS POLÍTICOS SÓLO ESTARÁN OBLIGADOS A DAR EL AVISO Y PROPORCIONAR LA INFORMACIÓN ANTERIOR RESPECTO DE LOS PRECANDIDATOS A PRESIDENTE MUNICIPAL, SALVO QUE AUTORICEN LA REALIZACIÓN DE ACTOS DE PRECAMPAÑA EN FORMA INDIVIDUAL PARA INTEGRAR LAS PLANILLAS RESPECTIVAS.

ARTÍCULO 223.-
EN CASO DE QUE EL PRECANDIDATO NO INFORME QUE DESEA INICIAR LA PRECAMPAÑA, TANTO EL CONSEJO GENERAL COMO LOS PARTIDOS POLÍTICOS, PODRÁN RECONOCER QUE UNA PRECAMPAÑA HA DADO INICIO, UNA VEZ QUE SEAN PÚBLICOS Y NOTORIOS LOS ACTOS Y GASTOS DE PRECAMPAÑA, SIN MENOSCABO DE LAS SANCIONES A LAS QUE PUEDA SER SUJETO POR LOS ESTATUTOS DEL PARTIDO CORRESPONDIENTE Y ESTA LEY.

ARTÍCULO 224.-
LOS PARTIDOS POLÍTICOS DISPONDRÁN LO NECESARIO A FIN DE QUE LOS PRECANDIDATOS SEAN RECONOCIDOS COMO TALES, EXTENDIÉNDOLE LAS CONSTANCIAS DE REGISTRO RESPECTIVAS, SI CUMPLE CON LOS REQUISITOS Y RESULTE PROCEDENTE, CONFORME A ESTA LEY, LOS ESTATUTOS Y ACUERDOS DEL PARTIDO POLÍTICO. EN LOS FORMATOS DE REGISTRO, SE HARÁ MENCIÓN DE LA FIDELIDAD DE LOS DATOS PROPORCIONADOS, BAJO PROTESTA DE DECIR VERDAD POR PARTE DE LOS PRECANDIDATOS.

BAJA CALIFORNIA SUR

TÍTULO QUINTO
DE LAS PRECAMPAÑAS
CAPÍTULO I
DISPOSICIONES GENERALES
ARTÍCULO 141.-
PARA LOS FINES DE LA PRESENTE LEY, SE ENTENDERÁ POR:
I.- PRECAMPAÑA ELECTORAL.- EL CONJUNTO DE ACTIVIDADES QUE DE MANERA PREVIA A LA CAMPAÑA ELECTORAL SON LLEVADOS A CABO POR LOS ASPIRANTES A CANDIDATOS A CARGOS DE ELECCIÓN POPULAR.
II.- PROPAGANDA DE PRECAMPAÑA.- SE ENTIENDE COMO PROPAGANDA DE PRECAMPAÑA ELECTORAL, EL CONJUNTO DE ESCRITOS, PUBLICACIONES, IMÁGENES, GRABACIONES, PROYECCIONES Y EXPRESIONES QUE DURANTE LA PRECAMPAÑA ELECTORAL, PRODUCEN Y DIFUNDEN LOS ASPIRANTES A CANDIDATOS Y SUS SIMPATIZANTES.

CAPÍTULO II
DE LA PROPAGANDA
ARTÍCULO 142.-
LOS CIUDADANOS ASPIRANTES A CANDIDATOS DE ELECCIÓN POPULAR, NO PODRÁN PRODUCIR O DIFUNDIR PROPAGANDA DE PRECAMPAÑA ANTES DE NOVENTA DÍAS DEL INICIO DEL PROCESO ELECTORAL.

ARTÍCULO 143.-
EN LA COLOCACIÓN Y FIJACIÓN DE LA PROPAGANDA DE PRECAMPAÑA ELECTORAL, SE DEBERÁN OBSERVAR LAS REGLAS ESTABLECIDAS EN LOS ARTÍCULOS 173, 174 Y 175 FRACCIONES I Y II DE ESTA LEY, PERO EN NINGÚN CASO SE PODRÁ HACER USO DEL EQUIPAMIENTO URBANO PARA FIJAR PROPAGANDA DE PRECAMPAÑA ELECTORAL.

ARTÍCULO 144.-

EN EL CASO DE QUE EL ASPIRANTE O EL PARTIDO CORRESPONDIENTE NO CUMPLA CON LAS REGLAS DE LA PROPAGANDA DE PRECAMPAÑA ELECTORAL SE LE REQUERIRÁ SU INMEDIATO RETIRO QUE NO PODRÁ EXCEDER DE VEINTICUATRO HORAS EN CASO CONTRARIO SERÁ RETIRADO POR EL ÓRGANO ELECTORAL CORRESPONDIENTE.

ARTÍCULO 145.-

QUEDA PROHIBIDO A LOS ASPIRANTES A CANDIDATO LO SIGUIENTE:

I.- UTILIZAR LOS EMBLEMAS O LEMAS DE ALGÚN PARTIDO POLÍTICO O COALICIÓN EN SU PROPAGANDA DE PRECAMPAÑA, SIN LA AUTORIZACIÓN DEL PARTIDO POLÍTICO O COALICIÓN CORRESPONDIENTE;

II.- UTILIZAR RECURSOS PÚBLICOS O PUBLICITAR OBRA PÚBLICA EN BENEFICIO DE SU IMAGEN, INDEPENDIENTEMENTE DE LO DISPUESTO POR OTRAS DISPOSICIONES LEGALES;

III.- EN EL CASO DE QUE EL ASPIRANTE SEA SERVIDOR PÚBLICO NO DEBERÁ UTILIZAR LOS MATERIALES Y RECURSOS ECONÓMICOS A LOS QUE POR EL MOTIVO DE SU FUNCIÓN TENGA ACCESO, SIN MENOSCABO DE LAS SANCIONES PREVISTAS POR OTRAS DISPOSICIONES LEGALES;

CAPÍTULO III
DE LAS DENUNCIAS Y SANCIONES
ARTICULO 148.-

LOS PARTIDOS POLÍTICOS, LAS COALICIONES Y LOS CIUDADANOS QUE INCUMPLAN CON LAS DISPOSICIONES DE LA PRESENTE LEY EN MATERIA DE PRECAMPAÑAS ELECTORALES, SEGÚN LA GRAVEDAD DE LA FALTA PODRÁN HACERSE ACREEDORES DE LAS SIGUIENTES SANCIONES:

I.- APERCIBIMIENTO;

II.- MULTA HASTA POR MIL VECES EL SALARIO MÍNIMO GENERAL VIGENTE EN LA ENTIDAD;

III.- PÉRDIDA DEL DERECHO DE REGISTRO COMO CANDIDATO AL ASPIRANTE.

ARTÍCULO 149.-

LOS PARTIDOS POLÍTICOS, LAS COALICIONES Y LOS CIUDADANOS, SE HARÁN ACREEDORES A LAS MULTAS A QUE SE REFIERE EL ARTÍCULO ANTERIOR CUANDO VIOLEN LAS REGLAS DE LA PROPAGANDA Y LA FIJACIÓN DE LA MISMA DURANTE LA PRECAMPAÑA.

CAMPECHE

CAPÍTULO SEGUNDO
DE LAS PRECAMPAÑAS
ART. 255.-
SE ENTIENDE POR PRECAMPAÑA ELECTORAL EL CONJUNTO DE ACTIVIDADES QUE DENTRO DE SU PROCESO INTERNO, REALICEN LOS PARTIDOS POLÍTICOS, SUS MILITANTES Y PRECANDIDATOS DEBIDAMENTE REGISTRADOS POR CADA PARTIDO, UTILIZANDO EL PROGRAMA Y LA PROPAGANDA PREVIAMENTE AUTORIZADOS POR SUS ÓRGANOS INTERNOS, PARA OBTENER UNA
CANDIDATURA A CUALQUIER CARGO DE ELECCIÓN POPULAR.
LAS PRECAMPAÑAS PARA LA DESIGNACIÓN DE CANDIDATO A GOBERNADOR TENDRÁN UNA DURACIÓN DE HASTA 40 DÍAS. LA DURACIÓN DE PRECAMPAÑAS PARA LA DESIGNACIÓN DE CANDIDATOS A DIPUTADOS, ASÍ COMO PARA LA DE PRESIDENTES MUNICIPALES Y PRESIDENTES DE JUNTAS MUNICIPALES, SERÁ DE HASTA 30 DÍAS.

ART. 256.-
LOS ACTOS DE PRECAMPAÑA ELECTORAL SON LAS ACTIVIDADES QUE REALICEN LOS PRECANDIDATOS DEBIDAMENTE REGISTRADOS ANTE LOS PARTIDOS POLÍTICOS, DURANTE LOS PLAZOS ESTABLECIDOS EN ESTE CÓDIGO Y EN LA CONVOCATORIA RESPECTIVA, CON EL OBJETIVO DE OBTENER EL RESPALDO DE LOS MILITANTES Y SIMPATIZANTES PARA SER POSTULADOS COMO CANDIDATOS A UN CARGO DE ELECCIÓN POPULAR.

ART. 257.-
PARA EL FINANCIAMIENTO DE LAS PRECAMPAÑAS, LOS PARTIDOS POLÍTICOS Y LOS PRECANDIDATOS EN CONJUNTO NO PODRÁN EROGAR MÁS DEL 20% DEL TOPE DE GASTOS DE

CAMPAÑA QUE HUBIESE SIDO AUTORIZADO PARA EL TIPO DE ELECCIÓN DE QUE SE TRATE EN EL PROCESO ELECTORAL ORDINARIO INMEDIATO ANTERIOR, ACTUALIZÁNDOLO CONFORME AL ÍNDICE NACIONAL DE PRECIOS AL CONSUMIDOR VIGENTE AL MES DE OCTUBRE DEL AÑO ANTERIOR AL DE LA ELECCIÓN, PUBLICADO POR EL BANCO DE MÉXICO.

EL CONSEJO GENERAL DEL INSTITUTO ELECTORAL DEL ESTADO DE CAMPECHE, DETERMINARÁ EN EL MES DE NOVIEMBRE DEL AÑO ANTERIOR AL DE LA ELECCIÓN MEDIANTE LA EXPEDICIÓN DE LOS CORRESPONDIENTES ACUERDOS, EL TOPE DE GASTOS DE PRECAMPAÑA DE CADA ELECCIÓN TOMANDO COMO BASE LO SEÑALADO EN EL PÁRRAFO ANTERIOR.

ART. 258.-

SOLO PODRÁ UTILIZARSE COMO PROPAGANDA EN LAS PRECAMPAÑAS ELECTORALES LA QUE HUBIESE SIDO APROBADA POR LOS ÓRGANOS INTERNOS DE CADA PARTIDO.

EN TODA LA PROPAGANDA A QUE SE REFIERE ESTE ARTÍCULO DEBERÁ SEÑALARSE EN FORMA VISIBLE LA LEYENDA: "PROCESO INTERNO PARA LA SELECCIÓN DE CANDIDATOS".

ART. 259.-

LOS MILITANTES QUE ASPIREN A SER POSTULADOS A CARGOS DE ELECCIÓN POPULAR NO PODRÁN REALIZAR ACTIVIDADES DE PROSELITISMO O DE DIFUSIÓN DE PROPAGANDA EN SU FAVOR ANTES DE OBTENER SU REGISTRO COMO PRECANDIDATOS. LA INFRACCIÓN A LO PREVISTO EN ESTE PÁRRAFO DEBERÁ SER SANCIONADA POR EL PARTIDO POLÍTICO DE QUE SE TRATE CON LA NEGATIVA A OTORGAR EL REGISTRO COMO PRECANDIDATO.

QUEDA PROHIBIDO A LOS PRECANDIDATOS A CARGOS DE ELECCIÓN POPULAR REALIZAR ACTIVIDADES DE PROSELITISMO O DE DIFUSIÓN DE PROPAGANDA EN SU FAVOR ANTES DE LA FECHA DE INICIO DE LAS PRECAMPAÑAS ASÍ

COMO, EN TODO TIEMPO, LA CONTRATACIÓN DE PROPAGANDA O CUALQUIER OTRA FORMA DE PROMOCIÓN PERSONAL EN RADIO Y TELEVISIÓN.

LA VIOLACIÓN A LO PREVISTO EN EL PÁRRAFO ANTERIOR SERÁ SANCIONADA POR EL PARTIDO POLÍTICO CON LA CANCELACIÓN DEL REGISTRO COMO PRECANDIDATO DEL INFRACTOR, O EN SU DEFECTO CON LA NEGATIVA A REGISTRARLO COMO CANDIDATO.

ART. 260.-

DURANTE LAS PRECAMPAÑAS LOS PARTIDOS POLÍTICOS Y LOS PRECANDIDATOS DEBIDAMENTE REGISTRADOS PODRÁN HACER USO DEL TIEMPO EN RADIO Y TELEVISIÓN QUE CORRESPONDA AL PARTIDO POLÍTICO DE QUE SE TRATE, DE CONFORMIDAD CON LAS REGLAS Y PAUTAS QUE DETERMINE EL INSTITUTO FEDERAL ELECTORAL.

ART. 261.-

A LAS PRECAMPAÑAS Y A LOS PRECANDIDATOS QUE EN ELLAS PARTICIPEN LES SERÁN APLICABLES, EN LO CONDUCENTE, LAS NORMAS PREVISTAS EN ESTE CÓDIGO RESPECTO DE LOS ACTOS DE CAMPAÑA Y PROPAGANDA ELECTORAL.

CHIHUAHUA

ARTÍCULO 78 BIS

1.-TODOS LOS PARTIDOS DEBIDAMENTE REGISTRADOS ANTE EL INSTITUTO, PODRÁN REALIZAR PRECAMPAÑAS PARA ELEGIR A LOS CIUDADANOS QUE PRESENTARÁN COMO CANDIDATOS A CARGOS DE ELECCIÓN POPULAR ANTE LOS ORGANISMOS ELECTORALES COMPETENTES PARA SU REGISTRO.

LOS CIUDADANOS QUE POR SÍ, O A TRAVÉS DE PARTIDOS POLÍTICOS O TERCEROS, REALICEN ACTIVIDADES PROPAGANDÍSTICAS Y PUBLICITARIAS, CON OBJETOS DE PROMOVER SU IMAGEN PERSONAL, DE MANERA PÚBLICA Y CON EL INEQUÍVOCO PROPÓSITO DE OBTENER LA POSTULACIÓN A UN CARGO DE ELECCIÓN POPULAR, SE AJUSTARÁN A LOS PLAZOS Y DISPOSICIONES ESTABLECIDOS EN ESTA LEY. EL INCUMPLIMIENTO DE ESTA NORMA DARÁ MOTIVO A QUE EL INSTITUTO ESTATAL ELECTORAL, EN LA OPORTUNIDAD CORRESPONDIENTE, LES NIEGUE EL REGISTRO CORRESPONDIENTE.

2.- SE ENTIENDE POR PRECAMPAÑA TODOS AQUELLOS ACTOS REALIZADOS AL INTERIOR DE LOS PARTIDOS POLÍTICOS, DE ACUERDO CON SU NORMATIVIDAD INTERNA Y EN LOS TÉRMINOS DE LOS ESTATUTOS APROBADOS POR LOS ÓRGANOS ELECTORALES COMPETENTES, TENDIENTES A ELEGIR SUS PROPIOS CANDIDATOS.

3.- LAS PRECAMPAÑAS PARA CADA CARGO DE ELECCIÓN INICIARÁN A PARTIR DE LA EMISIÓN DE LA CONVOCATORIA RESPECTIVA Y TERMINARÁN AL MOMENTO DE RESULTAR ELECTO EL PRECANDIDATO CORRESPONDIENTE.

EN NINGÚN CASO LA DIFUSIÓN PÚBLICA DE LA PROPAGANDA ELECTORAL CON MOTIVO DE LAS PRECAMPAÑAS PODRÁ DURAR MÁS DE CUARENTA Y CINCO DÍAS.

4.- LOS PARTIDOS POLÍTICOS PODRÁN REALIZAR GASTOS CON MOTIVO DE SUS PRECAMPAÑAS QUE EFECTÚEN PARA ELEGIR A SUS CANDIDATOS, HASTA POR LA CANTIDAD EQUIVALENTE AL 15 POR CIENTO DEL MONTO TOTAL FIJADO COMO LÍMITE DE LOS TOPES DE GASTOS DE CAMPAÑA PARA LA ELECCIÓN INMEDIATA ANTERIOR DE QUE SE TRATE.

5.- LOS ACTOS DE PRECAMPAÑA DEBERÁN DE REUNIR LOS SIGUIENTES REQUISITOS PARA SER CONSIDERADOS COMO TALES:

A) IDENTIFICAR AL PARTIDO POLÍTICO DE QUE SE TRATE.

B) INCLUIR EN LA PROPAGANDA QUE SE DIFUNDA POR CUALQUIER MEDIO EN FORMA VISIBLE LA DENOMINACIÓN DE SER "PRECANDIDATO".

C) MENCIONAR EN LA PROPAGANDA EL DÍA DE LA JORNADA ELECTIVA INTERNA O EN SU CASO LA ASAMBLEA O ACTO QUE CONFORME A LAS NORMAS INTERNAS CADA PARTIDO POLÍTICO UTILICE PARA DESIGNAR A SUS CANDIDATOS.

D) LOS PARTIDOS POLÍTICOS QUE REALICEN PRECAMPAÑAS PARA ELEGIR CANDIDATOS A ALGÚN PUESTO DE ELECCIÓN POPULAR, DEBERÁN DAR AVISO POR ESCRITO AL INSTITUTO ESTATAL ELECTORAL AL EXPEDIR LA CONVOCATORIA CORRESPONDIENTE AL CARGO DE QUE SE TRATE.

6.- LOS PRECANDIDATOS DE LOS PARTIDOS POLÍTICOS DEBERÁN OMITIR TODA REFERENCIA A LA JORNADA ELECTORAL CONSTITUCIONAL A EFECTO DE EVITAR CUALQUIER CONFUSIÓN ENTRE EL PROCESO INTERNO Y EL CONSTITUCIONAL.

7.- LOS PARTIDOS POLÍTICOS Y SUS PRECANDIDATOS DEBERÁN AJUSTAR LA PROMOCIÓN Y DIFUSIÓN DE LA PRECANDIDATURA Y DEL PROCEDIMIENTO ELECTIVO INTERNO, DE MANERA CONGRUENTE AL MECANISMO O PROCEDIMIENTO PREVISTOS EN SUS ESTATUTOS Y QUE SE ESTÉ APLICANDO PARA PROCEDER A LA POSTULACIÓN DE CANDIDATOS. LA CONGRUENCIA MENCIONADA PODRÁ SER VALORADA DE

MANERA OBJETIVA POR EL INSTITUTO DE OFICIO O A PETICIÓN DE PARTE Y EMITIR LAS RECOMENDACIONES RESPECTIVAS.

8.- LA PROPAGANDA ELECTORAL, UNA VEZ TERMINADAS LAS PRECAMPAÑAS, DEBERÁ SER RETIRADA POR EL PARTIDO POLÍTICO AL QUE CORRESPONDA Y EN NINGÚN CASO PODRÁ SER UTILIZADA DURANTE LA CAMPAÑA CONSTITUCIONAL. EN CASO DE INCUMPLIMIENTO POR PARTE DEL PARTIDO POLÍTICO, EL INSTITUTO RETIRARÁ LA PROPAGANDA CON CARGO A SU FINANCIAMIENTO PÚBLICO.

9.- EL INCUMPLIMIENTO A ESTAS DISPOSICIONES DARÁ LUGAR A LAS SANCIONES PREVISTAS EN EL ARTÍCULO 245 DE ESTA LEY.

INDEPENDIENTEMENTE DE LAS SANCIONES SEÑALADAS EN EL PÁRRAFO ANTERIOR, EL INSTITUTO QUEDA FACULTADO PARA ORDENAR LA SUSPENSIÓN INMEDIATA DE LOS ACTOS O HECHOS QUE CONTRAVENGAN LAS DISPOSICIONES SEÑALADAS EN EL PRESENTE ARTÍCULO.

COAHUILA

CAPÍTULO SEGUNDO
DE LAS PRECAMPAÑAS
ARTÍCULO 187.-

LOS PROCESOS INTERNOS PARA LA SELECCIÓN DE CANDIDATOS A CARGOS DE ELECCIÓN POPULAR SON EL CONJUNTO DE ACTOS QUE REALIZAN LOS PARTIDOS POLÍTICOS Y SUS MILITANTES, DE CONFORMIDAD CON SUS ESTATUTOS.

ARTÍCULO 188.-

HASTA TREINTA Y CINCO DÍAS ANTES DE LA APERTURA DE REGISTRO DE CANDIDATOS DE LA ELECCIÓN DE QUE SE TRATE, LOS PARTIDOS POLÍTICOS DEBEN INFORMAR AL INSTITUTO, EL PROCEDIMIENTO APLICABLE PARA LA SELECCIÓN DE SUS CANDIDATOS A CARGOS DE ELECCIÓN POPULAR.

LOS PARTIDOS POLÍTICOS DEBERÁN INFORMAR EL MÉTODO O MÉTODOS QUE SERÁN UTILIZADOS, LA FECHA PARA LA EXPEDICIÓN DE LA CONVOCATORIA CORRESPONDIENTE, LOS PLAZOS QUE COMPRENDERÁ CADA FASE DEL PROCESO INTERNO, LOS ÓRGANOS DE DIRECCIÓN RESPONSABLES DE SU CONDUCCIÓN Y VIGILANCIA, LA FECHA DE LA REALIZACIÓN DE LA ASAMBLEA ESTATAL, DISTRITAL O MUNICIPAL O EN SU CASO, DE REALIZACIÓN DE LA JORNADA COMICIAL INTERNA, CONFORME A LO SIGUIENTE:

I. DURANTE LOS PROCESOS EN QUE SE RENUEVE GOBERNADOR, LAS PRECAMPAÑAS DARÁN INICIO VEINTISÉIS DÍAS ANTES DE LA APERTURA DE REGISTRO DE CANDIDATOS. NO PODRÁN DURAR MÁS DE VEINTITRÉS DÍAS.

II. RESPECTO DE LOS PROCESOS EN QUE SE RENUEVE EL CONGRESO DEL ESTADO, LAS PRECAMPAÑAS DARÁN INICIO VEINTE DÍAS ANTES DE LA APERTURA DE REGISTRO DE CANDIDATOS. NO PODRÁN DURAR MÁS DE DIECISIETE DÍAS.

III. EN LOS PROCESOS EN QUE SE RENUEVEN AYUNTAMIENTOS, SE REGIRÁN POR LO SIGUIENTE:

A) EN LOS MUNICIPIOS CUYO NÚMERO DE CIUDADANOS INSCRITOS EN LA LISTA NOMINAL DE ELECTORES DEL MUNICIPIO DE QUE SE TRATE, NO EXCEDA DE VEINTE MIL, LAS PRECAMPAÑAS POLÍTICAS INICIARÁN OCHO DÍAS ANTES DEL DÍA DE APERTURA EL REGISTRO DE CANDIDATOS Y NO PODRÁN DURAR MÁS DE CINCO DÍAS;

B) EN LOS MUNICIPIOS CUYO NÚMERO DE CIUDADANOS INSCRITOS EN LA LISTA NOMINAL DE ELECTORES DEL MUNICIPIO DE QUE SE TRATE, SEA SUPERIOR A VEINTE MIL PERO NO EXCEDA DE CIENTO VEINTE MIL, LAS PRECAMPAÑAS POLÍTICAS INICIARÁN TRECE DÍAS ANTES DEL DÍA DE APERTURA EL REGISTRO DE CANDIDATOS Y NO PODRÁN DURAR MAS DE DIEZ DÍAS;

C) EN LOS MUNICIPIOS CUYO NÚMERO DE CIUDADANOS INSCRITOS EN LA LISTA NOMINAL DE ELECTORES DEL MUNICIPIO DE QUE SE TRATE, EXCEDA DE CIENTO VEINTE MIL, INICIARÁN DIECIOCHO DÍAS ANTES DEL DÍA DE APERTURA EL REGISTRO DE CANDIDATOS, NO PODRÁN DURAR MÁS DE QUINCE DÍAS;

D) PARA TODOS LOS SUPUESTOS DE LAS FRACCIONES QUE ANTECEDEN, LA LISTA NOMINAL ELECTORAL QUE SE TOMARÁ EN CUENTA SERÁ LA DEL CORTE AL MES DE ENERO DEL AÑO QUE CORRESPONDA.

ARTÍCULO 189.-

LOS ASPIRANTES Y PRECANDIDATOS QUE PRETENDAN PARTICIPAR EN LOS PROCESOS DE SELECCIÓN INTERNA CONVOCADOS POR CADA PARTIDO, PODRÁN MANIFESTAR SU INTERÉS O EN SU CASO, DECISIÓN DE CONTENDER ANTE SU PARTIDO PARA OBTENER UNA CANDIDATURA, PERO NO PODRÁN REALIZAR ACTIVIDADES DE PROSELITISMO O DIFUSIÓN DE PROPAGANDA, POR NINGÚN MEDIO, ANTES DE LA FECHA DE INICIO DE LAS PRECAMPAÑAS; LA VIOLACIÓN A ESTA DISPOSICIÓN SE SANCIONARÁ CON LA NEGATIVA DE REGISTRO COMO PRECANDIDATO.

ARTÍCULO 190.-

EN MATERIA DE PRECAMPAÑAS SE APLICARÁN LAS DISPOSICIONES ESTABLECIDAS EN ESTE CÓDIGO PARA LAS CAMPAÑAS POLÍTICAS Y LA DIFUSIÓN DE PROPAGANDA TANTO ELECTORAL COMO OFICIAL.

EN LOS PROCESOS INTERNOS O PRECAMPAÑAS PARA CARGOS DE ELECCIÓN POPULAR LOCAL O FEDERAL, NO PODRÁN PARTICIPAR COMO PRECANDIDATOS O CANDIDATOS AQUELLOS CIUDADANOS QUE PARTICIPEN EN DOS O MÁS PROCESOS INTERNOS O PRECAMPAÑAS DURANTE UN MISMO AÑO ELECTORAL.

ARTÍCULO 191.-

DENTRO DEL MES DE INICIO DEL PROCESO ELECTORAL DE QUE SE TRATE, EL CONSEJO DEL INSTITUTO DETERMINARÁ LOS TOPES DE GASTO DE PRECAMPAÑA POR PRECANDIDATO, TOMANDO EN CONSIDERACIÓN EL TIPO DE ELECCIÓN PARA LA QUE PRETENDA SER POSTULADO. EL TOPE SERÁ EQUIVALENTE AL QUINCE POR CIENTO DEL ESTABLECIDO PARA LAS CAMPAÑAS INMEDIATAS ANTERIORES, SEGÚN LA ELECCIÓN DE QUE SE TRATE.

SI UN PRECANDIDATO INCUMPLE LA OBLIGACIÓN DE ENTREGAR SU INFORME DE INGRESOS Y GASTOS DE PRECAMPAÑA DENTRO DEL PLAZO ESTABLECIDO PARA TAL EFECTO, Y HUBIESE OBTENIDO LA MAYORÍA DE VOTOS EN LA

CONSULTA INTERNA O EN LA ASAMBLEA RESPECTIVA, NO PODRÁ SER REGISTRADO LEGALMENTE COMO CANDIDATO. LOS PRECANDIDATOS QUE SIN HABER OBTENIDO LA POSTULACIÓN A LA CANDIDATURA NO ENTREGUEN EL INFORME ANTES SEÑALADO, SERÁN SANCIONADOS EN LOS TÉRMINOS DE LO ESTABLECIDO POR EL LIBRO SÉPTIMO DE ESTE CÓDIGO.

LOS PRECANDIDATOS QUE REBASEN EL TOPE DE GASTOS DE PRECAMPAÑA ESTABLECIDO POR EL CONSEJO SERÁN SANCIONADOS CON LA CANCELACIÓN DE SU REGISTRO O, EN SU CASO, CON LA PÉRDIDA DE LA CANDIDATURA QUE HAYAN OBTENIDO. EN EL ÚLTIMO SUPUESTO, LOS PARTIDOS CONSERVAN EL DERECHO DE REALIZAR LAS SUSTITUCIONES QUE PROCEDAN.

ARTÍCULO 192.-

EL CONSEJO DEL INSTITUTO, EMITIRÁ LOS DEMÁS REGLAMENTOS Y ACUERDOS QUE SEAN NECESARIOS PARA LA DEBIDA REGULACIÓN DE LOS PROCESOS INTERNOS DE SELECCIÓN DE CANDIDATOS A CARGOS DE ELECCIÓN POPULAR Y LAS PRECAMPAÑAS, OBSERVANDO QUE LAS CONVOCATORIAS SEAN RESPETADAS POR LOS PRECANDIDATOS EN LO QUE CONCIERNE A SUS ACTOS DE PROPAGANDA ELECTORAL, LOS CUALES NO PODRÁN REBASAR EL ÁMBITO DE PROSELITISMO MANDATADO POR AQUELLA, RESPECTO AL UNIVERSO DE ELECTORES QUE VOTARÁN PARA SU ELECCIÓN COMO CANDIDATO, DE CONFORMIDAD CON LO ESTABLECIDO EN ESTE CÓDIGO

ARTÍCULO 193.-

LOS PARTIDOS POLÍTICOS, UNA VEZ TERMINADAS SUS PRECAMPAÑAS, DEBERÁN RETIRAR LA PROPAGANDA ELECTORAL UTILIZADA, A MÁS TARDAR AL INICIO DEL REGISTRO DE CANDIDATOS.

EN CASO DE NO HACERLO, SE SOLICITARÁ A LAS AUTORIDADES MUNICIPALES EL RETIRO DE DICHA PROPAGANDA, APLICANDO EL COSTO DE LOS TRABAJOS DE RETIRO AL PARTIDO POLÍTICO DE QUE SE TRATE.

IGUALMENTE, EL CONSEJO DEL INSTITUTO PODRÁ IMPONER UNA SANCIÓN AL PARTIDO POLÍTICO Y A SUS CANDIDATOS OMISOS, CONSISTENTE EN MULTA DE CIEN HASTA MIL VECES EL SALARIO MÍNIMO VIGENTE EN LA CAPITAL DEL ESTADO, DE ACUERDO CON LA GRAVEDAD DE LA FALTA.

COLIMA

ARTICULO 205 BIS-3.-
SE ENTENDERÁN COMO ACTOS DE PRECAMPAÑA Y PROPAGANDA PREELECTORAL LOS ACTOS Y CONJUNTO DE ELEMENTOS SEÑALADOS EN EL ARTÍCULO 206 DE ESTE CODIGO QUE LLEVEN A CABO, PRODUZCAN Y DIFUNDAN LOS PRECANDIDATOS QUE PARTICIPEN EN LOS PROCESOS INTERNOS DE LOS PARTIDOS POLITICOS.

ARTICULO 205 BIS-4.-
NO SE CONSIDERARÁ PROSELITISMO O ACTOS DE PRECAMPAÑA LA REALIZACIÓN DE ACTIVIDADES PROPIAS DE LA GESTIÓN O REALIZACIÓN DE INFORMES INHERENTES DE UN PUESTO DE ELECCIÓN POPULAR, NI TAMPOCO LA ENTREVISTA ESPORÁDICA EN MEDIOS DE COMUNICACIÓN, EN PERÍODOS DISTINTOS A LOS DE PRECAMPAÑAS, EN LAS CUALES SE EXPRESE LA INTENCIÓN DE BUSCAR UNA CANDIDATURA.

ARTICULO 205 BIS-5.-
LOS PRECANDIDATOS QUE REALICEN ACTIVIDADES PROPAGANDÍSTICAS DENTRO DE LOS CAUCES NORMATIVOS DE LAS PRECAMPAÑAS, DEBERÁN CONDUCIRSE DENTRO DEL MARCO DE ÉTICA Y RESPETO HACIA SUS CONTENDIENTES Y AJUSTÁNDOSE A LOS LINEAMIENTOS DE LOS PARTIDOS POLÍTICOS EN LOS QUE PARTICIPEN.

ARTICULO 205 BIS-6.-
LA PROPAGANDA ELECTORAL EN LA VÍA PÚBLICA QUE UTILICEN LOS PARTIDOS POLÍTICOS Y SUS PRECANDIDATOS, DEBERÁ SER RETIRADA POR LOS PROPIOS PARTIDOS A MÁS TARDAR 5 DÍAS DESPUÉS DE TERMINADO EL PROCESO INTERNO. DE NO HACERLO, EL CONSEJO GENERAL, SOLICITARÁ A LA AUTORIDAD MUNICIPAL QUE PROCEDA A

REALIZAR EL RETIRO DE PROPAGANDA, CON LA CONSECUENCIA DE QUE EL COSTO DE LOS TRABAJOS HECHOS POR EL MUNICIPIO SERÁ DESCONTADO DEL FINANCIAMIENTO QUE RECIBA EL PARTIDO POLITICO INFRACTOR.

ARTICULO 205 BIS-7.-
DURANTE LAS PRECAMPAÑAS, LOS PARTIDOS POLÍTICOS Y LOS PRECANDIDATOS, NO PODRÁN UTILIZAR EN SU FAVOR LOS PROGRAMAS PÚBLICOS DE CARÁCTER SOCIAL, EN LA REALIZACIÓN DE ACTOS DE PROSELITISMO POLÍTICO; LA INFRACCIÓN DE ESTA DISPOSICIÓN DARÁ LUGAR A LA IMPOSICIÓN DE UNA MULTA DE 2000 DÍAS DE SALARIO MÍNIMO VIGENTE EN EL ESTADO E INDEPENDIENTEMENTE DE LAS SANCIONES PENALES QUE PROCEDAN.
NOTA: POR RESOLUCIÓN EMITIDA POR LA SUPREMA CORTE DE JUSTICIA DE LA NACIÓN, EN LA ACCIÓN DE INCONSTITUCIONALIDAD NO. 29/2005, EN ESTE PÁRRAFO QUE ANTECEDE, FUE DECLARADA INVÁLIDA LA PORCIÓN NORMATIVA QUE DICE: "...*LA INFRACCIÓN DE ESTA DISPOSICIÓN DARÁ LUGAR A LA IMPOSICIÓN DE UNA MULTA DE 2000 DIAS DE SALARIO MÍNIMO VIGENTE EN EL ESTADO...*".

ARTICULO 205 BIS-8.-
SON OBLIGACIONES DE LOS PRECANDIDATOS:
I.- RESPETAR LOS ESTATUTOS, LINEAMIENTOS O ACUERDOS DEL PARTIDO POLÍTICO O COALICIÓN, RESPECTO DE LA POSTULACIÓN DE CANDIDATOS, ASÍ COMO LAS DISPOSICIONES DE ESTE CODIGO;
II.- PRESENTAR UN INFORME FINANCIERO SOBRE EL ORIGEN Y APLICACIÓN DE RECURSOS, ANTE EL ÓRGANO INTERNO DE LOS PARTIDOS POLITICOS ENCARGADO DE LA OBTENCIÓN Y ADMINISTRACIÓN DE LOS RECURSOS, EN UN PLAZO NO MAYOR DE TRES DÍAS DESPUÉS QUE SE CONCLUYAN SUS ACTIVIDADES DE PROSELITISMO;

III.- CUMPLIR CON EL TOPE DE GASTOS DE PRECAMPAÑA QUE SE HUBIESEN ESTABLECIDO;

IV.- PRESENTAR Y DIFUNDIR SU PROGRAMA DE TRABAJO CONFORME A LO ESTABLECIDO EN LOS DOCUMENTOS BÁSICOS Y EN LA PLATAFORMA ELECTORAL DE SU PARTIDO; Y

V.- LAS DEMÁS QUE ESTABLEZCAN ESTE CODIGO, LOS ESTATUTOS Y ACUERDOS DE LOS PARTIDOS POLÍTICOS.

ARTICULO 205 BIS-9.-

QUEDA PROHIBIDO A TODO CIUDADANO QUE ASPIRE A SER POSTULADO COMO CANDIDATO POR LOS PARTIDOS POLÍTICOS A UN CARGO DE ELECCIÓN POPULAR, Y A LOS PRECANDIDATOS:

I.- RECIBIR CUALQUIERA DE LAS APORTACIONES A QUE SE REFIEREN LOS INCISOS A) AL G) DEL PÁRRAFO TERCERO DEL ARTÍCULO 54 DE ESTE CODIGO;

II.- REALIZAR ACTOS DE PRECAMPAÑA FUERA DE LOS PLAZOS ESTABLECIDOS EN ESTE CODIGO;

III.- UTILIZAR RECURSOS, EN DINERO O EN ESPECIE, POR SÍ O TRAVÉS DE INTERPÓSITA PERSONA, CUALQUIERA QUE SEA SU ORIGEN, ANTES DEL INICIO DEL PROCESO INTERNO;

IV.- UTILIZAR PARA FINES PERSONALES LOS RECURSOS RECABADOS PARA FINANCIAMIENTO DE ACTOS PROSELITISTAS DE PRECAMPAÑA, SALVO VIÁTICOS, ALIMENTOS Y TRANSPORTACIÓN U OTROS RELACIONADOS DE MANERA DIRECTA;

V.- HACER USO DE BIENES PÚBLICOS PARA LA OBTENCIÓN DE FINANCIAMIENTO O EN APOYO A LA REALIZACIÓN DE CUALQUIER ACTO DE PROSELITISMO;

VI.- HACER USO DE RECURSOS FINANCIEROS DESTINADOS A LAS DEPENDENCIAS Y ENTIDADES PÚBLICAS FEDERALES, ESTATALES Y MUNICIPALES PARA EL CUMPLIMIENTO DE SUS ACTIVIDADES, EN APOYO DE SUS ACTIVIDADES PROSELITISTAS;

VII.- EMPLEAR RECURSOS HUMANOS, DE DEPENDENCIAS Y ENTIDADES PÚBLICAS FEDERALES, ESTATALES Y MUNICIPALES, EN HORAS DESTINADAS PARA EL CUMPLIMIENTO DE SUS FUNCIONES, EN APOYO DE ACTOS PROSELITISTAS;

VIII. FIJAR SU PROPAGANDA EN CONTRAVENCIÓN A LO ESTABLECIDO EN EL ARTÍCULO 212 DE ESTE CODIGO; Y

IX. UTILIZAR EN SU PROPAGANDA SÍMBOLOS, DISTINTIVOS, SIGNOS, EMBLEMAS O FIGURAS CON MOTIVOS RELIGIOSOS, ASÍ COMO LAS EXPRESIONES VERBALES O ESCRITAS QUE INJURIEN A LAS AUTORIDADES, A LOS PARTIDOS POLÍTICOS, PRECANDIDATOS O QUE TIENDAN A INCITAR A LA VIOLENCIA Y AL DESORDEN.

DISTRITO FEDERAL

CAPÍTULO II
DE LAS PROCESOS DE SELECCIÓN INTERNA
DE CANDIDATOS A CARGOS DE ELECCIÓN POPULAR.
ARTÍCULO 225.
PARA LOS EFECTOS DEL PRESENTE CÓDIGO, SE ENTENDERÁ POR:

IV. ACTOS DE PRECAMPAÑA: TODOS AQUELLOS QUE TIENEN POR OBJETO PROMOVER, PUBLICITAR O APOYAR LA ASPIRACIÓN DE UNA PERSONA PARA SER POSTULADO CANDIDATO A UN CARGO DE ELECCIÓN POPULAR;

V. ACTOS ANTICIPADOS DE PRECAMPAÑA: TODOS AQUÉLLOS QUE TIENEN POR OBJETO PROMOVER, PUBLICITAR O APOYAR LA ASPIRACIÓN DE

UNA PERSONA PARA SER POSTULADO CANDIDATO A UN CARGO DE ELECCIÓN POPULAR, ANTES DEL INICIO DE LAS PRECAMPAÑAS ELECTORALES DE

LOS PARTIDOS POLÍTICOS;

VII. DURACIÓN DE PRECAMPAÑA ELECTORALES: TIEMPO QUE TRANSCURRE ENTRE EL INICIO Y TÉRMINO DE LAS ACTIVIDADES QUE DE MANERA

PREVIA AL REGISTRO DE CANDIDATOS, SON LLEVADAS A CABO POR CIUDADANOS QUE ASPIRAN A SER CANDIDATOS PARA ALGÚN CARGO DE ELECCIÓN POPULAR, DENTRO DE UNA PRECAMPAÑA ORGANIZADA POR UN PARTIDO POLÍTICO CON EL PROPÓSITO DE SER POSTULADOS POR ÉSTE;

IX. PROCESOS DE SELECCIÓN INTERNA DE CANDIDATOS O PRECAMPAÑAS: CONJUNTO DE ACTOS Y ACTIVIDADES QUE TIENEN POR OBJETO INFLUIR EN LA DECISIÓN DE AQUELLOS QUE INTEGRAN EL UNIVERSO DE VOTANTES QUE ELIGEN O DESIGNAN A LOS CANDIDATOS A CARGOS DE ELECCIÓN POPULAR. ESTOS ACTOS O ACTIVIDADES DEBERÁN REALIZARSE DENTRO DEL PERIODO ESTABLECIDO POR ESTE

CÓDIGO Y ESTARÁN SUJETAS A LOS PREVISTO EN ESTE MISMO ORDENAMIENTO Y EN LOS ESTATUTOS Y DEMÁS NORMATIVIDAD INTERNA DE LOS PARTIDOS O COALICIONES.

ARTÍCULO 226.

LOS PROCESOS DE SELECCIÓN INTERNA SE LLEVARÁN A CABO EN EL MISMO AÑO EN QUE SE REALICE LA JORNADA ELECTORAL.

LOS PROCESOS DE SELECCIÓN INTERNA DE CANDIDATOS AL CARGO DE JEFE DE GOBIERNO NO PODRÁN DURAR MÁS DE 50 DÍAS Y NO PODRÁN EXTENDERSE MÁS ALLÁ DEL DÍA 21 DE MARZO DEL AÑO DE LA ELECCIÓN.

LOS PROCESOS DE SELECCIÓN INTERNA DE CANDIDATOS A DIPUTADOS A LA ASAMBLEA LEGISLATIVA Y A JEFES DELEGACIONALES, NO PODRÁN DURAR MÁS DE 30 DÍAS Y NO PODRÁN EXTENDERSE MÁS ALLÁ DEL 21 DE DE MARZO DEL AÑO DE LA ELECCIÓN.

QUEDA PROHIBIDO CUALQUIER ACTO ANTICIPADO DE PRECAMPAÑA FUERA DE LOS PLAZOS ESTABLECIDOS EN ESTE ARTÍCULO.

ARTÍCULO 227.

NINGÚN CIUDADANO PODRÁ REALIZAR ACTIVIDADES PROPAGANDÍSTICAS Y PUBLICITARIAS, CON EL OBJETO DE PROMOVER SU IMAGEN PERSONAL, DE MANERA PÚBLICA Y CON EL INEQUÍVOCO PROPÓSITO DE ESTABLECER SU POSTULACIÓN A UN CARGO DE ELECCIÓN POPULAR, SÓLO PODRÁN REALIZAR TALES ACTIVIDADES AQUELLOS CIUDADANOS QUE PARTICIPEN DENTRO DE UNA PRECAMPAÑA DE CANDIDATOS A CARGOS DE ELECCIÓN POPULAR QUE LLEVEN A CABO LOS PARTIDOS POLÍTICOS, AJUSTÁNDOSE SIEMPRE A LOS PLAZOS DE PRECAMPAÑA CORRESPONDIENTES Y A LAS DISPOSICIONES ESTABLECIDAS EN EL PRESENTE CÓDIGO.

ARTÍCULO 230.

LOS PARTIDOS POLÍTICOS A TRAVÉS DE SUS REPRESENTANTES ACREDITADOS, PODRÁN AVISAR AL CONSEJO DEL INICIO DE LA PRECAMPAÑA ELECTORAL DE OTRO, ASÍ COMO DE LAS ACTIVIDADES QUE PUEDAN CONSIDERARSE COMO SUPUESTOS ACTOS ANTICIPADOS DE PRECAMPAÑA ELECTORAL QUE REALICE ALGÚN CIUDADANO, PARA SÍ O INTERPÓSITA PERSONA O PARTIDO POLÍTICO, OFRECIENDO LAS CONSTANCIAS O PRUEBAS PERTINENTES PARA ACREDITAR SU DICHO.

EN ESE SUPUESTO, EL CONSEJO, POR CONDUCTO DEL CONSEJERO PRESIDENTE, COMUNICARÁ AL PARTIDO POLÍTICO SEÑALADO PARA QUE INFORME SOBRE SU PROCESO INTERNO DE SELECCIÓN.

ASIMISMO, EL CONSEJO, POR CONDUCTO DEL CONSEJERO PRESIDENTE, EXHORTARÁ AL CIUDADANO QUE SE ENCUENTRE REALIZANDO ACTIVIDADES QUE PUEDAN CONSIDERARSE COMO ACTOS ANTICIPADOS DE PRECAMPAÑA ELECTORAL PARA QUE NO DESARROLLE DICHOS ACTOS Y

OBSERVE LAS DISPOSICIONES QUE AL RESPECTO ESTABLECE EL PRESENTE CÓDIGO.

ARTÍCULO 232.

LOS PARTIDOS POLÍTICOS DEBERÁN DE INFORMAR AL CONSEJO, CUANDO ALGUNOS DE SUS PRECANDIDATOS DEJE DE PARTICIPAR EN LA PRECAMPAÑA DE CANDIDATO RESPECTIVO, PARA LOS EFECTOS CORRESPONDIENTES EN MATERIA DE FISCALIZACIÓN DE PRECAMPAÑAS.

ARTÍCULO 233.

DENTRO DE LAS CUARENTA Y OCHO HORAS SIGUIENTES AL REGISTRO DE LOS PRECANDIDATOS DE LOS PARTIDOS POLÍTICOS, ÉSTOS DEBERÁN DE INFORMAR AL CONSEJO, LOS NOMBRES DE QUIENES CONTENDERÁN COMO

PRECANDIDATOS EN SUS PROCESOS DE SELECCIÓN INTERNA DE CANDIDATOS.

ARTÍCULO 234.

LA SECRETARÍA EJECUTIVA INFORMARÁ AL CONSEJO DE MANERA OPORTUNA, DE LOS AVISOS QUE PRESENTEN LOS PARTIDOS POLÍTICOS SOBRE SUS PROCESOS DE SELECCIÓN INTERNA DE SUS CANDIDATOS, ASÍ COMO DE LOS NOMBRES DE LOS PRECANDIDATOS QUE CONTENDERÁN EN LOS MISMOS.

ARTÍCULO 235.

EL CONSEJO, A TRAVÉS DEL CONSEJERO PRESIDENTE, UNA VEZ RECIBIDO EL INFORME RESPECTO A LOS AVISOS QUE PRESENTEN LOS PARTIDOS POLÍTICOS SOBRE SUS PROCESOS DE PRECAMPAÑA, LES HARÁ SABER LAS RESTRICCIONES A LAS QUE ESTÁN SUJETOS LOS PRECANDIDATOS A CARGOS DE ELECCIÓN POPULAR, A FIN DE QUE LAS HAGAN DEL CONOCIMIENTO DE SUS PRECANDIDATOS.

DICHAS RESTRICCIONES SON LAS SIGUIENTES:

I. RECIBIR CUALQUIERA DE LAS APORTACIONES PROHIBIDA POR ESTE CÓDIGO;

II. REALIZAR ACTOS DE PRECAMPAÑA ELECTORAL FUERA DE LOS PLAZOS ESTABLECIDOS EN EL PRESENTE CÓDIGO;

III. UTILIZAR PARA FINES PERSONALES LOS RECURSOS RECABADOS AL AMPARO DE ACTOS PROSELITISTAS DE PRECAMPAÑA, SALVO VIÁTICOS, ALIMENTOS Y TRANSPORTACIÓN U OTROS RELACIONADOS DE MANERA DIRECTA;

IV. HACER USO DE LA INFRAESTRUCTURA PÚBLICA, INCLUIDOS, ENTRE OTROS, TELÉFONOS, FAXES Y HERRAMIENTAS DE INTERNET PARA LA OBTENCIÓN DE FINANCIAMIENTO O EN APOYO A LA REALIZACIÓN DE CUALQUIER OTRO ACTO DE PRECAMPAÑA;

V. REBASAR EL PERÍODO PARA ACTOS DE PRECAMPAÑA AUTORIZADO Y REBASAR EL TOPE MÁXIMO DE GASTOS DE PRECAMPAÑA ESTABLECIDO;

VI. EMPLEAR O UTILIZAR RECURSOS, EN DINERO O EN ESPECIE, POR SÍ O A TRAVÉS DE INTERPÓSITA PERSONA, CUALQUIERA QUE SEA SU ORIGEN, ANTES DE QUE INICIE LA PRECAMPAÑA;

VII. CONTRATAR PUBLICIDAD EN LOS MEDIOS DE COMUNICACIÓN SOCIAL, ES DECIR, EN TELEVISIÓN, RADIO, PRENSA, TELÉFONO E INTERNET PARA LAS PRECAMPAÑAS, POR SÍ O POR INTERPÓSITA PERSONA;

ARTÍCULO 236.

LOS PARTIDOS POLÍTICOS Y/O COALICIONES NO PODRÁN REGISTRAR COMO CANDIDATO, AL PRECANDIDATO QUE HAYA RESULTADO GANADOR EN LA PRECAMPAÑA, EN LOS SIGUIENTES CASOS:

I. CUANDO EL PRECANDIDATO NO SE HAYA AJUSTADO A LOS PLAZOS SEÑALADOS EN EL CÓDIGO, ASÍ COMO POR HABER INCURRIDO EN INOBSERVANCIAS O VIOLACIONES A LAS RESTRICCIONES U OBLIGACIONES QUE REGULAN LAS ACTIVIDADES DE PRECAMPAÑAS ESTABLECIDAS, EN FORMA SISTEMÁTICA Y CONSTANTE; EN DICHO CASO, EL CONSEJO AL RESOLVER SOBRE EL PARTICULAR TOMARÁ EN CUENTA LAS CIRCUNSTANCIAS DE MODO, TIEMPO, LUGAR Y PERSONA, ASÍ COMO LA GRAVEDAD Y TRASCENDENCIA DE LA FALTA.

ARTÍCULO 237.

EN CASO DE QUE EL CONSEJO RESUELVA LA PÉRDIDA DEL DERECHO A REGISTRARSE COMO CANDIDATO AL ASPIRANTE QUE HAYA RESULTADO GANADOR EN LA PRECAMPAÑA DEL PARTIDO POLÍTICO Y/O COALICIÓN RESPECTIVA, POR LAS INFRACCIONES SEÑALADAS EN ÉL, LE NOTIFICARÁ, POR CONDUCTO DEL CONSEJERO PRESIDENTE, AL DÍA SIGUIENTE EN QUE SE DICTE LA RESOLUCIÓN AL PARTIDO POLÍTICO Y/O

COALICIÓN Y PRECANDIDATO CORRESPONDIENTE. ASIMISMO, LE INFORMARÁ AL PARTIDO POLÍTICO Y/O COALICIÓN QUE DENTRO DE LOS DOS DÍAS SIGUIENTES A LA NOTIFICACIÓN PODRÁ SUSTITUIR LA CANDIDATURA RESPECTIVA.

ARTÍCULO 238.

EN CASO DE QUE SE DETERMINE LA PÉRDIDA DEL DERECHO A REGISTRARSE COMO CANDIDATO AL ASPIRANTE QUE HAYA RESULTADO GANADOR EN LA PRECAMPAÑA DE UN PARTIDO POLÍTICO Y/O COALICIÓN, UNA VEZ INICIADA LA ETAPA DE CAMPAÑAS ELECTORALES A QUE SE REFIERE EL CÓDIGO, EL CONSEJO DEJARÁ SIN EFECTO EL REGISTRO QUE SE LE HAYA OTORGADO Y NOTIFICARÁ AL DÍA SIGUIENTE EN QUE SE DICTE LA RESOLUCIÓN, A TRAVÉS DEL CONSEJERO PRESIDENTE, AL PARTIDO POLÍTICO Y AL CANDIDATO SANCIONADO DICHA SITUACIÓN CON LA FINALIDAD DE PREVENIRLES PARA QUE SUSPENDAN LA CAMPAÑA ELECTORAL CORRESPONDIENTE.

DURANGO

CAPÍTULO II
DE LAS PRECAMPAÑAS
ARTÍCULO 187 A
PARA LOS FINES DEL PRESENTE CÓDIGO, SE ENTENDERÁ POR:
I. PRECANDIDATO: EL CIUDADANO, MILITANTE, O SIMPATIZANTE A QUIEN UN PARTIDO POLÍTICO LE OTORGUE EL REGISTRO PARA CONTENDER INTERNAMENTE POR LA CANDIDATURA A UN CARGO DE ELECCIÓN POPULAR; Y
II. PRECAMPAÑA ELECTORAL: AL CONJUNTO DE ACTIVIDADES DESARROLLADAS POR LOS CANDIDATOS POSTULADOS POR LOS PARTIDOS POLÍTICOS ENTRE LAS FECHAS DE SUS POSTULACIONES Y EL DÍA EN QUE SE EXPIDA EL DICTAMEN DE SU REGISTRO POR LA AUTORIDAD ELECTORAL.

ARTÍCULO 187 B
EL PARTIDO POLÍTICO DEBERÁ INFORMAR AL CONSEJO ESTATAL ELECTORAL, SOBRE LOS CANDIDATOS ELECTOS EN EL PROCESO DE SELECCIÓN INTERNA DENTRO DE LAS SETENTA Y DOS HORAS A PARTIR DE DICHA SELECCIÓN.

ARTÍCULO 187 C
LOS RECURSOS QUE DESTINEN LOS CANDIDATOS POSTULADOS POR LOS PARTIDOS POLÍTICOS PARA LA REALIZACIÓN DE SUS PRECAMPAÑAS, SERÁ DEL 40% DE LOS TOPES DE GASTOS DE CAMPAÑA DETERMINADOS POR EL CONSEJO ESTATAL ELECTORAL EN LA ELECCIÓN INMEDIATA ANTERIOR.

ARTÍCULO 187 D
EN LAS PRECAMPAÑAS, LOS PRECANDIDATOS POSTULADOS POR LOS PARTIDOS POLÍTICOS DEBERÁN INCLUIR EN SU PROPAGANDA, DE FORMA VISIBLE, LA LEYENDA

"PRECANDIDATO" AL CARGO DE ELECCIÓN POPULAR POR EL QUE SE POSTULAN, ASÍ COMO EL NOMBRE, LOGO Y COLORES DEL PARTIDO POLÍTICO CORRESPONDIENTE.

ESTADO DE MEXICO

TÍTULO SEGUNDO
DE LOS ACTOS PREPARATORIOS DE LA ELECCIÓN
CAPÍTULO PRIMERO
DE LOS PROCESOS DE SELECCIÓN DE CANDIDATOS A CARGOS DE ELECCIÓN POPULAR Y LAS PRECAMPAÑAS ELECTORALES

ARTÍCULO 211
1. LOS PROCESOS INTERNOS PARA LA SELECCIÓN DE CANDIDATOS A CARGOS DE ELECCIÓN POPULAR SON EL CONJUNTO DE ACTIVIDADES QUE REALIZAN LOS PARTIDOS POLÍTICOS Y LOS PRECANDIDATOS A DICHOS CARGOS, DE CONFORMIDAD CON LO ESTABLECIDO EN ESTE CÓDIGO, EN LOS ESTATUTOS Y EN LOS REGLAMENTOS, ACUERDOS Y DEMÁS DISPOSICIONES DE CARÁCTER GENERAL QUE APRUEBEN LOS ÓRGANOS DE DIRECCIÓN DE CADA PARTIDO POLÍTICO.
2. AL MENOS TREINTA DÍAS ANTES DEL INICIO FORMAL DE LOS PROCESOS A QUE SE REFIERE EL PÁRRAFO INMEDIATO ANTERIOR, CADA PARTIDO DETERMINARÁ, CONFORME A SUS ESTATUTOS, EL PROCEDIMIENTO APLICABLE PARA LA SELECCIÓN DE SUS CANDIDATOS A CARGOS DE ELECCIÓN POPULAR, SEGÚN LA ELECCIÓN DE QUE SE TRATE. LA DETERMINACIÓN DEBERÁ SER COMUNICADA AL CONSEJO GENERAL DEL INSTITUTO DENTRO DE LAS SETENTA Y DOS HORAS SIGUIENTES A SU APROBACIÓN, SEÑALANDO LA FECHA DE INICIO DEL PROCESO INTERNO; EL MÉTODO O MÉTODOS QUE SERÁN UTILIZADOS; LA FECHA PARA LA EXPEDICIÓN DE

LA CONVOCATORIA CORRESPONDIENTE; LOS PLAZOS QUE COMPRENDERÁ CADA FASE DEL PROCESO INTERNO; LOS ÓRGANOS DE DIRECCIÓN RESPONSABLES DE SU CONDUCCIÓN Y VIGILANCIA; LA FECHA DE CELEBRACIÓN DE LA ASAMBLEA ELECTORAL NACIONAL, ESTATAL, DISTRITAL O, EN SU CASO, DE REALIZACIÓN DE LA JORNADA COMICIAL INTERNA, CONFORME A LO SIGUIENTE:

A)   DURANTE LOS PROCESOS ELECTORALES FEDERALES EN QUE SE RENUEVEN EL TITULAR DEL PODER EJECUTIVO FEDERAL Y LAS DOS CÁMARAS DEL CONGRESO DE LA UNIÓN, LAS PRECAMPAÑAS DARÁN INICIO EN LA TERCERA SEMANA DE DICIEMBRE DEL AÑO PREVIO AL DE LA ELECCIÓN. NO PODRÁN DURAR MÁS DE SESENTA DÍAS.

B)   DURANTE LOS PROCESOS ELECTORALES FEDERALES EN QUE SE RENUEVE SOLAMENTE LA CÁMARA DE DIPUTADOS, LAS PRECAMPAÑAS DARÁN INICIO EN LA CUARTA SEMANA DE ENERO DEL AÑO DE LA ELECCIÓN. NO PODRÁN DURAR MÁS DE CUARENTA DÍAS, Y

C)   TRATÁNDOSE DE PRECAMPAÑAS, DARÁN INICIO AL DÍA SIGUIENTE DE QUE SE APRUEBE EL REGISTRO INTERNO DE LOS PRECANDIDATOS. LAS PRECAMPAÑAS DE TODOS LOS PARTIDOS DEBERÁN CELEBRARSE DENTRO DE LOS MISMOS PLAZOS. CUANDO UN PARTIDO TENGA PREVISTA LA CELEBRACIÓN DE UNA JORNADA DE CONSULTA DIRECTA, ÉSTA SE REALIZARÁ EL MISMO DÍA PARA TODAS LAS CANDIDATURAS.

3.   LOS PRECANDIDATOS A CANDIDATURAS A CARGOS DE ELECCIÓN POPULAR QUE PARTICIPEN EN LOS PROCESOS DE SELECCIÓN INTERNA CONVOCADOS POR CADA PARTIDO NO PODRÁN REALIZAR ACTIVIDADES DE PROSELITISMO O DIFUSIÓN DE PROPAGANDA, POR NINGÚN MEDIO, ANTES DE LA FECHA DE INICIO DE LAS PRECAMPAÑAS; LA VIOLACIÓN A ESTA DISPOSICIÓN SE SANCIONARÁ CON LA NEGATIVA DE REGISTRO COMO PRECANDIDATO.

4. LOS PARTIDOS POLÍTICOS HARÁN USO DEL TIEMPO EN RADIO Y TELEVISIÓN QUE CONFORME A ESTE CÓDIGO LES CORRESPONDA PARA LA DIFUSIÓN DE SUS PROCESOS DE SELECCIÓN INTERNA DE CANDIDATOS A CARGOS DE ELECCIÓN POPULAR, DE CONFORMIDAD CON LAS REGLAS Y PAUTAS QUE DETERMINE EL INSTITUTO FEDERAL ELECTORAL. LOS PRECANDIDATOS DEBIDAMENTE REGISTRADOS PODRÁN ACCEDER A RADIO Y TELEVISIÓN EXCLUSIVAMENTE A TRAVÉS DEL TIEMPO QUE CORRESPONDA EN DICHOS MEDIOS AL PARTIDO POLÍTICO POR EL QUE PRETENDEN SER POSTULADOS.

5. QUEDA PROHIBIDO A LOS PRECANDIDATOS A CANDIDATURAS A CARGOS DE ELECCIÓN POPULAR, EN TODO TIEMPO, LA CONTRATACIÓN DE PROPAGANDA O CUALQUIER OTRA FORMA DE PROMOCIÓN PERSONAL EN RADIO Y TELEVISIÓN. LA VIOLACIÓN A ESTA NORMA SE SANCIONARÁ CON LA NEGATIVA DE REGISTRO COMO PRECANDIDATO, O EN SU CASO CON LA CANCELACIÓN DE DICHO REGISTRO. DE COMPROBARSE LA VIOLACIÓN A ESTA NORMA EN FECHA POSTERIOR A LA DE POSTULACIÓN DEL CANDIDATO POR EL PARTIDO DE QUE SE TRATE, EL INSTITUTO FEDERAL ELECTORAL NEGARÁ EL REGISTRO LEGAL DEL INFRACTOR.

ARTÍCULO 212

1. SE ENTIENDE POR PRECAMPAÑA ELECTORAL EL CONJUNTO DE ACTOS QUE REALIZAN LOS PARTIDOS POLÍTICOS, SUS MILITANTES Y LOS PRECANDIDATOS A CANDIDATURAS A CARGOS DE ELECCIÓN POPULAR DEBIDAMENTE REGISTRADOS POR CADA PARTIDO.

2. SE ENTIENDE POR ACTOS DE PRECAMPAÑA ELECTORAL LAS REUNIONES PÚBLICAS, ASAMBLEAS, MARCHAS Y EN GENERAL AQUELLOS EN QUE LOS PRECANDIDATOS A UNA CANDIDATURA SE DIRIGEN A LOS AFILIADOS, SIMPATIZANTES O AL ELECTORADO EN GENERAL, CON EL OBJETIVO DE OBTENER

SU RESPALDO PARA SER POSTULADO COMO CANDIDATO A UN CARGO DE ELECCIÓN POPULAR.

3. SE ENTIENDE POR PROPAGANDA DE PRECAMPAÑA EL CONJUNTO DE ESCRITOS, PUBLICACIONES, IMÁGENES, GRABACIONES, PROYECCIONES Y EXPRESIONES QUE DURANTE EL PERIODO ESTABLECIDO POR ESTE CÓDIGO Y EL QUE SEÑALE LA CONVOCATORIA RESPECTIVA DIFUNDEN LOS PRECANDIDATOS A CANDIDATURAS A CARGOS DE ELECCIÓN POPULAR CON EL PROPÓSITO DE DAR A CONOCER SUS PROPUESTAS.

4. PRECANDIDATO ES EL CIUDADANO QUE PRETENDE SER POSTULADO POR UN PARTIDO POLÍTICO COMO CANDIDATO A CARGO DE ELECCIÓN POPULAR, CONFORME A ESTE CÓDIGO Y A LOS ESTATUTOS DE UN PARTIDO POLÍTICO, EN EL PROCESO DE SELECCIÓN INTERNA DE CANDIDATOS A CARGOS DE ELECCIÓN POPULAR.

5. NINGÚN CIUDADANO PODRÁ PARTICIPAR SIMULTÁNEAMENTE EN PROCESOS DE SELECCIÓN INTERNA DE CANDIDATOS A CARGOS DE ELECCIÓN POPULAR POR DIFERENTES PARTIDOS POLÍTICOS, SALVO QUE ENTRE ELLOS MEDIE CONVENIO PARA PARTICIPAR EN COALICIÓN.

ARTÍCULO 213

1. LOS PARTIDOS POLÍTICOS, CONFORME A SUS ESTATUTOS, DEBERÁN ESTABLECER EL ÓRGANO INTERNO RESPONSABLE DE LA ORGANIZACIÓN DE LOS PROCESOS DE SELECCIÓN DE SUS CANDIDATOS Y, EN SU CASO, DE LAS PRECAMPAÑAS.

2. LOS PRECANDIDATOS PODRÁN IMPUGNAR, ANTE EL ÓRGANO INTERNO COMPETENTE, LOS REGLAMENTOS Y CONVOCATORIAS; LA INTEGRACIÓN DE LOS ÓRGANOS RESPONSABLES DE CONDUCIR LOS PROCESOS INTERNOS, LOS ACUERDOS Y RESOLUCIONES QUE ADOPTEN, Y EN GENERAL LOS ACTOS QUE REALICEN LOS ÓRGANOS DIRECTIVOS, O SUS INTEGRANTES, CUANDO DE LOS MISMOS

SE DESPRENDA LA VIOLACIÓN DE LAS NORMAS QUE RIJAN LOS PROCESOS DE SELECCIÓN DE CANDIDATOS A CARGOS DE ELECCIÓN POPULAR. CADA PARTIDO EMITIRÁ UN REGLAMENTO INTERNO EN EL QUE SE NORMARÁN LOS PROCEDIMIENTOS Y PLAZOS PARA LA RESOLUCIÓN DE TALES CONTROVERSIAS.

3. LOS MEDIOS DE IMPUGNACIÓN INTERNOS QUE SE INTERPONGAN CON MOTIVO DE LOS RESULTADOS DE LOS PROCESOS DE SELECCIÓN INTERNA DE CANDIDATOS A CARGOS DE ELECCIÓN POPULAR DEBERÁN QUEDAR RESUELTOS EN DEFINITIVA A MÁS TARDAR CATORCE DÍAS DESPUÉS DE LA FECHA DE REALIZACIÓN DE LA CONSULTA MEDIANTE VOTO DIRECTO, O DE LA ASAMBLEA EN QUE SE HAYA ADOPTADO LA DECISIÓN SOBRE CANDIDATURAS.

4. LOS MEDIOS DE IMPUGNACIÓN QUE PRESENTEN LOS PRECANDIDATOS DEBIDAMENTE REGISTRADOS EN CONTRA DE LOS RESULTADOS DE ELECCIONES INTERNAS, O DE LA ASAMBLEA EN QUE SE HAYAN ADOPTADO DECISIONES SOBRE CANDIDATURAS, SE PRESENTARÁN ANTE EL ÓRGANO INTERNO COMPETENTE A MÁS TARDAR DENTRO DE LOS CUATRO DÍAS SIGUIENTES A LA EMISIÓN DEL RESULTADO O A LA CONCLUSIÓN DE LA ASAMBLEA.

5. SOLAMENTE LOS PRECANDIDATOS DEBIDAMENTE REGISTRADOS POR EL PARTIDO DE QUE SE TRATE PODRÁN IMPUGNAR EL RESULTADO DEL PROCESO DE SELECCIÓN DE CANDIDATOS EN QUE HAYAN PARTICIPADO.

6. ES COMPETENCIA DIRECTA DE CADA PARTIDO POLÍTICO, A TRAVÉS DEL ÓRGANO ESTABLECIDO POR SUS ESTATUTOS, O POR EL REGLAMENTO O CONVOCATORIA CORRESPONDIENTE, NEGAR O CANCELAR EL REGISTRO A LOS PRECANDIDATOS QUE INCURRAN EN CONDUCTAS CONTRARIAS A ESTE CÓDIGO O A LAS NORMAS QUE RIJAN EL PROCESO INTERNO, ASÍ COMO CONFIRMAR O MODIFICAR SUS RESULTADOS, O DECLARAR LA NULIDAD DE TODO EL PROCESO INTERNO DE SELECCIÓN, APLICANDO EN TODO CASO LOS PRINCIPIOS LEGALES Y LAS NORMAS ESTABLECIDAS EN SUS ESTATUTOS O EN LOS

REGLAMENTOS Y CONVOCATORIAS RESPECTIVAS. LAS DECISIONES QUE ADOPTEN LOS ÓRGANOS COMPETENTES DE CADA PARTIDO PODRÁN SER RECURRIDAS POR LOS ASPIRANTES O PRECANDIDATOS ANTE EL TRIBUNAL ELECTORAL, UNA VEZ AGOTADOS LOS PROCEDIMIENTOS INTERNOS DE JUSTICIA PARTIDARIA.

ARTÍCULO 214

1. A MÁS TARDAR EN EL MES DE NOVIEMBRE DEL AÑO PREVIO AL DE LA ELECCIÓN, EL CONSEJO GENERAL DEL INSTITUTO FEDERAL ELECTORAL DETERMINARÁ LOS TOPES DE GASTO DE PRECAMPAÑA POR PRECANDIDATO Y TIPO DE ELECCIÓN PARA LA QUE PRETENDA SER POSTULADO. EL TOPE SERÁ EQUIVALENTE AL VEINTE POR CIENTO DEL ESTABLECIDO PARA LAS CAMPAÑAS INMEDIATAS ANTERIORES, SEGÚN LA ELECCIÓN DE QUE SE TRATE.

2. EL CONSEJO GENERAL, A PROPUESTA DE LA UNIDAD DE FISCALIZACIÓN DE LOS RECURSOS DE LOS PARTIDOS POLÍTICOS, DETERMINARÁ LOS REQUISITOS QUE CADA PRECANDIDATO DEBE CUBRIR AL PRESENTAR SU INFORME DE INGRESOS Y GASTOS DE PRECAMPAÑA. EN TODO CASO, EL INFORME RESPECTIVO DEBERÁ SER ENTREGADO AL ÓRGANO INTERNO DEL PARTIDO COMPETENTE A MÁS TARDAR DENTRO DE LOS SIETE DÍAS SIGUIENTES AL DE LA JORNADA COMICIAL INTERNA O CELEBRACIÓN DE LA ASAMBLEA RESPECTIVA.

3. SI UN PRECANDIDATO INCUMPLE LA OBLIGACIÓN DE ENTREGAR SU INFORME DE INGRESOS Y GASTOS DE PRECAMPAÑA DENTRO DEL PLAZO ANTES ESTABLECIDO Y HUBIESE OBTENIDO LA MAYORÍA DE VOTOS EN LA CONSULTA INTERNA O EN LA ASAMBLEA RESPECTIVA, NO PODRÁ SER REGISTRADO LEGALMENTE COMO CANDIDATO. LOS PRECANDIDATOS QUE SIN HABER OBTENIDO LA POSTULACIÓN A LA CANDIDATURA NO ENTREGUEN EL INFORME ANTES SEÑALADO SERÁN SANCIONADOS EN LOS TÉRMINOS DE LO ESTABLECIDO POR EL LIBRO SÉPTIMO DE ESTE CÓDIGO.

4.   LOS PRECANDIDATOS QUE REBASEN EL TOPE DE GASTOS DE PRECAMPAÑA ESTABLECIDO POR EL CONSEJO GENERAL SERÁN SANCIONADOS CON LA CANCELACIÓN DE SU REGISTRO O, EN SU CASO, CON LA PÉRDIDA DE LA CANDIDATURA QUE HAYAN OBTENIDO. EN EL ÚLTIMO SUPUESTO, LOS PARTIDOS CONSERVAN EL DERECHO DE REALIZAR LAS SUSTITUCIONES QUE PROCEDAN.

ARTÍCULO 215

1.   QUEDARÁN COMPRENDIDOS DENTRO DE LOS TOPES DE GASTO DE PRECAMPAÑA LOS CONCEPTOS SEÑALADOS EN LOS INCISOS A), B), C) Y D) DEL PÁRRAFO 2 DEL ARTÍCULO 229 DE ESTE CÓDIGO.

ARTÍCULO 216

1.   CADA PARTIDO POLÍTICO HARÁ ENTREGA A LA UNIDAD DE FISCALIZACIÓN DE LOS INFORMES DE INGRESOS Y GASTOS DE CADA UNO DE LOS PRECANDIDATOS QUE HAYAN PARTICIPADO EN SUS PRECAMPAÑAS, SEGÚN EL TIPO DE ELECCIÓN DE QUE SE TRATE. INFORMARÁ TAMBIÉN LOS NOMBRES Y DATOS DE LOCALIZACIÓN DE LOS PRECANDIDATOS QUE HAYAN INCUMPLIDO LA OBLIGACIÓN DE PRESENTAR EL RESPECTIVO INFORME, PARA LOS EFECTOS LEGALES PROCEDENTES.

2.   DENTRO DEL INFORME ANUAL QUE CORRESPONDA, CADA PARTIDO POLÍTICO REPORTARÁ LOS GASTOS EFECTUADOS CON MOTIVO DE LA REALIZACIÓN DE SUS PROCESOS DE SELECCIÓN INTERNA Y PRECAMPAÑAS, ASÍ COMO LOS INGRESOS UTILIZADOS PARA FINANCIAR DICHOS GASTOS.

3.   LOS INFORMES SEÑALADOS EN EL PÁRRAFO 1 ANTERIOR SERÁN PRESENTADOS ANTE LA UNIDAD DE FISCALIZACIÓN A MÁS TARDAR DENTRO DE LOS TREINTA DÍAS POSTERIORES A LA CONCLUSIÓN DE LOS PROCESOS DE SELECCIÓN INTERNA DE CANDIDATOS A CARGOS DE ELECCIÓN POPULAR.

4.   LA UNIDAD DE FISCALIZACIÓN REVISARÁ LOS INFORMES Y EMITIRÁ UN DICTAMEN CONSOLIDADO POR CADA PARTIDO

POLÍTICO EN EL QUE EN SU CASO, SE ESPECIFICARÁN LAS IRREGULARIDADES ENCONTRADAS Y SE PROPONDRÁN LAS SANCIONES QUE CORRESPONDAN A LOS PRECANDIDATOS O AL PARTIDO.

5. PARA LOS EFECTOS DEL PÁRRAFO ANTERIOR, EL CONSEJO GENERAL, A PROPUESTA DE LA UNIDAD DE FISCALIZACIÓN, DETERMINARÁ REGLAS SIMPLIFICADAS Y PROCEDIMIENTOS EXPEDITOS PARA LA PRESENTACIÓN Y REVISIÓN DE LOS INFORMES DE INGRESOS Y GASTOS DE PRECAMPAÑA DE LOS PRECANDIDATOS.

ARTÍCULO 217

1. A LAS PRECAMPAÑAS Y A LOS PRECANDIDATOS QUE EN ELLAS PARTICIPEN LES SERÁN APLICABLES, EN LO CONDUCENTE, LAS NORMAS PREVISTAS EN ESTE CÓDIGO RESPECTO DE LOS ACTOS DE CAMPAÑA Y PROPAGANDA ELECTORAL.

2. EL CONSEJO GENERAL DEL INSTITUTO FEDERAL ELECTORAL EMITIRÁ LOS DEMÁS REGLAMENTOS Y ACUERDOS QUE SEAN NECESARIOS PARA LA DEBIDA REGULACIÓN DE LOS PROCESOS INTERNOS DE SELECCIÓN DE CANDIDATOS A CARGOS DE ELECCIÓN POPULAR Y LAS PRECAMPAÑAS, DE CONFORMIDAD CON LO ESTABLECIDO EN ESTE CÓDIGO.

GUANAJUATO

TÍTULO SEGUNDO
DE LOS ACTOS PREPARATORIOS DE LA ELECCIÓN
CAPÍTULO PRIMERO
DE LAS PRECAMPAÑAS ELECTORALES
ARTÍCULO 174 BIS.-

PARA LOS FINES DE LA PRESENTE LEY, SE ENTENDERÁ POR PRECAMPAÑA ELECTORAL EL CONJUNTO DE ACTOS Y ACTIVIDADES QUE TIENEN POR OBJETO INFLUIR EN LA DECISIÓN DE AQUELLOS QUE INTEGRAN EL UNIVERSO DE VOTANTES QUE ELIGEN O DESIGNAN A LOS CANDIDATOS A CARGOS DE ELECCIÓN POPULAR. ESTOS ACTOS O ACTIVIDADES DEBERÁN REALIZARSE DE ACUERDO CON LO ESTABLECIDO POR ESTE CÓDIGO Y ESTARÁN SUJETAS A LO PREVISTO EN LOS ESTATUTOS Y DEMÁS NORMATIVIDAD INTERNA DE LOS PARTIDOS O COALICIONES.

NINGÚN CIUDADANO PODRÁ PARTICIPAR SIMULTÁNEAMENTE EN PROCESOS DE SELECCIÓN INTERNA DE CANDIDATOS A CARGOS DE ELECCIÓN POPULAR POR DIFERENTES PARTIDOS POLÍTICOS, SALVO QUE ENTRE ELLOS MEDIE CONVENIO PARA PARTICIPAR EN COALICIÓN.

EN NINGÚN CASO LAS PRECAMPAÑAS PODRÁN DURAR MÁS DE LAS DOS TERCERAS PARTES DE LAS RESPECTIVAS CAMPAÑAS ELECTORALES.

ARTÍCULO 174 BIS 1.-

LOS PARTIDOS POLÍTICOS, CONFORME A SUS ESTATUTOS, DEBERÁN ESTABLECER EL ÓRGANO INTERNO RESPONSABLE DE LA ORGANIZACIÓN DE LOS PROCESOS DE SELECCIÓN DE SUS CANDIDATOS Y, EN SU CASO, DE LAS PRECAMPAÑAS.

LOS PROCESOS INTERNOS DE SELECCIÓN DE CANDIDATOS A CARGOS DE ELECCIÓN POPULAR, SE REGULARÁN CON BASE EN LAS NORMAS ESTATUTARIAS Y REGLAMENTARIAS DE LOS

PARTIDOS POLÍTICOS O COALICIONES Y CON ARREGLO A LO SIGUIENTE:

I.- LOS ASPIRANTES A PRECANDIDATOS QUE PARTICIPEN EN LOS PROCESOS DE SELECCIÓN INTERNA CONVOCADOS POR CADA PARTIDO NO PODRÁN REALIZAR ACTIVIDADES DE PROSELITISMO O DIFUSIÓN DE PROPAGANDA, POR NINGÚN MEDIO, FUERA DE LOS PLAZOS DE PRECAMPAÑA QUE FIJEN LOS PARTIDOS POLÍTICOS, DE CONFORMIDAD CON LO SEÑALADO EN EL ÚLTIMO PÁRRAFO DEL ARTÍCULO ANTERIOR. LA VIOLACIÓN A ESTA DISPOSICIÓN SE SANCIONARÁ DE CONFORMIDAD CON LO ESTABLECIDO EN LA NORMATIVIDAD DEL PARTIDO DE QUE SE TRATE.

II.- CADA PARTIDO POLÍTICO O COALICIÓN COMUNICARÁ AL CONSEJO GENERAL DEL INSTITUTO ELECTORAL, ANTES DEL INICIO FORMAL DE LOS PROCESOS INTERNOS, PARA LA SELECCIÓN DE SUS CANDIDATOS A CARGOS DE ELECCIÓN POPULAR, EL MÉTODO QUE SERÁ UTILIZADO; Y DEPENDIENDO DEL MISMO, LO SIGUIENTE: LA FECHA DE INICIO DEL PROCESO INTERNO; LA FECHA DE EXPEDICIÓN DE LA CONVOCATORIA; LOS PLAZOS QUE COMPRENDERÁ CADA FASE DEL PROCESO INTERNO; LOS ÓRGANOS DE DIRECCIÓN RESPONSABLES DE SU CONDUCCIÓN Y

VIGILANCIA; LA FECHA DE CELEBRACIÓN DE LA ASAMBLEA ELECTORAL CORRESPONDIENTE O EN SU CASO, DE REALIZACIÓN DE LA JORNADA COMICIAL INTERNA.

ARTÍCULO 174 BIS 2.-

LOS ASPIRANTES A PRECANDIDATOS Y LOS PRECANDIDATOS, PODRÁN IMPUGNAR ANTE EL ÓRGANO INTERNO COMPETENTE DE SU PARTIDO LOS REGLAMENTOS, LAS CONVOCATORIAS, LA INTEGRACIÓN DE LOS ÓRGANOS RESPONSABLES DE CONDUCIR LOS PROCESOS INTERNOS, LOS ACUERDOS Y RESOLUCIONES QUE ADOPTEN, Y EN GENERAL LOS ACTOS QUE REALICEN LOS ÓRGANOS DIRECTIVOS, O SUS INTEGRANTES, CUANDO DE LOS MISMOS SE DESPRENDA LA

VIOLACIÓN DE LAS NORMAS QUE RIJAN LOS PROCESOS DE SELECCIÓN DE CANDIDATOS A CARGOS DE ELECCIÓN POPULAR. CADA PARTIDO DEBERÁ CONTAR CON UN REGLAMENTO INTERNO EN EL QUE SE NORMARÁN LOS PROCEDIMIENTOS Y PLAZOS PARA LA RESOLUCIÓN DE TALES CONTROVERSIAS.

ARTÍCULO 174 BIS 3.-

EL TOPE DE GASTOS DE PRECAMPAÑA ENTENDIENDO ESTO COMO LOS LÍMITES A LAS EROGACIONES QUE REALICEN LOS PARTIDOS POLÍTICOS EN LOS PROCESOS INTERNOS DE SELECCIÓN DE SUS CANDIDATOS, SERÁ DE ACUERDO A LO SIGUIENTE:

I.- CUANDO SE ELIJAN DIPUTADOS AL CONGRESO DEL ESTADO Y AYUNTAMIENTOS, EL TOPE DE GASTOS DE PRECAMPAÑA A EROGAR POR UN PARTIDO POLÍTICO EN LA ORGANIZACIÓN DE SUS PROCESOS INTERNOS SERÁ EL EQUIVALENTE DE HASTA EL QUINCE POR CIENTO DEL TOPE DE GASTOS DE CAMPAÑA DE LA ELECCIÓN DE GOBERNADOR INMEDIATA ANTERIOR; Y

II.- CUANDO SE ELIJA GOBERNADOR, DIPUTADOS AL CONGRESO DEL ESTADO Y AYUNTAMIENTOS EL TOPE DE GASTOS DE PRECAMPAÑA A EROGAR POR UN PARTIDO POLÍTICO EN LA ORGANIZACIÓN DE SUS PROCESOS INTERNOS SERÁ EL EQUIVALENTE DE HASTA EL VEINTE POR CIENTO DEL TOPE DE GASTOS DE CAMPAÑA DE LA ELECCIÓN DE GOBERNADOR INMEDIATA ANTERIOR.

GUERRERO

CAPITULO II
DE LAS PRECAMPAÑAS
ARTICULO 144 BIS.-
LOS PARTIDOS POLÍTICOS CON ACREDITACIÓN Y REGISTRO VIGENTE ANTE EL CONSEJO ESTATAL ELECTORAL, CON BASE EN SUS ESTATUTOS, PODRÁN ORGANIZAR PRECAMPAÑAS DENTRO DE LOS PROCESOS INTERNOS.

ARTICULO 144 BIS 1.-
PARA LOS EFECTOS DE ESTE CÓDIGO, SE ENTENDERÁ POR:
I.- PRECAMPAÑA ELECTORAL: AL CONJUNTO DE ACTIVIDADES QUE DE MANERA PREVIA AL REGISTRO DE CANDIDATOS, SON LLEVADAS A CABO POR CIUDADANOS QUE ASPIRAN A SER CANDIDATOS PARA ALGÚN CARGO DE ELECCIÓN POPULAR CON EL PROPÓSITO DE SER NOMINADOS PARA ÉSTE, POR ALGÚN PARTIDO POLÍTICO;
II.- ACTOS DE PRECAMPAÑA: LAS ACCIONES QUE TIENEN POR OBJETO MEJORAR LA IMAGEN DE LOS ASPIRANTES A CANDIDATO CON EL FIN DE OBTENER LA NOMINACIÓN COMO CANDIDATO DEL PARTIDO POLÍTICO PARA CONTENDER EN UNA ELECCIÓN CONSTITUCIONAL. ENTRE OTRAS, QUEDAN COMPRENDIDAS LAS SIGUIENTES:
A) REUNIONES PÚBLICAS O PRIVADAS;
B) ASAMBLEAS;
C) DEBATES;
D) ENTREVISTAS EN LOS MEDIOS;
E) VISITAS DOMICILIARIAS, Y
F) DEMÁS ACTIVIDADES QUE REALICEN LOS ASPIRANTES A CANDIDATOS.
III.- PROPAGANDA DE PRECAMPAÑA ELECTORAL: AL CONJUNTO DE ESCRITOS, PUBLICACIONES, IMÁGENES, GRABACIONES, PROYECCIONES Y EXPRESIONES QUE DURANTE LA

PRECAMPAÑA ELECTORAL, PRODUCEN Y DIFUNDEN LOS ASPIRANTES A CANDIDATOS Y SUS SIMPATIZANTES CON EL PROPÓSITO DE PRESENTAR Y DIFUNDIR SUS PROPUESTAS ANTE LA SOCIEDAD Y LOS MILITANTES DEL PARTIDO POLÍTICO POR EL QUE ASPIRAN SER NOMINADOS;

IV.- ASPIRANTE A CANDIDATO: A LOS CIUDADANOS QUE DECIDEN CONTENDER AL INTERIOR DE UN DETERMINADO PARTIDO POLÍTICO CON EL FIN DE ALCANZAR SU NOMINACIÓN COMO CANDIDATO A UN PUESTO DE ELECCIÓN POPULAR.

ARTICULO 144 BIS 2.-
EL PARTIDO POLÍTICO DEBERÁ INFORMAR POR ESCRITO AL CONSEJO ESTATAL ELECTORAL SOBRE EL INICIO DE LA PRECAMPAÑA ELECTORAL DENTRO DE LOS CINCO DÍAS ANTERIORES A ÉSTA, EN EL QUE DEBERÁ ACOMPAÑAR UN INFORME DE LOS LINEAMIENTOS O ACUERDOS A LOS QUE ESTARÁN SUJETOS LOS ASPIRANTES A CANDIDATOS.
LAS PRECAMPAÑAS ELECTORALES NO PODRÁN INICIAR ANTES DE NOVENTA DÍAS NATURALES ANTES DEL INICIO DEL PROCESO ELECTORAL CORRESPONDIENTE, DEBIENDO CONCLUIR A MÁS TARDAR DIEZ DÍAS ANTES DEL INICIO DEL PERÍODO DE LA SOLICITUD DE REGISTRO.

ARTICULO 144 BIS 3.-
EL PARTIDO POLÍTICO DEBERÁ INFORMAR AL CONSEJO ESTATAL ELECTORAL SOBRE LA ACREDITACIÓN DE LOS ASPIRANTES A CANDIDATOS DENTRO DE LOS CINCO DÍAS SIGUIENTES AL INICIO DE LA PRECAMPAÑA.

ARTICULO 144 BIS 4.-
EL ASPIRANTE A CANDIDATO SE SUJETARÁ A LOS PLAZOS Y DISPOSICIONES ESTABLECIDAS EN ESTE CÓDIGO Y A SU NORMATIVIDAD INTERNA. EL INCUMPLIMIENTO DURANTE LAS PRECAMPAÑAS ELECTORALES LOS PARTIDOS POLÍTICOS Y LOS ASPIRANTES A CANDIDATOS NO PODRÁN UTILIZAR EN SU

FAVOR, LOS PROGRAMAS PÚBLICOS DE CARÁCTER SOCIAL EN LA REALIZACIÓN DE ACTOS DE PROSELITISMO POLÍTICO.

A ESTA DISPOSICIÓN SERÁ MOTIVO PARA QUE EL CONSEJO COMPETENTE EN SU MOMENTO LE NIEGUE EL REGISTRO COMO CANDIDATO, SIN MENOSCABO DE LAS SANCIONES A LAS QUE PUEDA SER SUJETO POR LOS ESTATUTOS DEL PARTIDO POLÍTICO CORRESPONDIENTE. EN EL CASO DE QUE UN ASPIRANTE A CANDIDATO NO INFORME QUE DESEA INICIAR LA PRECAMPAÑA, TANTO EL CONSEJO ESTATAL ELECTORAL COMO LOS PARTIDOS POLÍTICOS PODRÁN RECONOCER QUE UNA PRECAMPAÑA HA DADO INICIO UNA VEZ QUE SEAN PÚBLICOS Y NOTORIOS LOS ACTOS Y GASTOS DE PRECAMPAÑA.

ARTICULO 144 BIS 5.-
UNA VEZ NOTIFICADO EL CONSEJO ESTATAL ELECTORAL, HARÁ SABER AL PARTIDO POLÍTICO Y A LOS ASPIRANTES A CANDIDATOS, CONFORME AL PRESENTE CÓDIGO, LAS OBLIGACIONES A QUE QUEDAN SUJETOS Y EXTENDERÁ LA CONSTANCIA RESPECTIVA PARA EL ASPIRANTE A CANDIDATO.

ARTICULO 144 BIS 6.-
LOS PARTIDOS POLÍTICOS DISPONDRÁN LO NECESARIO A FIN DE QUE LOS ASPIRANTES A CANDIDATOS SEAN RECONOCIDOS COMO TALES, EXTENDIÉNDOLES LA CONSTANCIA DE REGISTRO RESPECTIVA, SIEMPRE Y CUANDO CUMPLAN CON LOS REQUISITOS Y RESULTE PROCEDENTE CONFORME A ESTE CÓDIGO Y A LOS ESTATUTOS Y ACUERDOS DEL MISMO PARTIDO POLÍTICO.

EN LAS CAMPAÑAS QUE REALICEN LOS PARTIDOS POLÍTICOS PARA ELEGIR A SUS CANDIDATOS A CARGOS DE ELECCIÓN POPULAR, EL CONSEJO ESTATAL ELECTORAL DICTARÁ LAS DISPOSICIONES

NECESARIAS PARA VIGILAR Y REGULAR DICHAS CAMPAÑAS INTERNAS, EN LO REFERENTE AL ORIGEN DE LOS RECURSOS, PERÍODOS Y FORMAS DE COMPROBACIÓN DE GASTOS, TOPES DE PRECAMPAÑAS CUYO MONTO CONJUNTO PARA TODOS LOS CANDIDATOS INTERNOS DEL PARTIDO POLÍTICO NO PODRÁ SER MAYOR AL 20% DEL MONTO ASIGNADO AL PARTIDO POLÍTICO PARA GASTOS DE CAMPAÑA EN LA ELECCIÓN INMEDIATA ANTERIOR DEL MISMO NIVEL.

ARTICULO 144 BIS 7.-
UNA VEZ TERMINADAS LAS PRECAMPAÑAS QUE REALICEN LOS PARTIDOS POLÍTICOS EN LA FASE DE PRECANDIDATURAS, DEBERÁ SER RETIRADA A MÁS TARDAR UN DÍA ANTES DEL INICIO DEL REGISTRO DE CANDIDATOS POR EL ASPIRANTE A CANDIDATO O POR EL PARTIDO POLÍTICO AL QUE PERTENECE O BAJO EL QUE HIZO PRECAMPAÑA.

EN CASO DE NO HACERLO SE PEDIRÁ A LAS AUTORIDADES MUNICIPALES PROCEDAN A REALIZAR EL RETIRO, APLICANDO EL COSTO DE DICHOS TRABAJOS CON CARGO A LAS PRERROGATIVAS DEL
PARTIDO POLÍTICO INFRACTOR Y EL CONSEJO ESTATAL ELECTORAL IMPONDRÁ UNA MULTA DE HASTA MIL VECES EL SALARIO MÍNIMO VIGENTE EN EL ESTADO AL PARTIDO POLÍTICO Y A SUS PRECANDIDATOS.

HIDALGO

CAPÍTULO TERCERO
DE LAS PRECAMPAÑAS
SECCIÓN PRIMERA
DISPOSICIONES GENERALES
ARTÍCULO 148.-
PARA LOS EFECTOS DE ESTA LEY, SE ENTIENDE POR:

I.- PRECAMPAÑA ELECTORAL: AL CONJUNTO DE ACTOS REALIZADOS POR LOS PARTIDOS POLÍTICOS O COALICIONES, CON EL PROPÓSITO DE ELEGIR A LOS CIUDADANOS QUE ASPIRAN A SER NOMINADOS COMO SUS CANDIDATOS PARA OCUPAR PUESTOS DE ELECCIÓN POPULAR. LAS PRECAMPAÑAS FORMAN PARTE DEL PROCESO ELECTORAL Y SE CIRCUNSCRIBEN A LA ETAPA PREPARATORIA DE LAS ELECCIONES CONSTITUCIONALES.

II.- ACTOS DE PRECAMPAÑA: LAS ACCIONES QUE TIENEN POR OBJETO OBTENER LA NOMINACIÓN COMO CANDIDATO DEL PARTIDO POLÍTICO O COALICIÓN. ENTRE OTRAS, QUEDAN COMPRENDIDAS LAS SIGUIENTES:

A.- REUNIONES PÚBLICAS O PRIVADAS;
B.- PROMOCIONES A TRAVÉS DE MEDIOS IMPRESOS;
C.- PROMOCIONES A TRAVÉS DE ANUNCIOS ESPECTACULARES EN LA VÍA PÚBLICA;
D.- ASAMBLEAS;
E.- DEBATES;
F.- ENTREVISTAS EN LOS MEDIOS; Y
G.- VISITAS DOMICILIARIAS.

III.- PROPAGANDA DE PRECAMPAÑA ELECTORAL: EL CONJUNTO DE ESCRITOS, PUBLICACIONES, IMÁGENES, GRABACIONES, PROYECCIONES Y EXPRESIONES QUE DURANTE LA PRECAMPAÑA ELECTORAL PRODUCEN Y DIFUNDEN LOS ASPIRANTES A CANDIDATOS Y SUS SIMPATIZANTES, CON EL PROPÓSITO DE PRESENTAR Y DIVULGAR SUS PROPUESTAS

ANTE LA SOCIEDAD Y LOS MILITANTES DEL PARTIDO POR EL QUE ASPIRAN SER NOMINADOS; Y

IV.- PRECANDIDATOS: LOS CIUDADANOS QUE DECIDEN CONTENDER AL INTERIOR DE UN DETERMINADO PARTIDO POLÍTICO O COALICIÓN, CON EL FIN DE ALCANZAR SU NOMINACIÓN COMO CANDIDATO A UN PUESTO DE ELECCIÓN POPULAR.

ARTÍCULO 149.-

EL PARTIDO POLÍTICO O COALICIÓN DEBERÁ INFORMAR POR ESCRITO AL CONSEJO GENERAL DEL INSTITUTO ESTATAL ELECTORAL, SOBRE EL INICIO DE LA PRECAMPAÑA ELECTORAL DENTRO DE LOS CINCO DÍAS NATURALES ANTERIORES A ÉSTA, EN EL QUE DEBERÁ ACOMPAÑAR UN INFORME DE LOS LINEAMIENTOS O ACUERDOS, A LOS QUE ESTARÁN SUJETOS LOS PRECANDIDATOS.

EN EL INFORME SEÑALADO EN EL PÁRRAFO ANTERIOR DEBERÁ INCLUIRSE:

I.- LAS FECHAS DE INICIO Y CONCLUSIÓN DE LAS PRECAMPAÑAS;

II.- LOS TIEMPOS ESPECÍFICOS EN EL CUAL LOS PRECANDIDATOS PODRÁN REALIZAR LAS ACTIVIDADES DESCRITAS EN EL ARTÍCULO 148 FRACCIONES I Y II DE ESTA LEY;

III.- EL MÉTODO O FORMA SELECCIONADO CONFORME A SUS ESTATUTOS PARA POSTULAR A SUS CANDIDATOS; Y

IV.- EL COMPROMISO DE RETIRAR LA PROPAGANDA DE SUS PRECANDIDATOS, UNA VEZ CONCLUIDA LA PRECAMPAÑA CORRESPONDIENTE, DENTRO DE LOS PLAZOS SEÑALADOS EN ESTE ORDENAMIENTO.

EN CASO DE QUE UN PRECANDIDATO, PARTIDO POLÍTICO O COALICIÓN, NO INFORME DEL INICIO DE SUS PRECAMPAÑAS RESPECTIVAS AL CONSEJO GENERAL DEL INSTITUTO ESTATAL ELECTORAL, DENTRO DE LOS PLAZOS ESTABLECIDOS, SE ENTENDERÁ QUE ÉSTAS HAN INICIADO UNA VEZ QUE SEAN

PÚBLICOS Y NOTORIOS LOS ACTOS Y GASTOS DE PRECAMPAÑA, EN TAL VIRTUD SE APLICARÁN LAS SANCIONES CORRESPONDIENTES.

ARTÍCULO 150.-
LAS PRECAMPAÑAS NO PODRÁN INICIARSE ANTES DE 120 DÍAS NATURALES DEL INICIO DEL PERIODO DE REGISTRO DE CANDIDATOS CORRESPONDIENTES, DEBIENDO CONCLUIR A MÁS TARDAR 15 QUINCE DÍAS NATURALES ANTES DEL INICIO DEL PERIODO DE REGISTRO DE CANDIDATOS A GOBERNADOR Y DIPUTADOS Y 30 DÍAS NATURALES TRATÁNDOSE DE LA ELECCIÓN DE AYUNTAMIENTOS.
NINGUNA PRECAMPAÑA PODRÁ EXCEDER EN SU DURACIÓN LOS SIGUIENTES PLAZOS:
I.- PARA LA PRECAMPAÑA DE GOBERNADOR CONSTITUCIONAL DEL ESTADO, HASTA 30 DÍAS NATURALES;
II.- PARA LA PRECAMPAÑA DE INTEGRANTES AL CONGRESO DEL ESTADO, HASTA 15 DÍAS NATURALES; Y
III.- PARA LA PRECAMPAÑA DE INTEGRANTES DEL AYUNTAMIENTOS, HASTA 15 DÍAS NATURALES.

ARTÍCULO 151.-
LOS PARTIDOS POLÍTICOS DISPONDRÁN LO NECESARIO A FIN DE QUE LOS PRECANDIDATOS SEAN RECONOCIDOS COMO TALES, EXTENDIÉNDOLES LAS CONSTANCIAS DE REGISTRO RESPECTIVAS, SI CUMPLEN CON LOS REQUISITOS Y RESULTE PROCEDENTE, CONFORME A ESTA LEY, LOS ESTATUTOS Y ACUERDOS DEL PARTIDO. EN LOS FORMATOS DE REGISTRO, SE HARÁ MENCIÓN DE LA FIDELIDAD DE LOS DATOS PROPORCIONADOS, BAJO PROTESTA DE DECIR VERDAD POR PARTE DE LOS PRECANDIDATOS. LOS PARTIDOS POLÍTICOS DEBERÁN NOTIFICAR AL INSTITUTO ESTATAL ELECTORAL LOS NOMBRES DE LOS CIUDADANOS QUE PARTICIPARÁN COMO PRECANDIDATOS.

ARTÍCULO 152.-

LOS PRECANDIDATOS SE SUJETARÁN A LOS PLAZOS Y DISPOSICIONES ESTABLECIDAS EN ESTA LEY Y A LOS ESTATUTOS DE SU PARTIDO. EL INCUMPLIMIENTO A ESTA DISPOSICIÓN SERÁ MOTIVO PARA QUE EL CONSEJO GENERAL DEL INSTITUTO ESTATAL ELECTORAL, EN SU MOMENTO, LE NIEGUE EL REGISTRO COMO CANDIDATO, SIN MENOSCABO DE LAS SANCIONES A LAS QUE PUEDA SER SUJETO POR LOS ESTATUTOS DEL PARTIDO POLÍTICO CORRESPONDIENTE.

ARTÍCULO 153.-

LAS PRECAMPAÑAS DE LOS PARTIDOS POLÍTICOS NO PODRÁN SER FINANCIADAS CON LAS PRERROGATIVAS PÚBLICAS QUE POR LEY LES CORRESPONDAN.

LOS RECURSOS QUE DESTINEN LOS PRECANDIDATOS PARA LA REALIZACIÓN DE PROPAGANDA Y ACTOS DE PRECAMPAÑA ELECTORAL, NO PODRÁN SER MAYORES AL 20% DEL TOPE ESTABLECIDO EN LA ELECCIÓN INMEDIATA ANTERIOR DE QUE SE TRATE.

ARTÍCULO 154.-

DURANTE LAS PRECAMPAÑAS, QUEDA PROHIBIDO A LOS PRECANDIDATOS, PARTIDOS POLÍTICOS Y COALICIONES LO SIGUIENTE:

I.- UTILIZAR RECURSOS PÚBLICOS O PUBLICITAR OBRA PÚBLICA EN BENEFICIO DE SU IMAGEN, INDEPENDIENTEMENTE DE LO DISPUESTO POR OTRAS DISPOSICIONES LEGALES;

II.- UTILIZAR EN SU FAVOR LOS PROGRAMAS PÚBLICOS DE CARÁCTER SOCIAL EN LA REALIZACIÓN DE ACTOS DE PROSELITISMO POLÍTICO;

III.- HACER USO DE INFRAESTRUCTURA PÚBLICA DEL GOBIERNO, ENTRE OTROS, TELÉFONOS, FAXES Y HERRAMIENTAS DE INTERNET, PARA LA OBTENCIÓN DE FINANCIAMIENTO O EN APOYO A LA REALIZACIÓN DE CUALQUIER OTRO ACTO DE PRECAMPAÑA;

IV.- UTILIZAR PARA FINES PERSONALES LOS RECURSOS RECABADOS AL AMPARO DE ACTOS PROSELITISTAS DE PRECAMPAÑA, SALVO VIÁTICOS, ALIMENTOS Y TRANSPORTACIÓN U OTROS RELACIONADOS DE MANERA DIRECTA;

V.- RECIBIR CUALQUIERA DE LAS APORTACIONES QUE NO SE ENCUENTRAN ESTABLECIDAS EN LA PRESENTE LEY;

VI.- REALIZAR ACTOS DE PRECAMPAÑA ELECTORAL FUERA DE LOS TIEMPOS PERMITIDOS EN EL PRESENTE ORDENAMIENTO LEGAL Y EN LA NORMATIVIDAD INTERNA DE LOS PARTIDOS O COALICIONES;

VII.- CONTRATAR TIEMPOS Y ESPACIOS EN LOS MEDIOS DE COMUNICACIÓN; Y

VIII.- LAS EXPRESIONES VERBALES O ESCRITOS CONTRARIOS A LA MORAL, QUE INJURIEN A LAS AUTORIDADES, A LOS DEMÁS PARTIDOS POLÍTICOS O PRECANDIDATOS, O QUE TIENDAN A INCITAR A LA VIOLENCIA Y EL DESORDEN.

ARTÍCULO 155.-

LOS PRECANDIDATOS, PARTIDOS POLÍTICOS Y COALICIONES DEBERÁN ABSTENERSE DE CUALQUIER EXPRESIÓN QUE IMPLIQUE DIATRIBA, CALUMNIA, INFAMIA, INJURIA, DIFAMACIÓN O QUE DENIGRE A LOS CIUDADANOS, A LAS INSTITUCIONES PÚBLICAS O A OTROS PARTIDOS POLÍTICOS Y SUS PRECANDIDATOS DURANTE LAS PRECAMPAÑAS Y EN LA PROPAGANDA POLÍTICA QUE SE UTILICE DURANTE LAS MISMAS.

ARTÍCULO 156.-

NO SE CONSIDERARÁ PROSELITISMO O ACTOS DE PRECAMPAÑA LA REALIZACIÓN DE ACTIVIDADES PROPIAS EN LA GESTIÓN O REALIZACIÓN DE INFORMES INHERENTES DE UN PUESTO DE ELECCIÓN POPULAR, NI TAMPOCO LA ENTREVISTA ESPORÁDICA EN MEDIOS DE COMUNICACIÓN EN PERIODOS

DISTINTOS A LOS DE PRECAMPAÑAS, EN LAS CUALES SE EXPRESE LA INTENCIÓN DE BUSCAR UNA CANDIDATURA.

ARTÍCULO 157.-
DURANTE LA PRECAMPAÑA, LA EQUIDAD SERÁ EL PRINCIPIO RECTOR QUE DEBERÁ SER OBSERVADO POR LAS AUTORIDADES ELECTORALES, LOS PARTIDOS POLÍTICOS, COALICIONES Y PRECANDIDATOS, ENTENDIÉNDOSE A AQUELLA, COMO EL TRATO JUSTO Y PROPORCIONAL QUE DEBE PREVALECER ENTRE LOS CONTENDIENTES.
CORRESPONDE EXCLUSIVAMENTE A LOS PARTIDOS POLÍTICOS O COALICIONES, DE ACUERDO A SU NORMATIVIDAD INTERNA, REGLAMENTOS O CLÁUSULAS QUE PREVEAN Y A TRAVÉS DE LOS ÓRGANOS PARTIDARIOS QUE PARA TAL EFECTO RESULTEN COMPETENTES, DETERMINAR LA ANULACIÓN O NO DE UN PROCESO INTERNO, ASÍ COMO LA POSTULACIÓN O NO DE UN CANDIDATO EN PARTICULAR, ATENDIENDO A LOS PRINCIPIOS LEGALES Y CAUSALES ESPECÍFICAS QUE SUSTENTEN ESA DETERMINACIÓN, EN ESTRICTA OBSERVANCIA A SU LIBRE ORGANIZACIÓN ESTATUTARIA.

ARTÍCULO 158.-
CORRESPONDE A LOS PARTIDOS POLÍTICOS Y COALICIONES EL DERECHO DE PRESENTAR LAS QUEJAS ANTE EL CONSEJO GENERAL DEL INSTITUTO ESTATAL ELECTORAL, CUANDO CONSIDEREN QUE SE HAN INCUMPLIDO LAS DISPOSICIONES ESTABLECIDAS EN LA PRESENTE SECCIÓN.

SECCIÓN SEGUNDA
DE LA PROPAGANDA
ARTÍCULO 159.-
LOS PRECANDIDATOS NO PODRÁN PRODUCIR O DIFUNDIR PROPAGANDA DE PRECAMPAÑA ANTES DE INICIADA LA MISMA.
LA PROPAGANDA DE LA PRECAMPAÑA ELECTORAL NO PODRÁ SER COLOCADA O FIJADA EN EL EQUIPAMIENTO URBANO, EN

ESPACIOS DE USO COMÚN, NI EN EDIFICIOS PÚBLICOS, ADEMÁS DE LAS PROHIBICIONES ESTABLECIDAS EN LOS ARTÍCULOS 183 Y 184 DE ESTA LEY.

LOS PRECANDIDATOS, PARTIDOS POLÍTICOS O COALICIONES REALIZARÁN SUS ACTIVIDADES PROPAGANDÍSTICAS DENTRO DE LOS CAUCES NORMATIVOS DE LAS PRECAMPAÑAS, CONDUCIÉNDOSE DENTRO DEL MARCO DE ÉTICA Y RESPETO HACIA SUS CONTENDIENTES Y AJUSTÁNDOSE A LOS LINEAMIENTOS DE LOS PARTIDOS POLÍTICOS EN LOS QUE COMPITAN.

EN CASO DE QUE EL PRECANDIDATO, EL PARTIDO POLÍTICO O COALICIÓN CORRESPONDIENTE NO CUMPLAN CON LAS REGLAS DE LA PROPAGANDA DE PRECAMPAÑA ELECTORAL MARCADAS EN EL PÁRRAFO ANTERIOR SE LE REQUERIRÁ SU INMEDIATO RETIRO, MISMO QUE NO PODRÁ EXCEDER DE VEINTICUATRO HORAS, EN CASO CONTRARIO, SERÁ RETIRADA CONFORME LAS REGLAS ESTABLECIDAS EN EL ARTÍCULO 162 DE LA PRESENTE LEY.

ARTÍCULO 160.-

SE PROHÍBE A PARTICULARES LA CONTRATACIÓN PERMANENTE O TRANSITORIA DE PROPAGANDA DENTRO DE LAS PRECAMPAÑAS A FAVOR O EN CONTRA DE PRECANDIDATOS, PARTIDOS POLÍTICOS O COALICIONES.

ARTÍCULO 161.-

EN TODA LA PROPAGANDA A QUE SE REFIERE ESTE CAPÍTULO DEBERÁ SEÑALARSE EN FORMA VISIBLE LA LEYENDA QUE DIGA: "PROCESO INTERNO DE SELECCIÓN DE CANDIDATOS".

ARTÍCULO 162.-

LA PROPAGANDA ELECTORAL COLOCADA EN LA VÍA PÚBLICA, DEBERÁ SER RETIRADA POR LOS PROPIOS PARTIDOS A MÁS TARDAR CINCO DÍAS DESPUÉS DE TERMINADAS LAS CORRESPONDIENTES PRECAMPAÑAS. DE NO HACERLO, EL

CONSEJO GENERAL DEL INSTITUTO ESTATAL ELECTORAL, SOLICITARÁ A LA AUTORIDAD MUNICIPAL RESPECTIVA QUE PROCEDA A REALIZAR EL RETIRO DE PROPAGANDA, CON LA CONSECUENCIA DE QUE EL COSTO DE LOS TRABAJOS HECHOS POR EL MUNICIPIO SERÁ DESCONTADO DEL FINANCIAMIENTO QUE RECIBA EL PARTIDO POLÍTICO INFRACTOR.

SECCIÓN TERCERA
DE LA FISCALIZACIÓN
ARTÍCULO 163.-
LOS RECURSOS QUE DESTINEN LOS PRECANDIDATOS PARA LA REALIZACIÓN DE PROPAGANDA Y ACTOS DE PRECAMPAÑA SERÁN EXCLUSIVAMENTE DE ORIGEN PRIVADO SUJETÁNDOSE AL LÍMITE MARCADO EN EL ARTÍCULO 153 DE ESTE CAPÍTULO. LOS GASTOS QUE SE EFECTÚEN DURANTE LA PRECAMPAÑA ELECTORAL NO SERÁN CONTABILIZADOS COMO PARTE DE LOS GASTOS DE CAMPAÑA.

ARTÍCULO 164.-
LOS RECURSOS OBTENIDOS DURANTE UNA PRECAMPAÑA ELECTORAL ESTARÁN CONFORMADOS POR LAS APORTACIONES O DONATIVOS, EN DINERO O EN ESPECIE, EFECTUADOS A FAVOR DE LOS PRECANDIDATOS EN FORMA LIBRE Y VOLUNTARIA, POR LAS PERSONAS FÍSICAS MEXICANAS CON RESIDENCIA EN EL PAÍS, CON EXCEPCIÓN DE LAS IMPEDIDAS EXPRESAMENTE EN ESTA LEY.

ARTÍCULO 165.-
CONFORME A LA NATURALEZA DE LAS APORTACIONES QUE CONFORMAN EL FINANCIAMIENTO DE LAS PRECAMPAÑAS ELECTORALES, SE SUJETARÁN A LO SIGUIENTE:
I.- LOS RECURSOS OBTENIDOS MEDIANTE AUTOFINANCIAMIENTO, SE COMPROBARÁN CONFORME A LOS LINEAMIENTOS QUE EL CONSEJO GENERAL DEL INSTITUTO ESTATAL ELECTORAL ESTABLEZCA PARA TAL EFECTO;

II.- EN EL CASO DE COLECTAS, SÓLO DEBERÁ REPORTARSE EN EL INFORME CORRESPONDIENTE EL MONTO TOTAL OBTENIDO;

III.- LAS APORTACIONES EN ESPECIE SE HARÁN CONSTAR POR ESCRITO, EXPRESANDO CLARAMENTE EN QUE CONSISTIERON Y LOS DATOS DE IDENTIFICACIÓN DEL APORTANTE. PARA EFECTOS CONTABLES, LOS DONATIVOS EN ESPECIE DEBERÁN REGISTRARSE CONFORME AL VALOR COMERCIAL; Y

IV.- LAS APORTACIONES EN BIENES MUEBLES O INMUEBLES DEBERÁN DESTINARSE ÚNICA Y EXCLUSIVAMENTE, PARA EL CUMPLIMIENTO DEL OBJETO DE LA PRECAMPAÑA ELECTORAL Y SERÁN RESTITUIDOS AL APORTANTE AL FINALIZAR LA MISMA.

ARTÍCULO 166.-

LOS PRECANDIDATOS DEBERÁN INFORMAR REGULARMENTE AL PARTIDO POLÍTICO O COALICIÓN CORRESPONDIENTE SOBRE LOS RECURSOS DE QUE DISPONGAN, SU MONTO, ORIGEN Y APLICACIÓN, ASÍ COMO DE LA ESTRUCTURA QUE LOS RESPALDA, SEAN ÉSTOS INDIVIDUOS, ASOCIACIONES, OTROS ORGANISMOS O GRUPOS.

AL TÉRMINO DE SU PRECAMPAÑA ELECTORAL PRESENTARÁN ANTE EL PARTIDO POLÍTICO O COALICIÓN UN INFORME GENERAL DE LOS INGRESOS Y GASTOS QUE HAYAN EFECTUADO, CONFORME A LOS LINEAMIENTOS QUE PARA TAL EFECTO ESTABLEZCA EL CONSEJO GENERAL DEL INSTITUTO ESTATAL ELECTORAL.

ARTÍCULO 167.-

EL CONSEJO GENERAL DEL INSTITUTO ESTATAL ELECTORAL INTEGRARÁ UNA COMISIÓN ESPECIAL PARA QUE ATIENDA EL CUMPLIMIENTO DE LAS DISPOSICIONES DE LA PRESENTE LEY EN MATERIA DE PRECAMPAÑAS.

ARTÍCULO 168.-

UNA VEZ QUE UN PARTIDO POLÍTICO O COALICIÓN HAYA RECIBIDO LOS INFORMES A QUE SE REFIERE EL ARTÍCULO 166,

EN UN PLAZO NO MAYOR A CINCO DÍAS NATURALES REMITIRÁ LOS MISMOS CON TODOS LOS DOCUMENTOS ANEXOS A LA COMISIÓN SEÑALADA EN EL ARTÍCULO ANTERIOR, A EFECTO DE QUE REALICE LAS OBSERVACIONES A QUE HAYA LUGAR. LA ENTREGA DEL INFORME SE HARÁ A TRAVÉS DEL ÓRGANO RESPONSABLE DE LAS FINANZAS DEL PARTIDO POLÍTICO RESPECTIVO.

LOS PARTIDOS INTEGRARÁN LOS INFORMES POR CADA PRECANDIDATO A LOS CARGOS DE ELECCIÓN POPULAR.

A.- EN CADA INFORME SERÁ REPORTADO EL ORIGEN DE LOS RECURSOS QUE SE HAYAN UTILIZADO PARA FINANCIAR LOS GASTOS. LOS INGRESOS QUE RECIBAN LOS PRECANDIDATOS, SEAN EN EFECTIVO O EN ESPECIE, DEBERÁ RESPALDARSE CON LA COPIA DE LOS RECIBOS Y, EN SU CASO, TODA LA DOCUMENTACIÓN CORRESPONDIENTE DE COMPROBACIÓN, DE ACUERDO AL FORMATO RESPECTIVO, EL CUAL DEBERÁ CONTENER COMO MÍNIMO:

I.- EL NOMBRE DEL PRECANDIDATO;

II.- FECHA Y LUGAR DE EXPEDICIÓN;

III.- TIPO DE PRECAMPAÑA;

IV.- DESCRIPCIÓN DEL BIEN O MONTO APORTADO;

V.- NOMBRE DE LA PERSONA QUE APORTA;

VI.- DOMICILIO DEL APORTANTE;

VII.- NÚMERO DE CREDENCIAL DE ELECTOR DEL APORTANTE;

VIII.- TIPO DE APORTACIÓN; Y

IX.- FIRMA DEL RESPONSABLE DE LA OBTENCIÓN, ADMINISTRACIÓN Y GASTO DE LOS RECURSOS RECABADOS DEL PRECANDIDATO.

B.- LOS EGRESOS DEBERÁN ESTAR SOPORTADOS CON LA DOCUMENTACIÓN QUE SE EXPIDA A NOMBRE DEL PRECANDIDATO, POR LA PERSONA FÍSICA A QUIEN SE EFECTUÓ EL PAGO Y DEBERÁ OBSERVARSE LO SIGUIENTE:

I.- TODOS LOS GASTOS DEBERÁN SEÑALARSE CON PRECISIÓN, MENCIONANDO EN CADA CASO, CUANDO MENOS: FECHA; LUGAR EN QUE SE EXPIDE O SE EFECTUÓ

LA EROGACIÓN; MONTO; CONCEPTO ESPECÍFICO DEL GASTO; NOMBRE O RAZÓN SOCIAL Y DOMICILIO DE LA PERSONA A QUIEN SE EFECTUÓ EL PAGO; Y

II.- LA CLASIFICACIÓN POR TIPO DE EGRESO SE HARÁ EN CADA FORMATO, ADJUNTANDO LOS COMPROBANTES ORIGINALES COMO SOPORTE DE LA INFORMACIÓN PLASMADA.

SE PERMITIRÁ A LOS PRECANDIDATOS QUE REPORTEN EN UNA BITÁCORA TODOS AQUELLOS GASTOS MENORES EXCLUSIVAMENTE EN EL RUBRO DE ALIMENTOS, VIÁTICOS, TRANSPORTE Y GASTOS MENORES, HASTA POR LOS MONTOS FIJADOS POR EL CONSEJO GENERAL DEL INSTITUTO ESTATAL ELECTORAL.

ARTÍCULO 169.-

LA COMISIÓN SEÑALADA EN EL ARTÍCULO 167 DE ESTA LEY, PRESENTARÁ AL PROPIO CONSEJO GENERAL UN DICTAMEN DE LOS INFORMES PRESENTADOS POR LOS PARTIDOS POLÍTICOS. DE IGUAL MANERA PRESENTARÁN CON ANTERIORIDAD A LA CELEBRACIÓN DE LAS PRECAMPAÑAS LOS LINEAMIENTOS Y FORMATOS QUE LOS PRECANDIDATOS Y PARTIDOS POLÍTICOS O COALICIONES DEBERÁN OBSERVAR EN SUS INFORMES DE INGRESOS Y GASTOS.

ARTÍCULO 170.-

CUANDO UN PARTIDO POLÍTICO O COALICIÓN NO CUMPLA EN TIEMPO CON LA PRESENTACIÓN DE LOS INFORMES A QUE SE REFIERE EL ARTÍCULO 168 DEL PRESENTE CAPÍTULO, EL CONSEJO GENERAL, POR CONDUCTO DE LA COMISIÓN CORRESPONDIENTE, NOTIFICARÁ TANTO AL PARTIDO POLÍTICO O COALICIÓN Y, PERSONALMENTE, AL PRECANDIDATO DE TAL OMISIÓN, APERCIBIÉNDOLOS DE QUE EN CASO DE NO SUBSANAR LA MISMA EN UN TÉRMINO DE CINCO DÍAS NATURALES, EL CONSEJO GENERAL IMPONDRÁ UNA DE LAS SANCIONES PREVISTAS EN EL TÍTULO SÉPTIMO, CAPÍTULO SEGUNDO DE ESTA LEY.

JALISCO

CAPÍTULO III BIS
DE LAS PRECAMPAÑAS

ARTÍCULO 226 BIS.

LOS PARTIDOS POLÍTICOS DEBERÁN REGULAR EN SUS ESTATUTOS Y NORMATIVIDAD, TODO LO RELATIVO A SUS PRECAMPAÑAS DE CARÁCTER INTERNO, APEGÁNDOSE EN TODO MOMENTO A LOS PRINCIPIOS QUE LA CONSTITUCIÓN DEL ESTADO ESTABLECE PARA LA FUNCIÓN ELECTORAL.

DICHA NORMATIVIDAD DEBERÁ CONTENER COMO MÍNIMO LA FECHA DE INICIO DE LAS PRECAMPAÑAS, EL MONTO A EROGARSE DURANTE LAS MISMAS Y LA FORMA DE TRANSPARENTAR ESTA INFORMACIÓN.

ARTÍCULO 227.-

EL INSTITUTO ELECTORAL DEL ESTADO, PUBLICARÁ EL ÚLTIMO SÁBADO DEL MES DE ENERO DEL AÑO DE LA ELECCIÓN, EN EL PERIÓDICO OFICIAL "EL ESTADO DE JALISCO", LA CONVOCATORIA Y AVISOS PARA LAS ELECCIONES DE DIPUTADOS POR LOS PRINCIPIOS DE MAYORÍA RELATIVA Y DE REPRESENTACIÓN PROPORCIONAL, DE MUNÍCIPES Y DE GOBERNADOR CUANDO CORRESPONDA.

EL PROCESO ELECTORAL COMENZARÁ CON LA PUBLICACIÓN DE LA CONVOCATORIA A QUE SE REFIERE ESTE ARTÍCULO Y CONCLUYE CON EL DICTAMEN Y DECLARACIÓN DE VALIDEZ DE LA ELECCIÓN RESPECTIVA. EN TODO CASO, LA CONCLUSIÓN SERÁ UNA VEZ QUE LOS TRIBUNALES HAYAN RESUELTO EL ÚLTIMO DE LOS MEDIOS DE IMPUGNACIÓN QUE SE HUBIERAN INTERPUESTO, O CUANDO SE TENGA CONSTANCIA DE QUE NO SE PRESENTÓ NINGUNO.

A C U E R D O DEL CONSEJO LOCAL DEL ESTADO DE JALISCO EN MATEERIA DE PRECAMPAÑAS

PRIMERO.- Se concede a los partidos políticos acreditados ante este organismo electoral, un término de veinte días naturales contados a partir del día siguiente al de la notificación del presente acuerdo, para que, de conformidad con lo señalado en los artículos 13, fracción VII de la Constitución Política y 226 bis de la Ley Electoral, ambos ordenamientos del Estado de Jalisco, adopten las medidas necesarias a fin de llevar a cabo las modificaciones a sus estatutos y normatividad, en lo relativo a precampañas de carácter interno para la elección de candidatos a cargos de elección popular, a efecto de establecer, como mínimo:

• Fecha de inicio de las precampañas internas;
• El monto a erogarse durante las mismas; y
• La forma de transparentar dicha información.

Asimismo, se concede al Partido Acción Nacional, un término de veinte días
naturales contados a partir del día siguiente al de la notificación del presente
acuerdo, para que, en el marco de sus estatutos y por sus órganos competentes, precise la fecha de inicio de las precampañas, los topes de gastos de las mismas y la forma de transparentar los ingresos y egresos, información que, una vez determinada, deberá ser remitida a esta autoridad electoral.

SEGUNDO.- Asimismo, dígasele a los partidos políticos acreditados ante este
organismo electoral que, en términos de lo señalado en el artículo 63, fracción VII de la Ley Electoral del Estado de Jalisco, deberán hacer del conocimiento de esta autoridad electoral las modificaciones a su normatividad antes señaladas, dentro de los veinte días naturales siguientes a la fecha en que lo realicen.

TERCERO.- Apercíbase a los partidos políticos de que, en caso de incumplimiento a lo ordenado en el presente acuerdo, se procederá en términos de lo señalado en los artículos 348, 349 y 350 de la Ley Electoral del Estado de Jalisco.

CUARTO.- Notifíquese el presente acuerdo a los partidos políticos acreditados
ante este organismo electoral.

QUINTO.- Publíquese el presente acuerdo en el portal de internet del Instituto
Electoral del Estado de Jalisco www.ieej.org.mx .

Guadalajara, Jalisco, a 30 de noviembre de 2005.
DOCTOR JOSÉ LUIS CASTELLANOS GONZÁLEZ
CONSEJERO PRESIDENTE
LICENCIADO MANUEL RÍOS GUTIÉRREZ
SECRETARIO EJECUTIVO

MICHOACAN

ARTÍCULO 37-E.-

SE ENTIENDE POR PRECAMPAÑA EL CONJUNTO DE ACTIVIDADES, QUE DE MANERA PREVIA AL REGISTRO DE CANDIDATOS, SON LLEVADAS A CABO POR LOS PRECANDIDATOS Y POR AQUELLOS CIUDADANOS QUE SIMPATIZAN O APOYAN SU ASPIRACIÓN.

LAS PRECAMPAÑAS SE AJUSTARÁN A LO DISPUESTO POR ESTE CÓDIGO Y POR LOS ESTATUTOS Y DEMÁS NORMAS INTERNAS DE LOS RESPECTIVOS PARTIDOS POLÍTICOS, QUE HAYAN SIDO OPORTUNAMENTE INFORMADAS AL CONSEJO GENERAL.

LA PRECAMPAÑA CONCLUIRÁ EL DÍA QUE SE CELEBRE LA ELECCIÓN INTERNA.

ARTÍCULO 37-F.-

SON ACTOS DE PRECAMPAÑA LOS SIGUIENTES, CUANDO TIENEN POR OBJETO PROMOVER A LOS

PRECANDIDATOS EN SU PRETENSIÓN DE OBTENER LA NOMINACIÓN DE PARTIDO POLÍTICO O COALICIÓN:

A) LAS ASAMBLEAS, CONVENCIONES O REUNIONES DE ÓRGANOS PARTIDISTAS;

B) LOS DEBATES, FOROS, PRESENTACIONES O ACTOS PÚBLICOS;

C) LAS ENTREVISTAS EN LOS MEDIOS DE COMUNICACIÓN;

D) LAS VISITAS DOMICILIARIAS A QUIENES PARTICIPEN COMO ELECTORES EN EL PROCESO DE SELECCIÓN; Y,

E) LAS DEMÁS ACTIVIDADES QUE REALICEN LOS ASPIRANTES A CANDIDATOS CON LA FINALIDAD DE OBTENER EL APOYO DE QUIENES PARTICIPEN COMO ELECTORES EN EL PROCESO DE SELECCIÓN.

ARTÍCULO 37-G.-

SE CONSIDERA PROPAGANDA DE PRECAMPAÑA ELECTORAL EL CONJUNTO DE ESCRITOS, PUBLICACIONES, IMÁGENES, GRABACIONES, PROYECCIONES Y EXPRESIONES, QUE DURANTE LA PRECAMPAÑA, PRODUCEN Y DIFUNDEN LOS ASPIRANTES A CANDIDATOS Y SUS SIMPATIZANTES CON EL PROPÓSITO DE PROMOVER SU PRETENSIÓN DE SER NOMINADOS COMO CANDIDATOS A UN CARGO DE ELECCIÓN POPULAR.

NO SE PODRÁ CONTRATAR PROPAGANDA EN RADIO Y TELEVISIÓN PARA LAS PRECAMPAÑAS.

EN LOS ACTOS Y PROPAGANDA DE PRECAMPAÑA, SE DEBERÁ PRECISAR E IDENTIFICAR QUE SE TRATA DE UN PROCESO DE SELECCIÓN DE CANDIDATOS Y SE DIRIGIRÁ EXCLUSIVAMENTE AL CUERPO ELECTORAL QUE PARTICIPARÁ EN LA SELECCIÓN.

ARTÍCULO 37-H.-

LOS PARTIDOS POLÍTICOS O COALICIONES, SUS DIRIGENTES, MILITANTES Y ASPIRANTES, ASÍ COMO LOS SIMPATIZANTES DE ÉSTOS NO PODRÁN REALIZAR NINGÚN ACTO NI DIFUNDIR PROPAGANDA DE PRECAMPAÑA FUERA DE LOS TIEMPOS ESTABLECIDOS POR EL CALENDARIO QUE HAYAN PRESENTADO ANTE EL CONSEJO GENERAL PARA EL PROCESO DE SELECCIÓN DE CANDIDATOS EN LOS TÉRMINOS DE ESTE CÓDIGO.

ARTÍCULO 37-I.-

LOS ÓRGANOS ELECTORALES INTERNOS DE LOS PARTIDOS POLÍTICOS ESTABLECERÁN TOPES DE GASTO DE PRECAMPAÑA PARA CADA CARGO DE ELECCIÓN POPULAR DE CONFORMIDAD CON LAS DIFERENTES MODALIDADES DE SELECCIÓN, MISMOS QUE NO EXCEDERÁN DEL QUINCE POR CIENTO DEL TOPE DE GASTO DE CAMPAÑA CORRESPONDIENTE A ESE CARGO DE ELECCIÓN POPULAR, FIJADO POR EL CONSEJO GENERAL.

CUANDO UN ASPIRANTE A CANDIDATO PRETENDA LA NOMINACIÓN DE MÁS DE UN PARTIDO POLÍTICO, LOS GASTOS DE PRECAMPAÑA QUE REALICE EN CADA UNO DE LOS DIFERENTES PROCESOS DE SELECCIÓN EN QUE PARTICIPE SE SUMARÁN Y NO PODRÁN EXCEDER EL QUINCE POR CIENTO DEL TOPE DE LA CAMPAÑA RESPECTIVA.

TRATÁNDOSE DE ASPIRANTES A DIPUTADOS Y REGIDORES QUE LO SEAN SIMULTÁNEAMENTE, POR LOS PRINCIPIOS DE MAYORÍA RELATIVA O COMO INTEGRANTES DE LA PLANILLA DE CANDIDATOS RESPECTIVAMENTE Y POR EL PRINCIPIO DE REPRESENTACIÓN PROPORCIONAL, LOS GASTOS DE PRECAMPAÑA QUE REALICEN SE SUMARÁN Y NO PODRÁN EXCEDER EL QUINCE POR CIENTO DEL TOPE DE LA CAMPAÑA RESPECTIVA DE AYUNTAMIENTOS O DE DIPUTADOS POR EL PRINCIPIO DE MAYORÍA RELATIVA.

ARTÍCULO 37-J.-

LOS PARTIDOS POLÍTICOS ESTÁN OBLIGADOS A GARANTIZAR LA LÍCITA PROCEDENCIA Y EL RESPETO DE LOS TOPES DE GASTO DE PRECAMPAÑA DE SUS ASPIRANTES EN SUS PROCESOS DE SELECCIÓN DE CANDIDATOS.

LOS ASPIRANTES A CANDIDATOS ESTARÁN SUJETOS A LAS MODALIDADES Y RESTRICCIONES PARA RECIBIR APORTACIONES EN DINERO O ESPECIE QUE ESTABLECE ESTE CÓDIGO PARA LOS PARTIDOS POLÍTICOS.

LOS PARTIDOS POLÍTICOS PRESENTARÁN ANTE EL CONSEJO GENERAL, EN LOS TÉRMINOS QUE ÉSTE DISPONGA, INFORME DETALLADO DEL ORIGEN DE LOS RECURSOS Y DE LOS GASTOS REALIZADOS EN LOS ACTOS Y PROPAGANDA DE PRECAMPAÑA POR CADA UNO DE LOS ASPIRANTES A CANDIDATOS.

CUANDO UN ASPIRANTE HAYA PRETENDIDO LA NOMINACIÓN DE DOS O MÁS PARTIDOS POLÍTICOS, UNO DE ELLOS DEBERÁ PRESENTAR DE MANERA INTEGRADA EL INFORME A QUE HACE REFERENCIA EL ARTÍCULO ANTERIOR.

MORELOS

CAPITULO II
DE LOS PROCESOS DE SELECCIÓN DE CANDIDATOS A CARGOS DE ELECCIÓN POPULAR Y LAS PRECAMPAÑAS ELECTORALES

ARTÍCULO 197.-
LOS PARTIDOS POLÍTICOS DETERMINARÁN CONFORME A SUS ESTATUTOS EL PROCEDIMIENTO QUE APLICARÁN PARA LA SELECCIÓN DE TODOS SUS CANDIDATOS A CARGOS DE ELECCIÓN POPULAR. EL ACUERDO DEBERÁ SER COMUNICADO AL CONSEJO ESTATAL ELECTORAL AL MENOS CINCO DÍAS ANTES DE CUALQUIER PROCESO DE SELECCIÓN DE CANDIDATOS O PRECAMPAÑAS. ASIMISMO, SE DEBERÁ COMUNICAR A LA AUTORIDAD ELECTORAL EL RETIRO DE LA PRECAMPAÑA DE ALGUNO DE LOS PRECANDIDATOS Y MODIFICACIONES O RESOLUCIONES DE CUALQUIER TIPO A LA CONVOCATORIA RESPECTIVA. OPORTUNAMENTE LOS PARTIDOS POLÍTICOS DEBERÁN INFORMAR POR ESCRITO AL CONSEJO ESTATAL ELECTORAL LOS RESULTADOS DEL PROCESO DE SELECCIÓN INTERNA, MISMO QUE PREVIAMENTE FIJARA LAS CARACTERÍSTICAS DEL INFORME Y LA FECHA LÍMITE PARA SU ENTREGA.

ARTÍCULO 198.-
LOS PROCESOS DE SELECCIÓN INTERNA DE CANDIDATOS A LOS CARGOS DE GOBERNADOR, DIPUTADOS AL CONGRESO DEL ESTADO Y MIEMBROS DE LOS AYUNTAMIENTOS, SE LLEVARÁN A CABO EN EL MISMO AÑO EN QUE SE REALICE LA ELECCIÓN CORRESPONDIENTE. DURARAN COMO MÁXIMO HASTA DOS TERCERAS PARTES DEL TIEMPO DE CAMPAÑA RESPECTIVO, NO PODRÁN EXTENDERSE MÁS ALLÁ DEL DÍA 20 DE MARZO DEL AÑO DE LA ELECCIÓN. LAS PRECAMPAÑAS DE TODOS LOS PARTIDOS POLÍTICOS SE CELEBRARAN DE CONFORMIDAD CON LA CONVOCATORIA RESPECTIVA QUE

EMITA EL PARTIDO, EN TODO CASO DEBERÁN RESPETAR LOS PLAZOS ESTABLECIDOS EN EL PRESENTE CÓDIGO.

ARTÍCULO 199.-
LA PRECAMPAÑAS DARÁN INICIO AL DÍA SIGUIENTE DE QUE SE APRUEBE EL REGISTRO INTERNO DE PRECANDIDATOS.

ARTÍCULO 200.-
EN LOS PROCESOS ELECTORALES EXTRAORDINARIOS, SE ESTARÁ A LO DISPUESTO A LA CONVOCATORIA QUE PARA TAL EFECTO EMITA EL CONSEJO ESTATAL ELECTORAL.

ARTÍCULO 201.-
PREVIO AL INICIO DE LAS PRECAMPAÑAS EL CONSEJO ESTATAL ELECTORAL, DIFUNDIRÁ LAS RESTRICCIONES A LAS QUE ESTÁN SUJETOS LOS PRECANDIDATOS A CARGOS DE ELECCIÓN POPULAR. DICHAS RESTRICCIONES SON LAS SIGUIENTES:
RECIBIR CUALQUIERA DE LAS APORTACIONES PROHIBIDAS POR ESTE CÓDIGO; REALIZAR ACTOS DE PRECAMPAÑA ELECTORAL FUERA DE LOS PLAZOS ESTABLECIDOS EN EL PRESENTE CÓDIGO;
UTILIZAR PARA FINES PERSONALES LOS RECURSOS RECABADOS AL AMPARO DE ACTOS PROSELITISTAS DE PRECAMPAÑA, SALVO VIÁTICOS, ALIMENTOS Y TRANSPORTACIÓN U OTROS RELACIONADOS DE MANERA DIRECTA;
HACER USO DE LA INFRAESTRUCTURA PÚBLICA, INCLUIDOS, ENTRE OTROS, TELÉFONOS, FAXES Y HERRAMIENTAS DE INTERNET PARA LA OBTENCIÓN DE FINANCIAMIENTO O EN APOYO A LA REALIZACIÓN DE CUALQUIER OTRO ACTO DE PRECAMPAÑA;
REBASAR EL PERÍODO PARA ACTOS DE PRECAMPAÑA AUTORIZADO Y REBASAR EL TOPE MÁXIMO DE GASTOS DE PRECAMPAÑA ESTABLECIDO;

EMPLEAR O UTILIZAR RECURSOS, EN DINERO O EN ESPECIE, POR SÍ O A TRAVÉS DE INTERPÓSITA PERSONA, CUALQUIERA QUE SEA SU ORIGEN, ANTES DE QUE INICIE LA PRECAMPAÑA; CONTRATAR PUBLICIDAD EN LOS MEDIOS DE COMUNICACIÓN SOCIAL, POR SÍ O POR INTERPÓSITA PERSONA; FIJAR SU PROPAGANDA EN CONTRAVENCIÓN A LO ESTABLECIDO EN EL CÓDIGO; UTILIZAR EN SU PROPAGANDA SÍMBOLOS, DISTINTIVOS, EMBLEMAS, IMÁGENES O FIGURAS CON MOTIVO RELIGIOSO; Y UTILIZAR EXPRESIONES VERBALES O ESCRITOS CONTRARIOS A LA MORAL, QUE INJURIEN A LAS AUTORIDADES, A LOS DEMÁS PARTIDOS POLÍTICOS O PRECANDIDATOS, O QUE TIENDAN A INCITAR A LA VIOLENCIA Y AL DESORDEN PÚBLICO.

ARTÍCULO 202.-
ANTES DE LA FECHA DEL INICIO DE LAS PRECAMPAÑAS NINGÚN CIUDADANO QUE PRETENDA SER PRECANDIDATO A UN CARGO DE ELECCIÓN POPULAR Y PARTICIPE EN LOS PROCESOS DE SELECCIÓN INTERNA CONVOCADOS POR CADA PARTIDO POLÍTICO, PODRÁ REALIZAR ACTIVIDADES PROPAGANDÍSTICAS Y PUBLICITARIAS CON EL PROPÓSITO INEQUÍVOCO DE SU POSTULACIÓN. EL INCUMPLIMIENTO DE ESTA DISPOSICIÓN SE SANCIONARÁ CON LA NEGATIVA DE REGISTRO COMO CANDIDATO, EN TODO CASO, ANTES DE TOMAR ESTA DETERMINACIÓN EL CONSEJO ESTATAL ELECTORAL RESPETARA LA GARANTÍA DE AUDIENCIA.
LOS ACTOS ANTICIPADOS DE PRECAMPAÑA O CAMPAÑA PODRÁN SER DENUNCIADOS POR LOS REPRESENTANTES DE LOS PARTIDOS POLÍTICOS O COALICIONES ACREDITADOS ANTE EL CONSEJO ESTATAL ELECTORAL, OFRECIENDO LAS CONSTANCIAS O PRUEBAS PERTINENTES PARA ACREDITAR SU DICHO. LA DENUNCIA SERÁ INVESTIGADA Y EVALUADA POR EL CONSEJO ESTATAL ELECTORAL, QUIEN RESOLVERÁ LO PROCEDENTE.

ARTÍCULO 204.-

EL CONSEJO ESTATAL ELECTORAL PREVIO AL INICIO DEL PROCESO ELECTORAL DETERMINARÁ LOS TOPES DE GASTO DE PRECAMPAÑA POR PRECANDIDATO Y TIPO DE ELECCIÓN, CONFORME A LAS SIGUIENTES BASES; EL TOPE SERÁ EQUIVALENTE HASTA EL VEINTE POR CIENTO DEL ESTABLECIDO PARA LAS CAMPAÑAS INMEDIATAS ANTERIORES, SEGÚN LA ELECCIÓN DE QUE SE TRATE.

LOS PRECANDIDATOS DEBERÁN PRESENTAR UN INFORME DE INGRESOS Y GASTOS DE PRECAMPAÑA.

SI EL PRECANDIDATO QUE HUBIESE OBTENIDO LA CANDIDATURA, REBASA EL TOPE DE CAMPAÑA O INCUMPLE LA OBLIGACIÓN DE ENTREGAR SU INFORME DE INGRESOS Y GASTOS DE PRECAMPAÑA DENTRO DEL PLAZO SEÑALADO, SERÁ SANCIONADO POR EL CONSEJO ESTATAL ELECTORAL CON LA NEGATIVA DEL REGISTRO COMO CANDIDATO, O EN SU CASO, CON LA PÉRDIDA DE LA CANDIDATURA.

LOS PRECANDIDATOS QUE NO CUMPLAN CON LA PRESENTACIÓN DEL INFORME DE INGRESO-GASTO DE PRECAMPAÑA, SERÁN SANCIONADOS POR EL INSTITUTO ESTATAL ELECTORAL EN LOS TÉRMINOS DEL PRESENTE CÓDIGO.

EN CASO DE LA CANCELACIÓN DE UNA CANDIDATURA LOS PARTIDOS CONSERVAN EL DERECHO DE REALIZAR LAS SUSTITUCIONES QUE PROCEDAN.

ARTÍCULO 205.-

LOS PARTIDOS POLÍTICOS DEBERÁN INTEGRAR UN INFORME ESPECIAL SOBRE LOS DE INGRESOS Y GASTOS DESTINADOS A LA REALIZACIÓN DE SUS PROCESOS DE SELECCIÓN INTERNA Y PRECAMPAÑAS. DICHO INFORME DEBERÁ PRESENTARSE AL INSTITUTO ESTATAL ELECTORAL DENTRO DE LOS TREINTA DÍAS POSTERIORES A LA CONCLUSIÓN DE LOS PROCESOS INTERNOS DE SELECCIÓN DE CANDIDATOS.

EN EL INFORME SE DEBERÁ DAR CUENTA DE LOS INGRESOS Y GASTOS CORRESPONDIENTES A CADA UNO DE LOS

PRECANDIDATOS QUE HAYAN PARTICIPADO EN SUS PRECAMPAÑAS Y DE LOS GASTOS EFECTUADOS POR EL PARTIDO POLÍTICO CON MOTIVO DE LA PRECAMPAÑA.

EN CASO DE QUE UN PRECANDIDATO INCUMPLA LA OBLIGACIÓN DE PRESENTAR SU RESPECTIVO INFORME, EL PARTIDO POLÍTICO INFORMARA AL INSTITUTO ESTATAL ELECTORAL PARA LOS EFECTOS LEGALES PROCEDENTES.

EL CONSEJO ESTATAL ELECTORAL NORMARA LOS PROCEDIMIENTOS EXPEDITOS PARA LA PRESENTACIÓN, REVISIÓN Y SOLVENTACIÓN DE LOS INFORMES DE INGRESOS Y GASTOS DE PRECAMPAÑA DE LOS PRECANDIDATOS.

NAYARIT

CAPÍTULO II
DE LAS PRECAMPAÑAS Y DEL PROCEDIMIENTO
DE REGISTRO DE CANDIDATOS
ARTÍCULO 137 A.-

LOS PARTIDOS POLÍTICOS O COALICIONES CELEBRARÁN PROCESOS INTERNOS DE SELECCIÓN DE CANDIDATOS A LOS CARGOS DE ELECCIÓN POPULAR, CONFORME A SUS NORMAS ESTATUTARIAS Y CON ARREGLO A LAS SIGUIENTES BASES:

I.- SE CONSIDERA PRECAMPAÑA ELECTORAL LAS ACTIVIDADES COMPRENDIDAS DENTRO DE LOS PROCESOS INTERNOS DE SELECCIÓN DE CANDIDATOS REALIZADAS, A CONVOCATORIA DE LOS PARTIDOS O COALICIONES, POR LOS ASPIRANTES A GOBERNADOR, DIPUTADOS Y AYUNTAMIENTOS. POR NINGÚN MOTIVO, LAS PRECAMPAÑAS EXCEDERÁN A UN TÉRMINO DE 45 DÍAS NATURALES, A CONTAR DESDE LA NOTIFICACIÓN DE LA CONVOCATORIA AL ÓRGANO ESTATAL ELECTORAL, DEBIENDO CONCLUIR A MÁS TARDAR 15 DÍAS ANTES DEL INICIO DEL PERIODO DE SOLICITUD DE REGISTRO DE CANDIDATOS.

II.- LOS PROCESOS INTERNOS DE SELECCIÓN DE CANDIDATOS SE SUPERVISARÁN DE LA SIGUIENTE MANERA:

A.- EL ASPIRANTE A UNA CANDIDATURA DEBERÁ COMUNICARLO AL PARTIDO POLÍTICO EN LOS TÉRMINOS QUE SEÑALEN SUS ESTATUTOS O ACUERDOS, OBTENIENDO LA AUTORIZACIÓN CORRESPONDIENTE. LOS PARTIDOS POLÍTICOS, A TRAVÉS DE SUS ÓRGANOS COMPETENTES, INFORMARÁN AL CONSEJO ESTATAL ELECTORAL EL INICIO DE SUS PROCESOS DE POSTULACIÓN, A MÁS TARDAR 3 DÍAS ANTES DE QUE ÉSTOS INICIEN, REMITIENDO LA CONVOCATORIA QUE REGIRÁ SUS TRABAJOS.

B.- AL MISMO TIEMPO EL PARTIDO POLÍTICO O COALICIÓN ADJUNTARÁN AL INFORME Y CONVOCATORIA, UNA LISTA CON EL NOMBRE DE LOS ASPIRANTES Y LAS RESPECTIVAS COPIAS

DE LOS ESCRITOS DE SOLICITUD, EXPOSICIÓN DE MOTIVOS, PROGRAMA DE TRABAJO, ACREDITACIÓN DE UN REPRESENTANTE PERSONAL DEL ASPIRANTE, ASÍ COMO DE ÉL O LOS RESPONSABLES DE SU COMITÉ DE FINANCIAMIENTO Y EL DOMICILIO PARA OIR Y RECIBIR NOTIFICACIONES POR PARTE DEL ASPIRANTE.

C.- EL CONSEJO ELECTORAL DEL ESTADO, CONFORME A LAS DISPOSICIONES DE ESTA LEY, EMITIRÁ OPORTUNAMENTE LOS ACUERDOS PARA LA DEBIDA FISCALIZACIÓN DE LOS RECURSOS QUE SE VAYAN A UTILIZAR Y EJERCER POR LOS ASPIRANTES EN LOS PROCESOS DE SELECCIÓN DE CANDIDATOS.

D.-LA PROPAGANDA Y LOS DIFERENTES TIPOS DE PROSELITISMO QUE SE REALICEN POR PARTE DE LOS ASPIRANTES, SE AJUSTARÁN A LO DISPUESTO POR ESTA LEY EN CUANTO A LAS CAMPAÑAS ELECTORALES CORRESPONDA.

E.- QUEDA PROHIBIDO A LOS ASPIRANTES: HACER PROSELITISMO PARA LA OBTENCIÓN DE UNA CANDIDATURA A ALGÚN CARGO DE ELECCIÓN POPULAR, FUERA DE LOS PROCESOS INTERNOS EN LOS TÉRMINOS DE ESTA LEY; UTILIZAR LOS EMBLEMAS O LEMAS DE ALGÚN PARTIDO O COALICIÓN, SIN HABER OBTENIDO EL PERMISO CORRESPONDIENTE, ASÍ COMO A UTILIZAR EN SU FAVOR RECURSOS PÚBLICOS O PROGRAMAS DE CARÁCTER SOCIAL EN BENEFICIO DE SU IMAGEN AL REALIZAR ACTIVIDADES DE PROSELITISMO. EN EL CASO DE QUE EL ASPIRANTE OSTENTE PREVIAMENTE ALGÚN CARGO COMO SERVIDOR PÚBLICO, NO PODRÁ UTILIZAR LOS BIENES O RECURSOS, NI PUBLICITAR LOS PROGRAMAS O LA OBRA PÚBLICA EN SU PROPIO BENEFICIO, SIN MENOSCABO DE LAS SANCIONES PENALES QUE LE RESULTEN APLICABLES.

III.- A SOLICITUD DEL PARTIDO POLÍTICO O COALICIÓN, EL CONSEJO ESTATAL ELECTORAL PODRÁ ORGANIZAR LOS PROCESOS DE SELECCIÓN DE CANDIDATOS O DE COADYUVAR

EN SU REALIZACIÓN, CONFORME A LO DISPUESTO EN SUS NORMAS ESTATUTARIAS Y ESTA LEY.

ARTÍCULO 137 B.-

LOS GASTOS DE PRECAMPAÑAS Y LA PROPAGANDA CORRERÁN A CARGO DEL ASPIRANTE, EN TANTO QUE AL PARTIDO POLÍTICO LE CORRESPONDERÁ EN SUS ASPECTOS SOLAMENTE OPERATIVOS, CUANDO ÉSTE ÚLTIMO ASÍ LO DETERMINE POR CONDUCTO DE SUS ÓRGANOS COMPETENTES.

LOS RECURSOS DE TODA ÍNDOLE QUE OBTENGAN Y DESTINEN LOS ASPIRANTES A CARGOS DE ELECCIÓN O PARA LA RENOVACIÓN DE LAS DIRIGENCIAS, DIVERSOS A LOS PROVENIENTES DE LOS PROPIOS PARTIDOS POLÍTICOS, NO SERÁN CONTABILIZADOS COMO RECURSOS DE LOS PARTIDOS, PERO SERÁN OBJETO DE REGULACIÓN Y FISCALIZACIÓN INTERNA Y DE LAS AUTORIDADES ELECTORALES, EN SU CASO. POR NINGÚN MOTIVO SE APLICARÁN A LAS PRECAMPAÑAS LOS RECURSOS DE FINANCIAMIENTO PÚBLICO ESTATAL.

HABRÁ UN REGISTRO CONTABLE DEL INGRESO Y GASTO CON BASE EN EL INFORME QUE AL EFECTO PRESENTEN LOS ASPIRANTES AL INTERIOR DEL PARTIDO O COALICIÓN.

LOS PARTIDOS O COALICIONES PRESENTARÁN, DENTRO DE LOS 15 DÍAS NATURALES POSTERIORES AL REGISTRO DE CANDIDATOS, UN INFORME AL CONSEJO ESTATAL ELECTORAL SOBRE LAS FUENTES DE INGRESO Y GASTO EFECTUADOS EN EL PROCESO DE SELECCIÓN DE CANDIDATOS.

LOS INFORMES DE LOS ASPIRANTES, PARTIDOS O COALICIONES SE HARÁN PÚBLICOS, CONFORME A LOS LINEAMIENTOS QUE APRUEBE EL CONSEJO.

LAS APORTACIONES DE PERSONAS FÍSICAS O JURÍDICAS QUE SE DESTINEN A LAS PRECAMPAÑAS DE LOS ASPIRANTES, EN NINGÚN CASO EXCEDERÁN AL EQUIVALENTE DE 300 VECES EL SALARIO MÍNIMO GENERAL DIARIO VIGENTE EN LA ENTIDAD,

EXPIDIÉNDOSE EL RECIBO FOLIADO Y CON LA IDENTIFICACIÓN CORRESPONDIENTE.

EN LOS CASOS DE COLECTAS PÚBLICAS, SÓLO DEBERÁN REPORTARSE EN EL INFORME CORRESPONDIENTE, EL MONTO TOTAL OBTENIDO; DE EXCEDER ÉSTE MONTO A DOS APORTACIONES PERSONALES, DEBERÁN JUSTIFICAR SU PROCEDENCIA, EN LOS TÉRMINOS DEL PÁRRAFO ANTERIOR.

LAS APORTACIONES EN ESPECIE SE HARÁN CONSTAR POR ESCRITO EN CONTRATOS CELEBRADOS CONFORME A LAS LEYES APLICABLES; TRATÁNDOSE DE BIENES MUEBLES E INMUEBLES, ÉSTOS DEBERÁN DESTINARSE ÚNICA Y EXCLUSIVAMENTE AL CUMPLIMIENTO DEL OBJETO DEL PROCESO INTERNO DE SELECCIÓN DE CANDIDATOS.

ARTÍCULO 138 .-
CORRESPONDE EXCLUSIVAMENTE A LOS PARTIDOS POLÍTICOS ACREDITADOS ANTE EL CONSEJO ESTATAL ELECTORAL, EL DERECHO DE SOLICITAR REGISTRO DE CANDIDATOS A CARGOS DE ELECCIÓN POPULAR. LOS PARTIDOS POLÍTICOS SERÁN RESPONSABLES DE LOS ACTOS DE SUS PROPIOS CANDIDATOS.

PARA EL REGISTRO DE CANDIDATOS A TODO CARGO DE ELECCIÓN POPULAR, EL PARTIDO POLÍTICO POSTULANTE DEBERÁ PRESENTAR Y OBTENER PREVIAMENTE EL REGISTRO DE LA PLATAFORMA ELECTORAL QUE SUS CANDIDATOS SOSTENDRÁN EN EL DESARROLLO DE LAS CAMPAÑAS POLÍTICAS.

LA PLATAFORMA ELECTORAL DEBERÁ PRESENTARSE PARA SU REGISTRO ANTE EL CONSEJO ESTATAL ELECTORAL, EN LOS PRIMEROS DIEZ DÍAS DEL MES DE MARZO DEL AÑO DE LA ELECCIÓN. DEL REGISTRO SE EXPEDIRÁ LA CONSTANCIA CORRESPONDIENTE.

ARTÍCULO 139.-

LA SOLICITUD DEL REGISTRO DE CANDIDATURAS PRESENTADA POR UN PARTIDO POLÍTICO O COALICIÓN, DEBERÁN INDICAR LOS DATOS SIGUIENTES:

L. DEL PARTIDO:

A) LA DENOMINACIÓN DEL PARTIDO POLÍTICO O COALICIÓN POSTULANTE;

II. DEL CANDIDATO:

A) NOMBRE Y APELLIDOS DE LOS CANDIDATOS;

B) LUGAR Y FECHA DE NACIMIENTO, VECINDAD Y DOMICILIO;

C) CARGO PARA EL CUAL SE LE POSTULA;

D) OCUPACIÓN;

E) CLAVE Y AÑO DE REGISTRO DE LA CREDENCIAL PARA VOTAR;

III. LA FIRMA DE LOS FUNCIONARIOS AUTORIZADOS, POR LOS ESTATUTOS, DEL PARTIDO

POLÍTICO O POR EL CONVENIO DE LA COALICIÓN POSTULANTE;

IV. ADEMÁS SE ACOMPAÑARÁN LOS DOCUMENTOS QUE LE PERMITAN:

A) ACREDITAR LOS REQUISITOS DE ELEGIBILIDAD DEL CANDIDATO O CANDIDATOS, DE

CONFORMIDAD CON LA CONSTITUCIÓN POLÍTICA DEL ESTADO;

B) ACREDITAR EL CUMPLIMIENTO DEL PROCEDIMIENTO QUE PARA LA SELECCIÓN INTERNA SEÑALA ESTA LEY A LOS PARTIDOS POLÍTICOS;

C) APORTAR LOS DOCUMENTOS QUE PRUEBEN LA ACEPTACIÓN DE LA CANDIDATURA FIRMADA POR EL CANDIDATO PROPUESTO; COPIA CERTIFICADA DEL ACTA DE NACIMIENTO DEL CANDIDATO; FOTOCOPIA CERTIFICADA DE LA CREDENCIAL PARA VOTAR Y CONSTANCIA DE RESIDENCIA EXPEDIDA POR LA AUTORIDAD COMPETENTE.

ARTÍCULO 140.-

LOS PLAZOS PARA LA PRESENTACIÓN DE LA SOLICITUD DE REGISTRO DE LOS CANDIDATOS EN EL AÑO DE LA ELECCIÓN SON LOS SIGUIENTES:

L. PARA GOBERNADOR DEL ESTADO EL REGISTRO SE HARÁ DEL 16 AL 30 DEL MES DE

MARZO;

II. PARA AYUNTAMIENTOS, DEL 1º AL 15 DE ABRIL;

III. PARA EL REGISTRO DE LAS FÓRMULAS DE CANDIDATOS A DIPUTADOS DE MAYORÍA, DEL 16 AL 30 DE ABRIL; Y

IV. PARA LAS LISTAS DE DIPUTADOS Y REGIDORES DE REPRESENTACIÓN PROPORCIONAL, DEL 1º AL 5 DE MAYO.

ARTÍCULO 141.-

RECIBIDA UNA SOLICITUD DE REGISTRO DE CANDIDATURAS POR EL PRESIDENTE DEL CONSEJO ELECTORAL QUE CORRESPONDA, SE VERIFICARÁ DENTRO DE LOS TRES DÍAS SIGUIENTES, QUE SE CUMPLIÓ CON TODOS LOS REQUISITOS DE ESTA LEY.

SI DE LA VERIFICACIÓN REALIZADA SE ADVIERTE QUE SE OMITIÓ EL CUMPLIMIENTO DE UNO O VARIOS REQUISITOS, SE NOTIFICARÁ POR ESCRITO AL PARTIDO POLÍTICO CORRESPONDIENTE PARA QUE DENTRO DE LAS CUARENTA Y OCHO HORAS SIGUIENTES SUBSANE EL O LOS REQUISITOS OMITIDOS.

EL CONSEJO ESTATAL ELECTORAL Y LOS CONSEJOS MUNICIPALES ELECTORALES QUE CORRESPONDA, CELEBRARÁN SESIÓN A LOS CINCO DÍAS DE CERRADO EL PLAZO DE REGISTRO, CUYO ÚNICO OBJETO SERÁ REGISTRAR OFICIALMENTE LAS CANDIDATURAS QUE PROCEDAN.

ARTÍCULO 142.-

DENTRO DE LOS PLAZOS ESTABLECIDOS LOS PARTIDOS PODRÁN SUSTITUIR LIBREMENTE A LOS CANDIDATOS CUYO REGISTRO HUBIESEN SOLICITADO. CONCLUIDOS AQUELLOS, EL CONSEJO ELECTORAL CORRESPONDIENTE SÓLO HARÁ SUSTITUCIÓN DE CANDIDATOS POR CAUSA DE MUERTE, INHABILITACIÓN O INCAPACIDAD. LOS PARTIDOS POLÍTICOS NO PODRÁN SOLICITAR ANTE EL CONSEJO RESPECTIVO, FUERA

DE LOS CASOS PREVISTOS, LA CANCELACIÓN DEL REGISTRO DE UNO O VARIOS CANDIDATOS.

TODO CANDIDATO A CARGO DE ELECCIÓN, PUEDE SOLICITAR EN TODO TIEMPO LA CANCELACIÓN DE SU REGISTRO, REQUIRIENDO TAN SÓLO DAR AVISO AL CONSEJO ELECTORAL QUE LO REGISTRÓ, EL QUE NOTIFICARÁ ESTE HECHO AL PARTIDO QUE LO REGISTRÓ PARA LOS EFECTOS CORRESPONDIENTES.

ARTÍCULO 143.-

LOS PRESIDENTES DE LOS CONSEJOS MUNICIPALES ELECTORALES COMUNICARÁN AL CONSEJO ESTATAL ELECTORAL EL REGISTRO DE LOS CANDIDATOS QUE HUBIESEN EFECTUADO, DENTRO DE LAS 24 HORAS SIGUIENTES A LA FECHA EN QUE SE HAYA REALIZADO.

ARTÍCULO 144.-

EL CONSEJO ESTATAL ELECTORAL ENVIARÁ PARA SU PUBLICACIÓN EN EL PERIÓDICO OFICIAL DEL ESTADO LAS LISTAS DE CANDIDATOS REGISTRADOS ANTE LOS CONSEJOS ELECTORALES PARA GOBERNADOR DEL ESTADO, DIPUTADOS DE MAYORÍA RELATIVA, DIPUTADOS DE REPRESENTACIÓN PROPORCIONAL, PRESIDENTES MUNICIPALES, SÍNDICOS Y REGIDORES DE MAYORÍA RELATIVA DE LOS AYUNTAMIENTOS, Y LISTAS DE REGIDORES DE REPRESENTACIÓN PROPORCIONAL. EN CASO DE SUSTITUCIÓN DE CANDIDATOS LA PUBLICACIÓN SE HARÁ EN LA MISMA FORMA A MÁS TARDAR TRES DÍAS DESPUÉS DEL ACUERDO RESPECTIVO.

NUEVO LEON

TÍTULO PRIMERO
DE LOS ACTOS PREVIOS A LA ELECCIÓN
CAPÍTULO PRIMERO
ARTÍCULO 110 BIS 1.

CADA PARTIDO POLÍTICO O COALICIÓN DETERMINARÁ, CONFORME A SUS ESTATUTOS O CONVENIO RESPECTIVO, EL PROCEDIMIENTO APLICABLE PARA LA SELECCIÓN DE SUS CANDIDATOS A CARGOS DE ELECCIÓN POPULAR, SEGÚN LA ELECCIÓN DE QUE SE TRATE. LA DETERMINACIÓN DEBERÁ SER COMUNICADA A LA COMISIÓN ESTATAL ELECTORAL DENTRO DE LAS SETENTA Y DOS HORAS SIGUIENTES A SU APROBACIÓN, SEÑALANDO LA FECHA DE INICIO DEL PROCESO INTERNO; EL MÉTODO O MÉTODOS QUE SERÁN UTILIZADOS; LA FECHA PARA LA EXPEDICIÓN DE LA CONVOCATORIA CORRESPONDIENTE; LOS PLAZOS QUE COMPRENDERÁ CADA FASE DEL PROCESO INTERNO; LOS ÓRGANOS DE DIRECCIÓN RESPONSABLES DE SU CONDUCCIÓN Y VIGILANCIA; LA FECHA DE CELEBRACIÓN DE LA ASAMBLEA ELECTORAL ESTATAL, DISTRITAL O MUNICIPAL O EN SU CASO, DE REALIZACIÓN DE LA JORNADA COMICIAL INTERNA, CONFORME A LO SIGUIENTE:

A) DURANTE LOS PROCESOS ELECTORALES EN LOS QUE SE RENUEVEN EL GOBERNADOR, EL CONGRESO DEL ESTADO Y AYUNTAMIENTOS, LAS PRECAMPAÑAS PODRÁN DAR INICIO A PARTIR DEL QUINCE DE ENERO DEL AÑO DE LA ELECCIÓN; ÉSTAS NO PODRÁN DURAR MÁS DE LAS DOS TERCERAS PARTES DE LA DURACIÓN DE LA CAMPAÑA ELECTORAL;

B) DURANTE LOS PROCESOS ELECTORALES EN LOS QUE SE RENUEVEN EL CONGRESO DEL ESTADO Y AYUNTAMIENTOS, LAS PRECAMPAÑAS PODRÁN DAR INICIO A PARTIR DEL QUINCE

DE FEBRERO DEL AÑO DE LA ELECCIÓN; ÉSTAS NO PODRÁN DURAR MÁS DE LAS DOS TERCERAS PARTES DE LA DURACIÓN DE LA CAMPAÑA ELECTORAL; Y

C) TRATÁNDOSE DE PRECAMPAÑAS, DARÁN INICIO AL DÍA SIGUIENTE DE QUE SE APRUEBE EL REGISTRO INTERNO DE LOS PRECANDIDATOS.

ARTÍCULO 110 BIS 2.

LOS ASPIRANTES O PRECANDIDATOS A CARGOS DE ELECCIÓN POPULAR QUE PARTICIPEN EN LOS PROCESOS DE SELECCIÓN INTERNA CONVOCADOS POR CADA PARTIDO NO PODRÁN REALIZAR ACTIVIDADES DE PROSELITISMO O DE DIFUSIÓN DE PROPAGANDA, POR NINGÚN MEDIO, ANTES DE LA FECHA DE INICIO DE LAS PRECAMPAÑAS; LA VIOLACIÓN A ESTA DISPOSICIÓN SE SANCIONARÁ CON LA NEGATIVA DE REGISTRO COMO PRECANDIDATO.

ARTÍCULO 110 BIS 4.

QUEDA PROHIBIDO A LOS ASPIRANTES O PRECANDIDATOS A CARGOS DE ELECCIÓN POPULAR, EN TODO TIEMPO, LA CONTRATACIÓN DE PROPAGANDA O CUALQUIER FORMA DE PROMOCIÓN PERSONAL EN RADIO Y TELEVISIÓN. LA VIOLACIÓN A ESTA DISPOSICIÓN SE SANCIONARÁ CON LA NEGATIVA DE REGISTRO COMO PRECANDIDATO, O EN SU CASO CON LA CANCELACIÓN DE DICHO REGISTRO. DE COMPROBARSE LA VIOLACIÓN A ESTA NORMA EN FECHA POSTERIOR A LA DE POSTULACIÓN DEL CANDIDATO POR EL PARTIDO DE QUE SE TRATE, LA COMISIÓN ESTATAL ELECTORAL NEGARÁ EL REGISTRO LEGAL DEL INFRACTOR.
LA COMISIÓN ESTATAL ELECTORAL TENDRÁ A SU CARGO VIGILAR QUE LA PROPAGANDA ELECTORAL DE LAS PRECAMPAÑAS NO SE COLOQUE EN LA VÍA PÚBLICA NI EN LUGARES PÚBLICOS DE USO COMÚN, AÚN CUANDO ÉSTOS SE ENCUENTREN CONCESIONADOS O EN ARRENDAMIENTO A

PARTICULARES. EN CASO DE INCUMPLIMIENTO A ESTA DISPOSICIÓN O A CUALQUIER OTRA APLICABLE Y RELATIVA A LA REGULACIÓN DE ESTA LEY, LA COMISIÓN ESTATAL ELECTORAL DEBERÁ REQUERIR POR ESCRITO TANTO AL PARTIDO POLÍTICO O COALICIÓN COMO AL PRECANDIDATO, A QUE SE RETIRE DICHA PROPAGANDA ELECTORAL EN UN TÉRMINO PERENTORIO DE SETENTA Y DOS HORAS; DE NO HACERLO ASÍ, MANDARÁ RETIRAR DICHA PROPAGANDA DE FORMA INMEDIATA. EL COSTO QUE SE ORIGINE SERÁ CON CARGO AL PRECANDIDATO QUE NO HAYA RETIRADO SU PROPAGANDA, PERO SI NO ES CUBIERTA POR ÉSTE EN UN PLAZO DE SETENTA Y DOS HORAS A QUE SEA REQUERIDO, SERÁ DEDUCIDA DEL FINANCIAMIENTO PÚBLICO DEL PARTIDO POLÍTICO CO-RRESPONDIENTE, COMO AVAL SOLIDARIO.

ELECTORAL UTILIZADA DURANTE LAS PRECAMPAÑAS DENTRO DE UN PLAZO DE SETENTA Y DOS HORAS DESPUÉS DE CELEBRADAS LAS ELECCIONES INTERNAS CORRESPONDIENTES. EN CASO CONTRARIO, SI EL PRECANDIDATO HUBIESE SIDO ELECTO COMO CANDIDATO DEL PARTIDO POLÍTICO O COALICIÓN CORRESPONDIENTE, SE ENTENDERÁ QUE INCURRE EN CAMPAÑA ANTICIPADA. EN TODO CASO, LA COMISIÓN ESTATAL ELECTORAL INICIARÁ DE OFICIO EL PROCEDIMIENTO DE FINCAMIENTO DE RESPONSABILIDAD QUE CORRESPONDA.

ARTÍCULO 110 BIS 5.
SE ENTIENDE POR PRECAMPAÑA ELECTORAL EL CONJUNTO DE ACTOS QUE REALIZAN LOS PARTIDOS POLÍTICOS, SUS MILITANTES Y LOS PRECANDIDATOS A CARGOS DE ELECCIÓN POPULAR DEBIDAMENTE REGISTRADOS POR CADA PARTIDO POLÍTICO.

SE ENTIENDE POR ACTOS DE PRECAMPAÑA ELECTORAL LAS REUNIONES PÚBLICAS, ASAMBLEAS, MARCHAS Y EN GENERAL

AQUELLOS EN LOS QUE LOS PRECANDIDATOS SE DIRIGEN A LOS AFILIADOS, SIMPATIZANTES O AL ELECTORADO EN GENERAL, DURANTE EL PERÍODO ESTABLECIDO POR ESTA LEY Y EL QUE SEÑALE LA CONVOCATORIA RESPECTIVA, CON EL OBJETIVO DE OBTENER SU RESPALDO PARA SER POSTULADO COMO CANDIDATO A UN CARGO DE ELECCIÓN POPULAR.

SE ENTIENDE POR PROPAGANDA DE PRECAMPAÑA EL CONJUNTO DE ESCRITOS, PUBLICACIONES, IMÁGENES, GRABACIONES, PROYECCIONES Y EXPRESIONES QUE DURANTE EL PERIODO ESTABLECIDO POR ESTA LEY Y EL QUE SEÑALE LA CONVOCATORIA RESPECTIVA DIFUNDEN LOS PRECANDIDATOS A CARGOS DE ELECCIÓN POPULAR CON EL PROPÓSITO DE DAR A CONOCER SU PRECANDIDATURA.

PRECANDIDATO ES EL CIUDADANO DEBIDAMENTE REGISTRADO QUE PRETENDE SER POSTULADO POR UN PARTIDO POLÍTICO COMO CANDIDATO A CARGO DE ELECCIÓN POPULAR, CONFORME A ESTA LEY Y A LOS ESTATUTOS DE UN PARTIDO POLÍTICO, EN EL PROCESO DE SELECCIÓN INTERNA DE CANDIDATOS A CARGOS DE ELECCIÓN POPULAR.

ASPIRANTE ES EL CIUDADANO QUE REALIZA ACTIVIDADES DE PROSELITISMO O DIFUSIÓN DE PROPAGANDA ANTES DE LA FECHA DEL INICIO DE LAS PRECAMPAÑAS, O EXPRESA PÚBLICAMENTE SU INTENCIÓN EN CONTENDER POR UN CARGO DE ELECCIÓN POPULAR.
NINGÚN CIUDADANO PODRÁ PARTICIPAR SIMULTÁNEAMENTE EN PROCESOS DE SELECCIÓN INTERNA DE CANDIDATOS A CARGOS DE ELECCIÓN POPULAR POR DIFERENTES PARTIDOS POLÍTICOS, SALVO QUE ENTRE ELLOS MEDIE CONVENIO PARA PARTICIPAR EN COALICIÓN.

ARTÍCULO 110 BIS 6.

LOS PARTIDOS POLÍTICOS, CONFORME A SUS ESTATUTOS, DEBERÁN ESTABLECER EL ÓRGANO INTERNO RESPONSABLE DE LA ORGANIZACIÓN DE LOS PROCESOS DE SELECCIÓN DE SUS CANDIDATOS Y, EN SU CASO DE LAS PRECAMPAÑAS.

LOS MILITANTES O PRECANDIDATOS PODRÁN IMPUGNAR, ANTE EL ÓRGANO INTERNO COMPETENTE, LOS REGLAMENTOS Y CONVOCATORIAS; LA INTEGRACIÓN DE LOS ÓRGANOS RESPONSABLES DE CONDUCIR LOS PROCESOS INTERNOS, LOS ACUERDOS Y RESOLUCIONES QUE ADOPTEN, Y EN GENERAL LOS ACTOS QUE REALICEN LOS ÓRGANOS DIRECTI-VOS, O SUS INTEGRANTES, CUANDO DE LOS MISMOS SE DESPRENDA LA VIOLACIÓN DE LAS NORMAS QUE RIJAN LOS PROCESOS DE SELECCIÓN DE CANDIDATOS A CARGOS DE ELECCIÓN POPULAR. CADA PARTIDO POLÍTICO EMITIRÁ UN REGLAMENTO INTERNO EN EL QUE SE NORMARÁN LOS PROCEDIMIENTOS Y PLAZOS PARA LA RESOLUCIÓN DE TALES CONTROVERSIAS, SIEMPRE SERÁ VÁLIDO, EN CASO DE PARTIDOS POLÍTICOS NACIONALES EL EMITIDO POR SUS ÓRGANOS COMPETENTES PARA LAS ELECCIONES DE GOBERNADOR, DIPUTADOS LOCALES Y AYUNTAMIENTOS EN LA ENTIDAD.

LOS MEDIOS DE IMPUGNACIÓN INTERNOS QUE SE INTERPONGAN CON MOTIVO DE LOS RESULTADOS DE LOS PROCESOS DE SELECCIÓN INTERNA DE CANDIDATOS A CARGOS DE ELECCIÓN POPULAR DEBERÁN QUEDAR RESUELTOS EN DEFINITIVA A MÁS TARDAR CATORCE DÍAS DESPUÉS DE LA FECHA DE REALIZACIÓN DE LA CONSULTA MEDIANTE VOTO DIRECTO, O DE LA ASAMBLEA EN QUE SE HAYA ADOPTADO LA DECISIÓN SOBRE CANDIDATURAS.

LOS MEDIOS DE IMPUGNACIÓN QUE PRESENTEN LOS PRECANDIDATOS DEBIDAMENTE REGISTRADOS EN CONTRA DE LOS RESULTADOS DE ELECCIONES INTERNAS, O DE LA

ASAMBLEA EN QUE SE HAYAN ADOPTADO DECISIONES SOBRE CANDIDATURAS, SE PRESENTARÁN ANTE EL ÓRGANO INTERNO COMPETENTE A MÁS TARDAR DENTRO DE LOS CUATRO DÍAS SIGUIENTES A LA EMISIÓN DEL RESULTADO O A LA CONCLUSIÓN DE LA ASAMBLEA.

SOLAMENTE LOS PRECANDIDATOS DEBIDAMENTE REGISTRADOS POR EL PARTIDO DE QUE SE TRATE PODRÁN IMPUGNAR EL RESULTADO DEL PROCESO DE SELECCIÓN DE CANDIDATOS EN QUE HAYAN PARTICIPADO.

ES COMPETENCIA DIRECTA DE CADA PARTIDO POLÍTICO A TRAVÉS DEL ÓRGANO ESTABLECIDO EN LOS ESTATUTOS, O POR EL REGLAMENTO O CONVOCATORIA CORRESPON-DIENTE, NEGAR O CANCELAR EL REGISTRO A LOS PRECANDIDATOS QUE INCURRAN EN CONDUCTAS CONTRARIAS A ESTA LEY O A LAS NORMAS QUE RIJAN EL PROCESO INTERNO, ASÍ COMO CONFIRMAR O MODIFICAR SUS RESULTADOS, O DECLARAR LA NULIDAD DE TODO EL PROCESO INTERNO DE SELECCIÓN, APLICANDO EN TODO CASO LOS PRINCIPIOS LEGALES Y LAS NORMAS ESTABLECIDAS EN SUS ESTATUTOS O EN LOS REGLAMENTOS Y CONVOCATORIAS RESPECTIVAS. LAS DECISIONES QUE ADOPTEN LOS ÓRGANOS COMPETENTES DE CADA PARTIDO POLÍTICO PODRÁN SER RECURRIDAS POR LOS ASPIRANTES O PRECANDIDATOS ANTE EL TRIBUNAL ELECTORAL, UNA VEZ AGOTADOS LOS PROCEDIMIENTOS INTERNOS.

ARTÍCULO 110 BIS 7.
A MÁS TARDAR EN EL MES DE NOVIEMBRE DEL AÑO PREVIO A LA ELECCIÓN, LA COMISIÓN ESTATAL ELECTORAL DETERMINARÁ LOS TOPES DE GASTO DE PRECAMPAÑA POR PRECANDIDATO Y TIPO DE ELECCIÓN PARA LA QUE PRETENDA SER POSTULADO. EN TODO CASO, EL MONTO POR EL TOPE DE GASTOS DE PRECAMPAÑAS NO PODRÁ EXCEDER DE LA

CANTIDAD EQUIVALENTE AL DIECIOCHO POR CIENTO DEL MONTO TOTAL FIJADO COMO LÍMITE DE LOS TOPES DE GASTOS DE CAMPAÑA PARA LA ELECCIÓN DE QUE SE TRATE.

LA COMISIÓN ESTATAL ELECTORAL, A PROPUESTA DE LA DIRECCIÓN DE FISCA-LIZACIÓN DE LOS PARTIDOS POLÍTICOS, DETERMINARÁ LOS REQUISITOS QUE CADA PRECANDIDATO DEBE CUBRIR AL PRESENTAR SU INFORME DE INGRESOS Y GASTOS DE PRECAMPAÑA. EN TODO CASO, EL INFORME RESPECTIVO DEBERÁ SER ENTREGADO AL ÓRGANO INTERNO DEL PARTIDO COMPETENTE A MÁS TARDAR DENTRO DE LOS SIETE DÍAS SIGUIENTES AL DE LA JORNADA ELECTORAL INTERNA O CELEBRACIÓN DE LA ASAMBLEA RESPECTIVA.

SI UN PRECANDIDATO INCUMPLE LA OBLIGACIÓN DE ENTREGAR SU INFORME DE INGRESOS Y GASTOS DE PRECAMPAÑA DENTRO DEL PLAZO ANTES ESTABLECIDO Y HUBIESE OBTENIDO LA MAYORÍA DE VOTOS EN LA CONSULTA INTERNA O EN LA ASAMBLEA RESPECTIVA, NO PODRÁ SER REGISTRADO LEGALMENTE COMO CANDIDATO. LOS PRECANDIDATOS QUE SIN HABER OBTENIDO LA POSTULACIÓN A LA CANDIDATURA NO ENTREGUEN EL INFORME ANTES SEÑALADO SERÁN SANCIONADOS CON MULTA DE CIEN A TRES MIL VECES EL SALARIO MÍNIMO GENERAL VIGENTE EN LA CIUDAD DE MONTERREY, PARA CUYO EFECTO LA COMISIÓN ESTATAL ELECTORAL DE OFICIO O A PETICIÓN DE PARTE INICIARÁ EL PROCEDIMIENTO DE FINCAMIENTO DE RESPONSABILIDAD CORRESPONDIENTE.

LOS PRECANDIDATOS QUE REBASEN EL TOPE DE GASTOS DE PRECAMPAÑA ESTABLECIDO POR LA COMISIÓN ESTATAL ELECTORAL SERÁN SANCIONADOS CON LA CANCELA-CIÓN DE SU REGISTRO O, EN SU CASO CON LA PÉRDIDA DE LA CANDIDATURA QUE HAYAN OBTENIDO; EN TODO CASO QUEDARÁN INHABILITADOS PARA SER REGISTRADOS PARA ALGUNA OTRA CANDIDATURA EN LOS PROCESOS ELECTORALES DE GOBERNADOR, DIPUTADOS LOCALES O DE AYUNTAMIENTO. EN CASO DE PÉRDIDA DE LA CANDIDATURA,

LOS PARTIDOS CONSERVAN EL DERECHO DE REALIZAR LAS SUSTITUCIONES QUE PROCEDAN.

ARTÍCULO 110 BIS 8.
QUEDARÁN COMPRENDIDOS DENTRO DE LOS TOPES DE GASTO DE PRECAMPAÑA LOS CONCEPTOS SEÑALADOS EN EL ARTÍCULO 142 DE ESTA LEY.

ARTÍCULO 110 BIS 9.
CADA PARTIDO POLÍTICO HARÁ ENTREGA A LA DIRECCIÓN DE FISCALIZACIÓN, DE LOS INFORMES DE INGRESOS Y GASTOS DE CADA UNO DE LOS PRECANDIDATOS QUE HAYAN PARTICIPADO EN SUS PRECAMPAÑAS, SEGÚN EL TIPO DE ELECCIÓN DE QUE SE TRATE. INFORMARÁ TAMBIÉN LOS NOMBRES Y DATOS DE LOCALIZACIÓN DE LOS PRECANDIDATOS QUE HAYAN INCUMPLIDO LA OBLIGACIÓN DE PRESENTAR EL RESPECTIVO INFORME, PARA LOS EFECTOS LEGALES PROCEDENTES.
DENTRO DEL INFORME ANUAL QUE CORRESPONDA, CADA PARTIDO POLÍTICO REPORTARÁ LOS GASTOS EFECTUADOS CON MOTIVO DE LA REALIZACIÓN DE SUS PROCESOS DE SELECCIÓN INTERNA Y PRECAMPAÑAS, ASÍ COMO LOS INGRESOS UTILIZADOS PARA FINANCIAR DICHOS GASTOS.
LOS INFORMES SEÑALADOS EN EL PÁRRAFO PRIMERO ANTERIOR SERÁN PRESENTADOS ANTE LA DIRECCIÓN DE FISCALIZACIÓN A MÁS TARDAR DENTRO DE LOS TREINTA DÍAS POSTERIORES A LA CONCLUSIÓN DE LOS PROCESOS DE SELECCIÓN INTERNA DE CANDIDATOS A CARGOS DE ELECCIÓN POPULAR.
LA DIRECCIÓN DE FISCALIZACIÓN REVISARÁ LOS INFORMES Y EMITIRÁ UN DICTAMEN CONSOLIDADO POR CADA PARTIDO POLÍTICO EN EL QUE EN SU CASO, SE ESPECIFICARÁN LAS IRREGULARIDADES ENCONTRADAS Y SE PROPONDRÁN LAS SANCIONES QUE CORRESPONDAN A LOS PRECANDIDATOS O AL PARTIDO.

PARA LOS EFECTOS DEL PÁRRAFO ANTERIOR, LA COMISIÓN ESTATAL ELECTORAL, A PROPUESTA DE LA DIRECCIÓN DE FISCALIZACIÓN, DETERMINARÁ REGLAS SIMPLIFICADAS Y PROCEDIMIENTOS EXPEDITOS PARA LA PRESENTACIÓN Y REVISIÓN DE LOS INFORMES DE INGRESOS Y GASTOS DE PRECAMPAÑA DE LOS PRECANDIDATOS.

ARTÍCULO 110 BIS 10.

A LAS PRECAMPAÑAS Y A LOS PRECANDIDATOS QUE EN ELLAS PARTICIPEN LES SERÁN APLICABLES, EN LO CONDUCENTE, LAS NORMAS PREVISTAS EN ESTA LEY RESPECTO DE LOS ACTOS DE CAMPAÑA Y PROPAGANDA ELECTORAL.

ARTÍCULO 110 BIS 11.

LA COMISIÓN ESTATAL ELECTORAL EMITIRÁ LOS DEMÁS REGLAMENTOS Y ACUERDOS QUE SEAN NECESARIOS PARA LA DEBIDA REGULACIÓN DE LOS PROCESOS INTERNOS DE SELECCIÓN DE CANDIDATOS A CARGOS DE ELECCIÓN POPULAR Y LAS PRECAMPAÑAS, DE CONFORMIDAD CON LO DISPUESTO EN ESTA LEY.

OAXACA

ARTÍCULO 136

1. CORRESPONDE A LOS PARTIDOS POLÍTICOS EL DERECHO DE SOLICITAR EL REGISTRO DE CANDIDATOS A CARGOS DE ELECCIÓN POPULAR.

2. LAS CANDIDATURAS A DIPUTADOS A ELEGIRSE POR EL PRINCIPIO DE MAYORÍA RELATIVA Y POR EL PRINCIPIO DE REPRESENTACIÓN PROPORCIONAL, SE REGISTRARÁN POR FÓRMULAS COMPUESTAS CADA UNA POR UN PROPIETARIO Y UN SUPLENTE, PARA LOS AYUNTAMIENTOS LAS CANDIDATURAS SE REGISTRARÁN POR PLANILLAS INTEGRADAS POR PROPIETARIOS Y SUPLENTES. NINGUNA PERSONA PODRÁ SER REGISTRADA COMO CANDIDATO A DISTINTOS CARGOS EN EL MISMO PROCESO ELECTORAL.

3. EL REGISTRO DE LOS CANDIDATOS A DIPUTADOS POR REPRESENTACIÓN PROPORCIONAL SE REALIZARÁ DE ACUERDO A LAS BASES SIGUIENTES:

A) LAS LISTAS DE 17 CANDIDATOS A DIPUTADOS POR EL PRINCIPIO DE REPRESENTACIÓN PROPORCIONAL; Y

B) POR RELACIONES DE HASTA 25 CANDIDATOS A DIPUTADOS POR EL PRINCIPIO DE REPRESENTACIÓN PROPORCIONAL CONFORMADAS CON LOS MISMOS CANDIDATOS DE MAYORÍA RELATIVA.

AL MOMENTO DE EL REGISTRO DE LAS LISTAS DE CANDIDATOS A DIPUTADOS POR EL PRINCIPIO DE REPRESENTACIÓN PROPORCIONAL, LOS PARTIDOS POLÍTICOS PRECISARÁN POR CUAL DE LAS DOS OPCIONES REGISTRAN DICHAS LISTAS. EN CASO DE NO PRECISAR CUALQUIERA DE LAS DOS OPCIONES SE ENTENDERÁ QUE ELIGIÓ LA OPCIÓN CONTENIDA EN EL INCISO A), DE ESTA FRACCIÓN.

4. LOS PARTIDOS POLÍTICOS REGISTRARÁN FÓRMULAS COMPLETAS DE CANDIDATOS A DIPUTADOS SEGÚN LOS

PRINCIPIOS DE MAYORÍA RELATIVA Y REPRESENTACIÓN PROPORCIONAL,
EN LAS QUE GARANTIZARÁN LA REPRESENTACIÓN DE HOMBRES Y MUJERES,PROPIETARIOS Y SUPLENTES, EN UN MÍNIMO DEL TREINTA POR CIENTO.

ARTÍCULO 137

1. PARA EL REGISTRO DE CANDIDATURAS A TODO CARGO DE ELECCIÓN POPULAR, EL PARTIDO POLÍTICO POSTULANTE DEBERÁ PRESENTAR Y OBTENER EL REGISTRO DE LA PLATAFORMA ELECTORAL QUE SUS CANDIDATOS SOSTENDRÁN EN LAS CAMPAÑAS POLÍTICAS.

2. LA PLATAFORMA ELECTORAL DEBERÁ PRESENTARSE PARA SU REGISTRO ANTE EL CONSEJO GENERAL DURANTE LOS ÚLTIMOS DIEZ DÍAS DEL MES DE FEBRERO DEL AÑO DE LA ELECCIÓN. DEL REGISTRO SE EXPEDIRÁ CONSTANCIA.

ARTÍCULO 138

1. LOS PLAZOS Y ÓRGANOS COMPETENTES PARA EL REGISTRO DE CANDIDATURAS EN EL AÑO DE LA ELECCIÓN SON LOS SIGUIENTES:

A) PARA CANDIDATOS A GOBERNADOR DEL ESTADO DEL 1O. AL 15 DE ABRIL, DEL AÑO DE LA ELECCIÓN, ANTE EL CONSEJO GENERAL DEL INSTITUTO;

B) PARA CANDIDATOS A DIPUTADOS POR EL PRINCIPIO DE MAYORÍA RELATIVA DEL 15 AL 30 DE ABRIL DEL AÑO DE LA ELECCIÓN, ANTE LOS CONSEJOS DISTRITALES ELECTORALES RESPECTIVOS;

C) PARA CANDIDATOS A DIPUTADOS POR EL PRINCIPIO DE REPRESENTACIÓN PROPORCIONAL, DEL 1O. AL 15 DE MAYO DEL AÑO DE LA ELECCIÓN, ANTE EL CONSEJO GENERAL DEL INSTITUTO; Y

D) PARA CANDIDATOS A CONCEJALES MUNICIPALES DE LOS AYUNTAMIENTOS, DEL 15 AL 31 DE AGOSTO, DEL AÑO DE LA ELECCIÓN, ANTE LOS CONSEJOS MUNICIPALES ELECTORALES.

2. EL INSTITUTO DARÁ AMPLIA DIFUSIÓN A LA APERTURA DEL REGISTRO DE LAS CANDIDATURAS Y A LOS PLAZOS A QUE SE REFIERE EL PRESENTE CAPÍTULO.

ARTÍCULO 139

1. LA SOLICITUD DE REGISTRO DE CANDIDATURAS DEBERÁ SEÑALAR EL PARTIDO POLÍTICO O COALICIÓN QUE LAS POSTULA Y LOS SIGUIENTES DATOS DE LOS CANDIDATOS:

A) APELLIDO PATERNO, APELLIDO MATERNO Y NOMBRE COMPLETO;

B) LUGAR Y FECHA DE NACIMIENTO;

C) DOMICILIO Y TIEMPO DE RESIDENCIA EN EL MISMO;

D) OCUPACIÓN;

E) CLAVE DE LA CREDENCIAL PARA VOTAR; Y

F) CARGO PARA EL QUE SE LES POSTULE.

2. LA SOLICITUD DEBERÁ ACOMPAÑARSE DE LA DECLARACIÓN DE ACEPTACIÓN DE LA CANDIDATURA, COPIA DEL ACTA DE NACIMIENTO Y DE LA CREDENCIAL PARA VOTAR, ASÍ COMO, EN SU CASO, LA CONSTANCIA DE RESIDENCIA DE PROPIETARIOS Y SUPLENTES.

3. DE IGUAL MANERA, EL PARTIDO POLÍTICO POSTULANTE DEBERÁ MANIFESTAR POR

ESCRITO QUE LOS CANDIDATOS CUYO REGISTRO SOLICITA FUERON SELECCIONADOS DE CONFORMIDAD CON LAS NORMAS ESTATUTARIAS DEL PROPIO PARTIDO.

4. LA SOLICITUD DEL REGISTRO DE LA LISTA DE CANDIDATOS A DIPUTADOS POR EL PRINCIPIO DE REPRESENTACIÓN PROPORCIONAL, DEBERÁ ACOMPAÑARSE, ADEMÁS DE LOS DOCUMENTOS ANTERIORES, DE LA CONSTANCIA DE REGISTRO DE POR LO MENOS 13 CANDIDATOS PARA DIPUTADOS POR EL PRINCIPIO DE MAYORÍA RELATIVA.

ARTÍCULO 140

1. RECIBIDA LA SOLICITUD DE REGISTRO DE CANDIDATURAS POR EL PRESIDENTE O EL SECRETARIO DEL ÓRGANO QUE

CORRESPONDA, SE VERIFICARÁ DENTRO DE LOS TRES DÍAS SIGUIENTES QUE SE CUMPLIÓ CON TODOS LOS REQUISITOS SEÑALADOS EN EL ARTÍCULO ANTERIOR.

2. SI DE LA VERIFICACIÓN REALIZADA SE ADVIERTE QUE SE OMITIÓ EL CUMPLIMIENTO DE UNO O VARIOS REQUISITOS, SE NOTIFICARÁ DE INMEDIATO AL PARTIDO POLÍTICO CORRESPONDIENTE, PARA QUE DENTRO DE LAS CUARENTA Y OCHO HORAS SIGUIENTES SUBSANE EL O LOS REQUISITOS OMITIDOS O SUSTITUYA LA CANDIDATURA, SIEMPRE QUE ESTO PUEDA REALIZARSE DENTRO DE LOS PLAZOS QUE SEÑALA EL ARTÍCULO 138 DE ESTE CÓDIGO.

3. CUALQUIER SOLICITUD O DOCUMENTACIÓN PRESENTADA FUERA DE LOS PLAZOS A QUE SE REFIERE EL ARTÍCULO 138, SERÁ DESECHADA DE PLANO Y, EN SU CASO, NO SE REGISTRARÁ LA CANDIDATURA O CANDIDATURAS QUE NO SATISFAGAN LOS REQUISITOS.

4. DENTRO DE LOS TRES DÍAS SIGUIENTES AL VENCIMIENTO DE LOS PLAZOS REFERIDOS, LOS CONSEJOS GENERAL, DISTRITALES Y MUNICIPALES ELECTORALES CELEBRARÁN UNA SESIÓN CUYO ÚNICO OBJETO SERÁ REGISTRAR LAS CANDIDATURAS QUE PROCEDAN.

5. LOS CONSEJOS DISTRITALES Y MUNICIPALES ELECTORALES COMUNICARÁN DE INMEDIATO AL CONSEJO GENERAL EL ACUERDO RELATIVO AL REGISTRO DE CANDIDATURAS QUE HAYAN REALIZADO DURANTE LA SESIÓN A QUE SE REFIERE EL PÁRRAFO ANTERIOR.

6. DE IGUAL MANERA EL CONSEJO GENERAL COMUNICARÁ DE INMEDIATO A LOS CONSEJOS DISTRITALES Y MUNICIPALES ELECTORALES, LA DETERMINACIÓN QUE HAYA TOMADO SOBRE EL REGISTRO DE LA LISTA DE CANDIDATOS A ELEGIRSE POR EL PRINCIPIO DE REPRESENTACIÓN PROPORCIONAL. ASIMISMO INFORMARÁ DE LOS REGISTROS QUE HAYA EFECTUADO EN FORMA SUPLETORIA.

ARTÍCULO 141

1. EL CONSEJO GENERAL SOLICITARÁ OPORTUNAMENTE LA PUBLICACIÓN EN EL PERIÓDICO

OFICIAL DE LA RELACIÓN DE NOMBRES DE LOS CANDIDATOS Y LOS PARTIDOS O COALICIONES QUE LOS POSTULEN.

2. EN LA MISMA FORMA SE PUBLICARÁN Y DIFUNDIRÁN LAS CANCELACIONES DEL REGISTRO O SUSTITUCIONES DE CANDIDATOS.

ARTÍCULO 142

PARA LA SUSTITUCIÓN DE CANDIDATOS, LOS PARTIDOS POLÍTICOS LO SOLICITARÁN POR ESCRITO AL CONSEJO GENERAL, OBSERVANDO LAS SIGUIENTES DISPOSICIONES:

A) DENTRO DEL PLAZO ESTABLECIDO PARA EL REGISTRO DE CANDIDATOS, PODRÁN

SUSTITUIRSE LIBREMENTE;

B) VENCIDO EL PLAZO A QUE SE REFIERE EL INCISO ANTERIOR, EXCLUSIVAMENTE PODRÁN SUSTITUIRLOS POR CAUSAS DE FALLECIMIENTO, INHABILITACIÓN, INCAPACIDAD O RENUNCIA. EN ESTE ÚLTIMO CASO, NO PODRÁN SUSTITUIRLOS CUANDO LA RENUNCIA SE PRESENTE DENTRO DE LOS TREINTA DÍAS ANTERIORES AL DE LA ELECCIÓN PARA LA CORRECCIÓN O SUSTITUCIÓN, EN SU CASO, DE LAS BOLETAS ELECTORALES SE ESTARÁ A LO DISPUESTO EN EL ARTÍCULO 174 DE ESTE CÓDIGO; Y

C) EN LOS CASOS EN QUE LA RENUNCIA DEL CANDIDATO FUERA NOTIFICADA POR ÉSTE

AL CONSEJO GENERAL, SE HARÁ DEL CONOCIMIENTO DEL PARTIDO QUE LO REGISTRÓ PARA QUE PROCEDA, EN SU CASO, A SU SUSTITUCIÓN.

PUEBLA

ARTÍCULO 200 BIS.-
LOS PARTIDOS POLÍTICOS DEBIDAMENTE ACREDITADOS O REGISTRADOS ANTE EL INSTITUTO, CON BASE EN SUS ESTATUTOS O NORMATIVIDAD INTERNA APLICABLE, PODRÁN REALIZAR PRECAMPAÑAS PARA ELEGIR A LOS CIUDADANOS QUE PRESENTARÁN COMO CANDIDATOS A PUESTOS DE ELECCIÓN POPULAR ANTE LOS ORGANISMOS ELECTORALES COMPETENTES PARA SU REGISTRO.

NINGÚN CIUDADANO PODRÁ REALIZAR ACTIVIDADES PROPAGANDÍSTICAS Y PUBLICITARIAS, CON EL OBJETO DE PROMOVER SU IMAGEN PERSONAL, DE MANERA PÚBLICA Y CON EL INEQUÍVOCO PROPÓSITO DE ESTABLECER SU POSTULACIÓN A UN CARGO DE ELECCIÓN POPULAR, SÓLO PODRÁN REALIZAR TALES ACTIVIDADES AQUELLOS CIUDADANOS QUE PARTICIPEN DENTRO DE UN PROCESO DE SELECCIÓN INTERNA DE CANDIDATOS A CARGOS DE ELECCIÓN POPULAR QUE LLEVEN A CABO LOS PARTIDOS POLÍTICOS, AJUSTÁNDOSE SIEMPRE A LOS PLAZOS Y DISPOSICIONES ESTABLECIDOS EN ESTA LEY.

EL INCUMPLIMIENTO A ESTA NORMA DARÁ MOTIVO A QUE EL INSTITUTO, A TRAVÉS DE SUS ÓRGANOS COMPETENTES Y EN LOS PLAZOS CORRESPONDIENTES, FUNDADO, MOTIVADO Y PREVIAMENTE ACREDITADO EL INCUMPLIMIENTO, LES NIEGUE EL REGISTRO COMO CANDIDATO.

A.- PARA LOS EFECTOS DE ESTE CÓDIGO SE ENTENDERÁ POR:
I.- PRECAMPAÑA ELECTORAL.- AL CONJUNTO DE ACTIVIDADES QUE DE MANERA PREVIA AL REGISTRO DE CANDIDATOS, SON LLEVADAS A CABO POR CIUDADANOS QUE ASPIRAN A SER CANDIDATOS PARA ALGÚN CARGO DE ELECCIÓN POPULAR Y

DENTRO DE UN PROCESO DE SELECCIÓN INTERNA ORGANIZADO POR UN PARTIDO POLÍTICO CON EL PROPÓSITO DE SER POSTULADOS POR ÉSTE. LAS PRECAMPAÑAS FORMAN PARTE DEL PROCESO ELECTORAL Y SE CIRCUNSCRIBEN A LA ETAPA PREPARATORIA DE LA ELECCIÓN;

II.- ACTOS DE PRECAMPAÑA.- TODOS AQUÉLLOS QUE TIENEN POR OBJETO PROMOVER, PUBLICITAR O APOYAR LA ASPIRACIÓN DE UNA PERSONA PARA SER POSTULADO CANDIDATO A UN CARGO DE ELECCIÓN POPULAR;

III.- PROPAGANDA DE PRECAMPAÑA.- EL CONJUNTO DE ESCRITOS, PUBLICACIONES, IMÁGENES, GRABACIONES SONORAS O DE VIDEO, PROYECCIONES O EXPRESIONES ORALES O VISUALES, IMPRESOS, PINTA DE BARDAS, SONDEOS Y/O ENCUESTAS DE OPINIÓN QUE DURANTE LA PRECAMPAÑA ELECTORAL, PRODUCEN Y DIFUNDEN LOS ASPIRANTES A CANDIDATOS, SIMPATIZANTES O PERSONAS QUE LOS APOYEN, CON EL PROPÓSITO DE PRESENTAR Y DIFUNDIR SUS PROPUESTAS ANTE LA SOCIEDAD Y LOS MILITANTES DEL PARTIDO POLÍTICO POR EL QUE ASPIRAN SER POSTULADOS; Y

IV.- ASPIRANTE A CANDIDATO O PRECANDIDATO.- A LOS CIUDADANOS QUE DECIDEN CONTENDER AL INTERIOR DE UN DETERMINADO PARTIDO POLÍTICO O COALICIÓN, CON EL FIN DE ALCANZAR SU POSTULACIÓN COMO CANDIDATO A UN CARGO DE ELECCIÓN POPULAR.

B.- DEL INICIO Y TÉRMINO DE LAS PRECAMPAÑAS:

I.- LOS PROCESOS INTERNOS DE LOS PARTIDOS POLÍTICOS O COALICIONES, ORIENTADOS A SELECCIONAR A SUS CANDIDATOS QUE HABRÁN DE CONTENDER EN LAS ELECCIONES A QUE SE REFIERE ESTE CÓDIGO, SÓLO PODRÁN REALIZARSE DURANTE EL AÑO DE LA ELECCIÓN DE QUE SE

TRATE, A PARTIR DEL INICIO DEL PROCESO ELECTORAL Y DEBERÁN CONCLUIR NECESARIAMENTE A MÁS TARDAR DIEZ DÍAS ANTES DEL INICIO DEL PERIODO DE REGISTRO DE CANDIDATOS DE LA ELECCIÓN DE QUE SE TRATE;

II.- EN EL CASO DE LA ELECCIÓN DE GOBERNADOR, LAS PRECAMPAÑAS SÓLO PODRÁN INICIARSE A PARTIR DEL DOS DE FEBRERO Y DEBERÁN CONCLUIR A MÁS TARDAR EL QUINCE DE MARZO DEL AÑO DE LA ELECCIÓN.

LAS PRECAMPAÑAS EN LAS ELECCIONES DE DIPUTADOS Y MIEMBROS DE AYUNTAMIENTOS SÓLO PODRÁN INICIARSE A PARTIR DEL DOS DE MARZO Y DEBERÁN CONCLUIR A MÁS TARDAR EL TREINTA Y UNO DE MARZO DEL AÑO DE LA ELECCIÓN.

DENTRO DE LOS PLAZOS ANTES REFERIDOS, LOS PARTIDOS POLÍTICOS PODRÁN DETERMINAR LIBREMENTE LA DURACIÓN DE SUS PRECAMPAÑAS EN SUS PROCESOS INTERNOS DE SELECCIÓN DE CANDIDATOS.

III.- LOS PARTIDOS POLÍTICOS QUE REALICEN PRECAMPAÑAS DEBERÁN DAR AVISO POR ESCRITO AL INSTITUTO SOBRE SUS PROCESOS INTERNOS DENTRO DE LOS CINCO DÍAS ANTERIORES AL INICIO DE ÉSTOS. EL ESCRITO INDICARÁ, CUANDO MENOS:

A) LAS FECHAS DE INICIO Y CONCLUSIÓN DEL PROCESO INTERNO DE QUE SE TRATE, ASÍ COMO COPIA DE LA CONVOCATORIA RESPECTIVA;

B) LOS TIEMPOS DE DURACIÓN Y LAS REGLAS DE SUS PRECAMPAÑAS;

C) LOS ÓRGANOS RESPONSABLES DE LA PREPARACIÓN, ORGANIZACIÓN,
CONDUCCIÓN Y VALIDACIÓN DEL PROCESO INTERNO;

D) EL MÉTODO DE ELECCIÓN A UTILIZAR;

E) EL MONTO DEL FINANCIAMIENTO QUE SE DESTINARÁ A LA ORGANIZACIÓN DEL PROCESO; Y

F) EL MONTO AUTORIZADO PARA GASTOS DE PRECAMPAÑA.

IV.- LOS PARTIDOS POLÍTICOS DISPONDRÁN LO NECESARIO A FIN DE QUE LOS ASPIRANTES A CANDIDATOS, SEAN RECONOCIDOS COMO TALES, EXTENDIÉNDOLES LA CONSTANCIA DE REGISTRO RESPECTIVA; SE EXCEPTÚAN LOS MUNICIPIOS EN DONDE EL CANDIDATO DE LOS PARTIDOS POLÍTICOS SE DETERMINE MEDIANTE EL MÉTODO DE USOS Y COSTUMBRES;

V.- LA PROPAGANDA DE LAS PRECAMPAÑAS SE SUJETARÁ A LAS DISPOSICIONES CONTENIDAS EN EL PRESENTE CÓDIGO RELATIVAS A LA PROPAGANDA ELECTORAL ASÍ COMO A LOS LINEAMIENTOS QUE EXPIDA EL CONSEJO GENERAL;

VI.- UNA VEZ TERMINADAS LAS PRECAMPAÑAS QUE REALICEN LOS PARTIDOS POLÍTICOS, EN LA FASE DE PRECANDIDATURAS, LA PROPAGANDA QUE SE UTILIZÓ DEBERÁ SER RETIRADA EN TÉRMINOS DE LA FRACCIÓN XIII DEL ARTÍCULO 54 POR LOS ASPIRANTES A CANDIDATO O POR EL PARTIDO POLÍTICO AL QUE PERTENECE O BAJO EL QUE HIZO PRECAMPAÑA.

EN CASO DE NO HACERLO, SE PEDIRÁ A LAS AUTORIDADES MUNICIPALES PROCEDAN A REALIZAR EL RETIRO, APLICANDO EL COSTO DE DICHOS TRABAJOS CON CARGO A LAS PRERROGATIVAS DEL PARTIDO POLÍTICO INFRACTOR.

LOS PARTIDOS POLÍTICOS TOMARÁN LAS MEDIDAS NECESARIAS PARA QUE SUS PRECANDIDATOS CUMPLAN CON ESTA DISPOSICIÓN.

C.- DEL TOPE DE GASTOS DE PRECAMPAÑA:

I.- CADA PARTIDO POLÍTICO TENDRÁ COMO TOPE DE GASTOS DE LAS PRECAMPAÑAS PARA LA SELECCIÓN DE CANDIDATOS, EL PORCENTAJE DE TOPE DE GASTOS DE CAMPAÑA PARA LA ELECCIÓN INMEDIATA ANTERIOR DE QUE SE TRATE DE ACUERDO CON LO SIGUIENTE:

I. PARA GOBERNADOR, EL 15%;
II. PARA DIPUTADOS, EL 15%;
III. PARA AYUNTAMIENTOS:
A. EN LOS MUNICIPIOS HASTA DE 150 MIL HABITANTES, EL 20%;
B. EN LOS MUNICIPIOS DE MÁS DE 150 MIL Y MENOS DE 500 MIL HABITANTES, EL 15%;
C. EN LOS MUNICIPIOS DE MÁS DE 500 MIL Y MENOS DE UN MILLÓN DE HABITANTES, EL 10%; Y
D. EN LOS MUNICIPIOS DE MÁS DE UN MILLÓN DE HABITANTES, EL 5%.

II.- LOS GASTOS QUE REALICEN EN PRECAMPAÑA LOS ASPIRANTES A UNA CANDIDATURA, ASÍ COMO SUS RESPECTIVOS SIMPATIZANTES, DEBERÁN SER INFORMADOS AL PARTIDO POLÍTICO Y REGISTRADOS CONTABLEMENTE CONFORME A LOS LINEAMIENTOS QUE AL EFECTO HAYA APROBADO EL CONSEJO GENERAL. PARA LOS EFECTOS DE ESTE ARTÍCULO QUEDARÁN COMPRENDIDOS DENTRO DE LOS TOPES DE GASTOS DE PRECAMPAÑA, LOS SEÑALADOS EN EL ARTÍCULO 238 DEL PRESENTE CÓDIGO; SE EXCEPTÚAN LOS MUNICIPIOS EN DONDE EL CANDIDATO DE LOS PARTIDOS

POLÍTICOS SE DETERMINE MEDIANTE EL MÉTODO DE USOS Y COSTUMBRES;

III.- LOS GASTOS DE PRECAMPAÑA CORRERÁN A CARGO DE CADA ASPIRANTE A LA CANDIDATURA;

IV.- LAS APORTACIONES EN DINERO REALIZADAS POR SIMPATIZANTES, PERSONAS FÍSICAS Y MORALES, A LAS PRECAMPAÑAS SERÁN CONSIDERADAS COMO PARTE DE LOS LÍMITES QUE POR APORTACIONES DE SIMPATIZANTES PUEDE RECIBIR UN PARTIDO POLÍTICO DURANTE UN AÑO ELECTORAL EN LOS TÉRMINOS DEL ARTÍCULO 48, FRACCIÓN II INCISOS A) Y C) DEL PRESENTE CÓDIGO. TALES APORTACIONES PODRÁN REALIZARSE EN PARCIALIDADES Y EN CUALQUIER TIEMPO, PERO EL MONTO TOTAL APORTADO DURANTE LA PRECAMPAÑA POR UNA PERSONA FÍSICA O MORAL NO PODRÁ REBASAR, SEGÚN CORRESPONDA, LOS LÍMITES ESTABLECIDOS EN EL INCISO C) FRACCIÓN II DEL ARTÍCULO 48 DE ESTE ORDENAMIENTO.

V.- LA PRESENTACIÓN DE LOS INFORMES DE PRECAMPAÑA DE CADA ASPIRANTE SE HARÁ, ANTE EL CONSEJO GENERAL, POR CONDUCTO DE CADA PARTIDO POLÍTICO A MÁS TARDAR DENTRO DE LOS TREINTA DÍAS SIGUIENTES A LA FECHA EN QUE CONCLUYA EL PROCESO INTERNO;

VI.- CUANDO LOS ASPIRANTES O EL GANADOR DE UNA CANDIDATURA REBASEN LOS TOPES DE GASTOS DE PRECAMPAÑA SERÁN SANCIONADOS EN PRIMERA INSTANCIA POR LOS PARTIDOS POLÍTICOS EN LOS TÉRMINOS DE SUS PROPIOS ESTATUTOS, INCLUSIVE CON LA PÉRDIDA DEL DERECHO A REGISTRARSE COMO CANDIDATO POR CUALQUIER PARTIDO POLÍTICO, O A PETICIÓN DE PARTE, POR EL INSTITUTO;

(ADICIÓN)VII.- LA VIOLACIÓN DE LOS TOPES DE GASTOS DE PRECAMPAÑA POR LOS PARTIDOS POLÍTICOS O SUS ASPIRANTES, PODRÁ SER SANCIONADA POR EL INSTITUTO CON LA NEGATIVA DE REGISTRO COMO CANDIDATOS.

ARTÍCULO 201.-
CORRESPONDE EXCLUSIVAMENTE A LOS PARTIDOS POLÍTICOS Y A LAS COALICIONES, EN SU CASO, EL DERECHO DE SOLICITAR EL REGISTRO DE
CANDIDATOS A CARGOS DE ELECCIÓN POPULAR. A FIN DE PROMOVER LA EQUIDAD ENTRE GÉNEROS EN LA VIDA POLÍTICA DEL ESTADO, EN NINGÚN CASO PODRÁN POSTULAR A CARGOS DE ELECCIÓN POPULAR, UN PORCENTAJE MAYOR AL SESENTA POR CIENTO DE CANDIDATOS PROPIETARIOS DE UN MISMO GÉNERO, PARA INTEGRAR EL CONGRESO DEL ESTADO Y LOS AYUNTAMIENTOS DE LA ENTIDAD.

QUERETARO

ARTÍCULO 106 BIS.-

SON ACTOS DE PRECAMPAÑA AQUELLOS QUE DE MANERA PREVIA AL REGISTRO DE CANDIDATOS SON REALIZADOS POR LOS ASPIRANTES A CANDIDATOS A FIN DE OBTENER LA NOMINACIÓN PARA EL CARGO AL QUE SE PROMUEVEN, PARA LO CUAL EJECUTAN ENTRE OTRAS LAS SIGUIENTES ACTIVIDADES: REUNIONES PÚBLICAS O PRIVADAS, ASAMBLEAS, DEBATES, VISITAS DOMICILIARIAS, VOLANTEO, PINTAS, Y TODA AQUELLA ACTIVIDAD QUE PRETENDA DIFUNDIR SU IMAGEN; EN LOS ANTERIORES SUPUESTOS, LOS ASPIRANTES DEBERÁN MANIFESTAR EXPRESAMENTE QUE SE TRATA DE ACTOS RELACIONADOS CON EL PROCEDIMIENTO INTERNO DE SELECCIÓN DE CANDIDATOS DEL PARTIDO AL QUE PERTENECE.

ESTE PROCEDIMIENTO DEBERÁ SUJETARSE A LAS SIGUIENTES REGLAS:

I. CORRESPONDE A LOS PARTIDOS POLÍTICOS NACIONALES O ESTATALES DEBIDAMENTE ACREDITADOS ANTE EL INSTITUTO ELECTORAL DE QUERÉTARO, AUTORIZAR A SUS MILITANTES PARA REALIZAR ACTOS DE PRECAMPAÑA, PREVIA SOLICITUD EXPRESA DEL ASPIRANTE; EL PARTIDO POLÍTICO DARÁ AVISO POR ESCRITO AL INSTITUTO, POR MEDIO DE LA SECRETARÍA EJECUTIVA, DEL INICIO DE PRECAMPAÑA DE LOS ASPIRANTES A CANDIDATOS; DICHO AVISO DEBERÁ PRESENTARSE CON ANTERIORIDAD AL INICIO DE LA PRECAMPAÑA, A FIN DE VIGILAR EL CUMPLIMIENTO DE LA NORMATIVIDAD APLICABLE;

II. LAS PRECAMPAÑAS LAS PODRÁN REALIZAR LOS ASPIRANTES A CANDIDATOS DENTRO DEL PERÍODO DE CIENTO OCHENTA DÍAS NATURALES PREVIOS A LA FECHA DE INICIO DE REGISTRO DE CANDIDATOS, DEBERÁN CONCLUIRLAS AL MENOS QUINCE DÍAS ANTES DEL INICIO DEL PERÍODO DE

REGISTRO Y NO PODRÁN EXCEDER DE CUARENTA Y CINCO DÍAS;

III. EL PARTIDO POLÍTICO QUE AUTORICE A UN ASPIRANTE A CANDIDATO AL INICIO DE SU PRECAMPAÑA, EN EL AVISO QUE PRESENTE AL INSTITUTO DEBERÁ INCLUIR:

A) COPIA DEL ESCRITO DE SOLICITUD EN EL QUE EXPONGA LOS MOTIVOS QUE LO IMPULSAN A BUSCAR LA CANDIDATURA Y SU PROGRAMA DE TRABAJO EN CASO DE RESULTAR SELECCIONADO;

B) EL COMPROMISO FORMAL DE AJUSTARSE A LOS LINEAMIENTOS LEGALES PREVISTOS PARA LAS PRECAMPAÑAS Y LAS CAMPAÑAS; ASÍ COMO A LOS ESTATUTOS Y LINEAMIENTOS INTERNOS DEL PARTIDO AL QUE PERTENECE; Y

C) LA DESIGNACIÓN DEL DOMICILIO PARA OÍR Y RECIBIR NOTIFICACIONES;

IV. EL ASPIRANTE A CANDIDATO SE AJUSTARÁ A LOS TOPES DE GASTOS DE PRECAMPAÑA, EL QUE SERÁ EL EQUIVALENTE AL 20% DE LOS GASTOS AUTORIZADOS PARA LA ELECCIÓN CORRESPONDIENTE EN EL PROCESO ELECTORAL INMEDIATO ANTERIOR, DEBIENDO INFORMAR

AL INSTITUTO SOBRE EL MONTO, ORIGEN Y APLICACIÓN DE LOS RECURSOS, CON SUS RELACIONES ANALÍTICAS Y DOCUMENTACIÓN COMPROBATORIA, LO QUE DEBERÁ HACER POR LO MENOS CINCO DÍAS ANTES DEL INICIO DEL PERÍODO DE REGISTRO DE CANDIDATOS;

V. LA DIRECCIÓN EJECUTIVA DE ORGANIZACIÓN ELECTORAL EN UN TÉRMINO DE DOS

MESES CONTADO A PARTIR DE LA RECEPCIÓN DEL INFORME CITADO, EMITIRÁ SU DICTAMEN, MISMO QUE SOMETERÁ A LA CONSIDERACIÓN DEL CONSEJO GENERAL DEL INSTITUTO;

VI. LA PROPAGANDA ELECTORAL QUE FUERA COLOCADA EN LOS ACTOS DE PRECAMPAÑA QUE REALICEN LOS ASPIRANTES A CANDIDATOS, DEBERÁ SER RETIRADA POR LOS RESPONSABLES 15 DÍAS ANTES DEL REGISTRO DE CANDIDATOS QUE SEÑALE LA LEY ELECTORAL; EN CASO DE

NO HACERLO, SE SOLICITARÁ A LAS AUTORIDADES MUNICIPALES EL RETIRO, APLICANDO EL COSTO QUE ELLO GENERE A LAS PRERROGATIVAS DEL PARTIDO AL QUE PERTENEZCA EL ASPIRANTE A CANDIDATO;

VII. EN MATERIA DE PRECAMPAÑAS, PARA LOS ASPECTOS NO PREVISTOS EXPRESAMENTE, SE APLICARÁN EN LO CONDUCENTE, LAS DISPOSICIONES ESTABLECIDAS EN LA PRESENTE LEY PARA LAS CAMPAÑAS.

QUINTANA ROO

LIBRO CUARTO
DE LAS PRECAMPAÑAS ELECTORALES
CAPÍTULO PRIMERO
DISPOSICIONES GENERALES

ARTÍCULO 268.26
TODOS LOS PARTIDOS POLÍTICOS DEBIDAMENTE ACREDITADOS O REGISTRADOS ANTE EL INSTITUTO, PODRÁN REALIZAR PRECAMPAÑAS PARA ELEGIR A LOS CIUDADANOS QUE PRESENTARÁN COMO CANDIDATOS A PUESTOS DE ELECCIÓN POPULAR ANTE LOS ORGANISMOS ELECTORALES COMPETENTES PARA SU REGISTRO.
CORRESPONDE A LOS PARTIDOS POLÍTICOS AUTORIZAR A SUS MILITANTES O SIMPATIZANTES LA REALIZACIÓN DE ACTIVIDADES PROSELITISTAS EN BUSCA DE SU NOMINACIÓN A UN PUESTO DE ELECCIÓN POPULAR, DE MANERA PREVIA AL EVENTO DE POSTULACIÓN O DESIGNACIÓN DE CANDIDATOS, CONFORME A SUS ESTATUTOS, ACUERDOS DE SUS ÓRGANOS DE REPRESENTACIÓN Y PRESCRIPCIONES DE ESTA LEY.
NINGÚN PARTIDO POLÍTICO PODRÁ HACER PRECAMPAÑA CON UN SOLO ASPIRANTE A CANDIDATO PARA OCUPAR UN CARGO DE ELECCIÓN POPULAR.
LOS CIUDADANOS QUE POR SI MISMO REALICEN ACTIVIDADES PROPAGANDÍSTICAS Y PUBLICITARIAS, CON EL OBJETO DE PROMOVER SU IMAGEN PERSONAL, DE MANERA PÚBLICA Y CON EL INEQUÍVOCO PROPÓSITO DE OBTENER LA POSTULACIÓN A UN CARGO DE ELECCIÓN
POPULAR, SE AJUSTARÁN A LOS PLAZOS Y DISPOSICIONES ESTABLECIDOS EN ESTA LEY.
EL INCUMPLIMIENTO A ESTA NORMA DARÁ MOTIVO A QUE EL INSTITUTO, A TRAVÉS DE SUS ÓRGANOS COMPETENTES Y EN

LA OPORTUNIDAD CORRESPONDIENTE, LES NIEGUE EL REGISTRO COMO CANDIDATO.

ARTÍCULO 269.

PARA LOS FINES DE LA PRESENTE LEY, SE ENTENDERÁ POR:

I. PRECAMPAÑA ELECTORAL: AL CONJUNTO DE ACTIVIDADES REGULADAS POR ESTA LEY, LOS ESTATUTOS Y ACUERDOS DE LOS PARTIDOS POLÍTICOS O COALICIONES, QUE DE MANERA PREVIA A LA CAMPAÑA ELECTORAL, SON LLEVADAS A CABO POR LOS ASPIRANTES A CANDIDATOS PARA OBTENER SU NOMINACIÓN COMO TALES.

II. ACTOS DE PRECAMPAÑA: A LAS ACCIONES QUE TIENEN POR OBJETO MEJORAR LA IMAGEN DE LOS ASPIRANTES A CANDIDATOS, CON EL FIN DE OBTENER LA NOMINACIÓN COMO CANDIDATO DEL PARTIDO POLÍTICO O COALICIÓN, PARA CONTENDER EN UNA ELECCIÓN CONSTITUCIONAL. ENTREOTRAS, QUEDAN COMPRENDIDAS LAS SIGUIENTES:

A) REUNIONES PÚBLICAS;

B) ASAMBLEAS;

C) DEBATES;

D) ENTREVISTAS EN LOS MEDIOS; Y

E) DEMÁS ACTIVIDADES MASIVAS EN ESPACIOS PÚBLICOS QUE TENGAN POR OBJETO EL PROMOVER LA IMAGEN PERSONAL, DE MANERA PÚBLICA Y CON EL INEQUÍVOCO PROPÓSITO DE OBTENER LA POSTULACIÓN A UN CARGO DE ELECCIÓN POPULAR DE UN ASPIRANTE A CARGO DE ELECCIÓN POPULAR.

III. PROPAGANDA DE PRECAMPAÑA ELECTORAL: AL CONJUNTO DE ESCRITOS, PUBLICACIONES, IMÁGENES, GRABACIONES, PROYECCIONES Y EXPRESIONES QUE DURANTE LA PRECAMPAÑA ELECTORAL PRODUCEN Y DIFUNDEN LOS ASPIRANTES A CANDIDATOS, CON EL PROPÓSITO DE PRESENTAR Y DIFUNDIR SUS PROPUESTAS ANTE LA SOCIEDAD Y LOS MILITANTES DEL PARTIDO POR EL QUE ASPIRAN SER NOMINADOS.

IV. ASPIRANTE A CANDIDATO: A LOS CIUDADANOS QUE DECIDEN CONTENDER AL INTERIOR DE UN DETERMINADO

PARTIDO POLÍTICO O COALICIÓN, CON EL FIN DE ALCANZAR SU NOMINACIÓN COMO CANDIDATO A UN PUESTO DE ELECCIÓN POPULAR.

ARTÍCULO 270.27
LOS PARTIDOS POLÍTICOS A TRAVÉS DEL PRESIDENTE DE SU COMITÉ DIRECTIVO ESTATAL Y/O EQUIVALENTE, O EN SU CASO POR SU REPRESENTANTE ACREDITADO ANTE EL INSTITUTO, DEBERÁN DAR AVISO POR ESCRITO AL INSTITUTO DEL INICIO DE SU PROCESO DEMOCRÁTICO INTERNO, DENTRO DE LOS CINCO DÍAS ANTERIORES AL INICIO DE ÉSTE; ASIMISMO, DEBERÁN PRESENTAR SU NORMATIVIDAD INTERNA, LINEAMIENTOS Y/O ACUERDOS A LOS QUE ESTARÁN SUJETOS LOS ASPIRANTES A CANDIDATOS. POSTERIORMENTE, LOS PARTIDOS POLÍTICOS, POR CADA ASPIRANTE A CANDIDATO QUE PRETENDAN REGISTRAR RESPECTO A UN MISMO CARGO DE ELECCIÓN POPULAR, DEBERÁN PRESENTAR EN UN MISMO MOMENTO LO SIGUIENTE:
I. COPIA DEL ESCRITO DE LA SOLICITUD DEL ASPIRANTE A CANDIDATO;
II. COPIA DE LA EXPOSICIÓN DE MOTIVOS DEL ASPIRANTE A CANDIDATO;
III. COPIA DEL PROGRAMA DE TRABAJO DEL ASPIRANTE A CANDIDATO;
IV. NOMBRE DEL REPRESENTANTE DEL ASPIRANTE A CANDIDATO;
V. NOMBRE DEL RESPONSABLE DE LA OBTENCIÓN, ADMINISTRACIÓN Y
GASTO DE LOS RECURSOS RECABADOS DEL ASPIRANTE A CANDIDATO, Y
VI. DOMICILIO PARA OÍR Y RECIBIR NOTIFICACIONES DEL ASPIRANTE A
CANDIDATO O SU REPRESENTANTE.
CUMPLIMIENTO DE LOS REQUISITOS SEÑALADOS; DE SATISFACERLOS, DICHA DIRECCIÓN PROCEDERÁ A NOTIFICAR

TANTO A LOS PARTIDOS POLÍTICOS COMO A SUS ASPIRANTES A CANDIDATOS, LAS OBLIGACIONES A QUE QUEDAN SUJETOS CONFORME A LO PREVISTO POR ESTA LEY.

SI SE ADVIERTEN OMISIONES DE UNO O VARIOS REQUISITOS, SE NOTIFICARÁ DE INMEDIATO AL PARTIDO POLÍTICO CORRESPONDIENTE PARA QUE, EN UN TÉRMINO DE TRES DÍAS, CONTADOS A PARTIR DE LA LEGAL NOTIFICACIÓN, SUBSANE EL O LOS REQUISITOS OMITIDOS.

EN CASO DE INCUMPLIMIENTO A LO ANTERIOR, LA DIRECCIÓN DE PARTIDOS POLÍTICOS LO HARÁ DEL CONOCIMIENTO DEL CONSEJO GENERAL PARA QUE ÉSTE DETERMINE QUE DICHOS ASPIRANTES A CANDIDATOS NO PODRÁN DESARROLLAR SUS ACTOS DE PRECAMPAÑA POR EL PARTIDO POLÍTICO QUE SE TRATE.

LAS PRECAMPAÑAS ELECTORALES QUE REALICEN LOS PARTIDOS POLÍTICOS NO PODRÁNINICIAR ANTES DE LOS CUARENTA Y CINCO DÍAS NATURALES PREVIOS AL DE LA APERTURA DE RE GISTRO DE CANDIDATOS DE LA ELECCIÓN DE QUE SE TRATE, DEBIENDO CONCLUIR A MÁS TARDAR UN DÍA ANTES DEL INICIO DEL PERÍODO DE SOLICITUD DE REGISTRO DE CANDIDATOS QUE ESTABLECE LA PRESENTE LEY.

ARTÍCULO 271.28 DEROGADO.

ARTÍCULO 272.29 DEROGADO.

ARTÍCULO 273.
LOS ASPIRANTES A CANDIDATOS DEBERÁN OBSERVAR LO SIGUIENTE:
I. RESPETAR LOS ESTATUTOS, LINEAMIENTOS O ACUERDOS DEL PARTIDO POLÍTICO O COALICIÓN, RESPECTO A LA POSTULACIÓN DE CANDIDATOS, ASÍ COMO LO PRESCRITO EN LA PRESENTE LEY;

II. INFORMAR POR ESCRITO AL PARTIDO POLÍTICO O COALICIÓN DE SU ASPIRACIÓN, ACOMPAÑÁNDOLO CON UNA EXPOSICIÓN DE MOTIVOS Y EL PROGRAMA DE TRABAJO QUE SE PROPONE LLEVAR A CABO, COMO POSIBLE REPRESENTANTE DE ELECCIÓN POPULAR;

III. PRESENTAR UN INFORME FINANCIERO, SOBRE EL ORIGEN Y APLICACIÓN DERECURSOS, ANTE EL PARTIDO POLÍTICO O COALICIÓN, DENTRO DE LOS TRES DÍAS ANTERIORES A LA REALIZACIÓN DEL EVENTO, EN EL CUAL SE ELIJA O DESIGNE CANDIDATO;

IV. ENTREGAR AL PARTIDO POLÍTICO O COALICIÓN POR EL QUE CONTENDIÓINTERNAMENTE CUALQUIER REMANENTE DEL FINANCIAMIENTO DE PRECAMPAÑA QUE PUDIERA EXISTIR. LO ANTERIOR, SIN IMPORTAR SI EL ASPIRANTE A CANDIDATO CONCLUYÓ O NO LA PRECAMPAÑA ELECTORAL Y SI FUE O NO NOMINADO CANDIDATO;

V. SEÑALAR DOMICILIO LEGAL;

VI. DESIGNAR A SU REPRESENTANTE Y AL RESPONSABLE DE LA OBTENCIÓN, ADMINISTRACIÓN Y GASTO DE LOS RECURSOS RECABADOS;

VII. PROPICIAR LA EXPOSICIÓN, DESARROLLO Y DISCUSIÓN DEL PROGRAMA Y ACCIONES FIJADAS, CONFORME A LO ESTABLECIDO EN LOS DOCUMENTOS BÁSICOS Y, EN SU CASO, DE LA PLATAFORMA ELECTORAL DEL PARTIDO POLÍTICO O COALICIÓN; Y

VIII. LAS DEMÁS QUE ESTABLEZCA LA LEY.

ARTÍCULO 274.

EN MATERIA DE PRECAMPAÑAS SE APLICARÁN, EN LO CONDUCENTE, LAS DISPOSICIONES ESTABLECIDAS EN ESTA LEY PARA LAS CAMPAÑAS POLÍTICAS Y LA PROPAGANDA ELECTORAL.

ARTÍCULO 275.

LOS PARTIDOS POLÍTICOS JUNTAMENTE CON QUIENES COMPITIERON EN EL PROCESO INTERNO TENDRÁN LA OBLIGACIÓN DE RETIRAR LA PROPAGANDA UTILIZADA.

ARTÍCULO 276.30 31

QUEDA PROHIBIDO A LOS ASPIRANTES A CANDIDATOS, HACER USO DE LOS BIENES PÚBLICOS, INCLUIDOS, ENTRE OTROS, TELÉFONOS, FOTOCOPIADORAS, FAXESY HERRAMIENTAS DE INTERNET, PARA LA OBTENCIÓN DE FINANCIAMIENTO O EN APOYO A LA REALIZACIÓN DE CUALQUIER OTRO ACTO DE PRECAMPAÑA. EL INCUMPLIMIENTO A ESTA DISPOSICIÓN SERÁ SANCIONADO CONFORME A LOS ORDENAMIENTOS APLICABLES.

LOS ASPIRANTES A CANDIDATOS QUE TENGAN UN CARGO DE ELECCIÓN POPULAR O EN LA ADMINISTRACIÓN PÚBLICA, YA ESTATAL O MUNICIPAL, QUE MANEJEN RECURSOS ECONÓMICOS TENDRÁN RIGUROSAMENTE PROHIBIDO PROMOVER SU IMAGEN PERSONAL CON RECURSOS PROCEDENTES DEL ERARIO PÚBLICO.

SE ENTIENDE QUE SE PROMUEVE LA IMAGEN PERSONAL, CUANDO BAJO EL PRETEXTO DE INFORMAR A LA CIUDADANÍA RESPECTO DE ACCIONES U OBRAS GUBERNAMENTALES, DIVULGUE

CUALQUIERA DE SUS CARACTERÍSTICAS DISTINTIVAS PERSONALES DEL ASPIRANTE A CANDIDATO.

DE IGUAL FORMA, SE CONSIDERA QUE SE PROMUEVE LA IMAGEN PERSONAL, CUANDO EL EJERCICIOINFORMATIVO, LA ACCIÓN U OBRA GUBERNAMENTAL, SE REALICE FUERA DE LA JURISDICCIÓNTERRITORIAL O COMPETENCIAL QUE TENGA ASIGNADO EN RAZÓN DEL ENCARGO QUE DETENTA.

LA DENUNCIA PARA INVESTIGAR LA ILEGAL PROMOCIÓN DE LA IMAGEN, ÚNICAMENTE PODRÁ SER PRESENTADA POR LOS REPRESENTANTES DE LOS PARTIDOS POLÍTICOS ANTE EL INSTITUTO EN CUALQUIER TIEMPO.

QUIENES INCURRAN EN TAL SUPUESTO, SERÁN SANCIONADOS CON CUALQUIERA DE LAS SANCIONES CONSIDERADAS EN LAS FRACCIONES II Y III DEL ARTÍCULO 287 DEL PRESENTE ORDENAMIENTO, A CONSIDERACIÓN DEL CONSEJO GENERAL DEL INSTITUTO. 30

ARTÍCULO 277.
LOS FUNCIONARIOS PÚBLICOS Y DE ELECCIÓN POPULAR NO PODRÁN UTILIZAR LAS CARACTERÍSTICAS DISTINTIVAS PERSONALES DE NINGÚN ASPIRANTE A CANDIDATO PARA INFORMAR A LA CIUDADANÍA DE LAS ACCIONES Y OBRAS DE GOBIERNO.

TENDRÁN, DESDE LUEGO, LA OBLIGACIÓN DE RETIRAR SIN DILACIÓN ALGUNA, LA QUE LOS PROPIOS ASPIRANTES A CANDIDATOS HUBIESEN PRODUCIDO CUANDO ÉSTOS ESTABAN EN EL ENCARGO PÚBLICO.

LA INOBSERVANCIA A LO ANTERIOR, DARÁ LUGAR A UNA SANCIÓN PECUNIARIA, CON INDEPENDENCIA DE LAS QUE CORRESPONDA DE CONFORMIDAD A LO QUE DISPONGA LA LEY DE RESPONSABILIDADES DE LOS SERVIDORES PÚBLICOS O DE OTRA ÍNDOLE.

INDEPENDIENTEMENTE DE LO ANTERIOR, LOS GASTOS EROGADOS SE CONTABILIZARÁN DENTRO DE LOS GASTOS DE CAMPAÑA.

CAPÍTULO SEGUNDO
DE LA FISCALIZACIÓN DE LAS PRECAMPAÑAS

ARTÍCULO 278.
LOS PARTIDOS POLÍTICOS PODRÁN REALIZAR GASTOS CON MOTIVO DE LAS PRECAMPAÑAS QUE EFECTÚEN PARA ELEGIR A SUS CANDIDATOS, HASTA POR LA CANTIDAD EQUIVALENTE AL QUINCE POR CIENTO DEL MONTO TOTAL FIJADO COMO LÍMITE DE LOS TOPES DE GASTOS DE CAMPAÑA PARA LA ELECCIÓN DE QUE SE TRATE.

DICHOS GASTOS DEBERÁN ESPECIFICARSE EN UN APARTADO ESPECIAL DEL INFORME DE GASTOS DE CAMPAÑA QUE EL PARTIDO POLÍTICO O COALICIÓN, EN SU CASO, PRESENTE AL INSTITUTO.

LOS GASTOS QUE SE EFECTÚEN DURANTE LA PRECAMPAÑA ELECTORAL NO SERÁN CONTABILIZADOS COMO PARTE DE LOS GASTOS DE CAMPAÑA.

ARTÍCULO 279. LOS RECURSOS OBTENIDOS DURANTE UNA PRECAMPAÑA ELECTORAL ESTARÁN CONFORMADOS POR LAS APORTACIONES O DONATIVOS, EN DINERO O EN ESPECIE EFECTUADOS A FAVOR DE LOS ASPIRANTES A CANDIDATOS, EN FORMA LIBRE Y VOLUNTARIA,POR LAS PERSONAS FÍSICAS O MORALES MEXICANAS CON RESIDENCIA EN EL PAÍS, NO COMPRENDIDAS EN EL ARTÍCULO 92 DE ESTA LEY.

ARTÍCULO 280.32 LAS APORTACIONES QUE CONFORMAN EL FINANCIAMIENTO DE LAS PRECAMPAÑAS ELECTORALES, SE SUJETARÁN AL REGLAMENTO QUE EMITE EL CONSEJO GENERAL A PROPUESTA DE LA JUNTA GENERAL Y A LO SIGUIENTE:

I. LAS APORTACIONES EN DINERO QUE EFECTÚE CADA PERSONA FÍSICA O MORAL DURANTE LA PRECAMPAÑA ELECTORAL TENDRÁN COMO LÍMITE EL EQUIVALENTE A TRESCIENTAS VECES EL SALARIO MÍNIMO GENERAL VIGENTE EN EL ESTADO, DEBIENDO EXPEDIRSE RECIBOS FOLIADOS, EN LOS CUALES SE HARÁN CONSTAR LOS DATOS DE IDENTIFICACIÓN DEL APORTANTE, CONFORME AL FORMATO QUE PROPONGA LA JUNTA GENERAL AL CONSEJO GENERAL.

II. LOS RECURSOS OBTENIDOS MEDIANTE AUTOFINANCIAMIENTO SE COMPROBARÁN EN SU TOTALIDAD.

III. EN EL CASO DE COLECTAS, SÓLO DEBERÁ REPORTARSE EN EL INFORMECORRESPONDIENTE EL MONTO TOTAL OBTENIDO; DE EXCEDER ESTE MONTO UNA CANTIDAD EQUIVALENTE A

CIENTO CINCUENTA VECES EL SALARIO MÍNIMO GENERAL VIGENTE EN LA ENTIDAD, DEBERÁ JUSTIFICAR
PLENAMENTE SU PROCEDENCIA;

IV. LAS APORTACIONES EN ESPECIE SE HARÁN CONSTAR POR ESCRITO ENCONTRATOS CELEBRADOS CONFORME A LAS LEYES APLICABLES, Y

V. LAS APORTACIONES EN BIENES MUEBLES O INMUEBLES DEBERÁNDESTINARSE ÚNICA Y EXCLUSIVAMENTE, PARA EL CUMPLIMIENTO DEL OBJETO DE LA PRECAMPAÑA ELECTORAL.

ARTÍCULO 281.33

LOS ASPIRANTES A CANDIDATO DEBERÁN INFORMAR SOBRE LOS RECURSOSDE QUE DISPONGAN, SU MONTO, ORIGEN, APLICACIÓN Y DESTINO PROBABLES, ASÍ COMO DE LA ESTRUCTURA QUE LOS RESPALDA, SEAN ESTOS INDIVIDUOS, ASOCIACIONES U OTROS ORGANISMOS O GRUPOS.

AL TÉRMINO DE SU PRECAMPAÑA ELECTORAL PRESENTARÁ UN INFORME GENERAL DE LOS INGRESOS Y GASTOS QUE HAYA EFECTUADO, CONFORME AL REGLAMENTO REFERIDO EN EL ARTÍCULO 280 DE ESTA LEY.

ARTÍCULO 282.34

UNA VEZ QUE UN PARTIDO POLÍTICO HAYA RECIBIDO LOS INFORMES A QUE SE REFIERE LA FRACCIÓN III DEL ARTÍCULO 273 DE LA PRESENTE LEY, EN UN PLAZO NO MAYOR A DIEZ DÍAS HÁBILES LOS PRESENTARÁ A LA DIRECCIÓN DE PARTIDOS POLÍTICOS A EFECTO DEQUE REALICE LAS OBSERVACIONES A QUE HAYA LUGAR. LA ENTREGA DEL INFORME SE HARÁ ATRAVÉS DEL ÓRGANO RESPONSABLE DE LAS FINANZAS DEL PARTIDO POLÍTICO RESPECTIVO.

LOS PARTIDOS INTEGRARÁN LOS INFORMES POR CADA ASPIRANTE A LOS CARGOS DEELECCIÓN POPULAR. PARA EL CASO DE MUNICIPIOS, SOLO SE PRESENTARÁ EL INFORMECORRESPONDIENTE A LOS ASPIRANTES A PRESIDENTE MUNICIPAL.

EN CADA INFORME SERÁ REPORTADO EL ORIGEN DE LOS RECURSOS QUE SE HAYAN UTILIZADO PARA FINANCIAR LOS GASTOS. LOS INGRESOS QUE RECIBAN LOS ASPIRANTES, SEAN ENEFECTIVO O EN ESPECIE, DEBERÁ RESPALDARSE CON LA COPIA DEL RECIBO, DE ACUERDO ALFORMATO RESPECTIVO, EL CUAL DEBERÁ CONTENER COMO MÍNIMO:

I. EL NOMBRE DEL ASPIRANTE;

II. FECHA Y LUGAR DE EXPEDICIÓN;

III. TIPO DE PRECAMPAÑA;

SAN LUIS POTOSI
CAPITULO VII
DE LA PROPAGANDA, PRECAMPAÑA, Y CAMPAÑA
ELECTORAL DE LOS PARTIDOS Y COALICIONES
ARTICULO 154.

LOS PARTIDOS POLÍTICOS QUE REALICEN PRECAMPAÑAS PARA ELEGIR CANDIDATOS A ALGÚN PUESTO DE ELECCIÓN POPULAR, DEBERÁN DAR AVISO POR ESCRITO AL CONSEJO, CON ANTERIORIDAD AL INICIO DE SUS PROCESOS DEMOCRÁTICOS INTERNOS.

LOS PARTIDOS POLÍTICOS Y LOS PRECANDIDATOS EN SU CONJUNTO, PODRÁN REALIZAR GASTOS CON MOTIVO DE PRECAMPAÑAS QUE EFECTÚEN PARA ELEGIR A SUS CANDIDATOS, HASTA POR LA CANTIDAD EQUIVALENTE AL TREINTA POR CIENTO DEL MONTO TOTAL FIJADO COMO LÍMITE DE LOS TOPES DE GASTO DE CAMPAÑA PARA LA ELECCIÓN DE QUE SE TRATE.

DICHOS GASTOS DEBERÁN ESPECIFICARSE EN UN APARTADO ESPECIAL, DEL INFORME TRIMESTRAL DE GASTOS ORDINARIOS QUE PRESENTEN AL CONSEJO.

LAS PRECAMPAÑAS QUE REALICEN LOS PARTIDOS POLÍTICOS PARA NOMINAR A SUS CANDIDATOS A GOBERNADOR DEL ESTADO, TENDRÁN UNA DURACIÓN DE HASTA SESENTA DÍAS CONSECUTIVOS Y SE LLEVARÁN A CABO DENTRO DEL PERIODO COMPRENDIDO DEL PRIMER DÍA DE OCTUBRE DEL AÑO ANTERIOR AL DE LA ELECCIÓN, AL TREINTA Y UNO DE ENERO DEL AÑO DE LA ELECCIÓN. LAS PRECAMPAÑAS PARA DIPUTADOS TENDRÁN UNA DURACIÓN DE HASTA CUARENTA DÍAS CONSECUTIVOS, DENTRO DEL PERIODO QUE SE COMPRENDE DEL PRIMER DÍA DE NOVIEMBRE DEL AÑO ANTERIOR AL DE LA ELECCIÓN, HASTA EL TREINTA Y UNO DE MARZO DEL AÑO DE LA ELECCIÓN. FINALMENTE, LAS PRECAMPAÑAS PARA AYUNTAMIENTOS TENDRÁN UNA DURACIÓN DE HASTA CUARENTA DÍAS CONSECUTIVOS, Y SE

REALIZARÁN DENTRO DEL PERIODO COMPRENDIDO DEL PRIMER DÍA DE DICIEMBRE DEL AÑO ANTERIOR AL DE LA ELECCIÓN, AL TREINTA Y UNO DE MARZO DEL AÑO DE LA ELECCIÓN.

PARA EFECTOS DEL PÁRRAFO QUE ANTECEDE, LOS PARTIDOS POLÍTICOS DARÁN AVISO AL CONSEJO RESPECTO DE LA FECHA DE INICIO Y CONCLUSIÓN DE SUS PRECAMPAÑAS; LAS QUE EN NINGÚN CASO QUEDARÁN FUERA DE LOS PERIODOS QUE EL PROPIO PÁRRAFO ESTABLECE, PARA CADA TIPO DE ELECCIÓN.

LOS PARTIDOS POLÍTICOS O SUS PRECANDIDATOS DEBERÁN RETIRAR LA PROPAGANDA ELECTORAL UTILIZADA EN SUS RESPECTIVAS PRECAMPAÑAS, A MÁS TARDAR, QUINCE DÍAS DESPUÉS DE SU CONCLUSIÓN.

EN EL CASO DE QUE ALGÚN PARTIDO O SUS PRECANDIDATOS NO HUBIEREN RETIRADO SU PROPAGANDA EN EL PLAZO SEÑALADO EN EL PÁRRAFO ANTERIOR, EL CONSEJO PODRÁ IMPONER UNA MULTA AL PARTIDO POLÍTICO Y A SUS PRECANDIDATOS OMISOS, DE HASTA DOSCIENTAS VECES EL SALARIO MÍNIMO VIGENTE EN LA CAPITAL DEL ESTADO, Y PODRÁ TOMAR LAS MEDIDAS CONDUCENTES.

EN MATERIA DE PRECAMPAÑAS, ÚNICAMENTE SE PERMITIRÁN LOS ACTOS Y PROPAGANDA A TRAVÉS DE LOS MEDIOS ELECTRÓNICOS DE COMUNICACIÓN, PRENSA ESCRITA, USO DE PERIFONEO, VOLANTES, O CELEBRACIÓN DE REUNIONES DE CARÁCTER PRIVADO QUE NO EXCEDAN DE QUINIENTOS ASISTENTES, SIEMPRE Y CUANDO ÉSTAS NO SE CELEBREN EN LUGARES PÚBLICOS, DEBIENDO SUJETARSE, EN LO CONDUCENTE, A LAS DISPOSICIONES ESTABLECIDAS EN ESTA LEY, PARA LAS CAMPAÑAS Y LA PROPAGANDA ELECTORAL. TRATÁNDOSE DE PROPAGANDA

EN RADIO Y TELEVISIÓN, ÉSTA SÓLO PODRÁ REALIZARSE DENTRO DE LOS ESPACIOS QUE AL EFECTO DESIGNE EL INSTITUTO FEDERAL ELECTORAL, DE CONFORMIDAD CON EL CONVENIO CELEBRADO CON EL CONSEJO.

SINALOA

ARTÍCULO 117.
PARA LOS FINES DE LA PRESENTE LEY, SE ENTENDERÁ POR:

PRECAMPAÑA ELECTORAL: EL CONJUNTO DE ACTIVIDADES REGULADAS POR ESTE ORDENAMIENTO, LOS ESTATUTOS Y ACUERDOS DE LOS PARTIDOS POLÍTICOS O COALICIONES, QUE DE MANERA PREVIA A LA CAMPAÑA ELECTORAL, SON LLEVADAS A CABO POR LOS ASPIRANTES A CANDIDATOS;

ACTOS DE PRECAMPAÑA: LAS ACCIONES QUE TIENEN POR OBJETO OBTENER LA NOMINACIÓN COMO CANDIDATO DEL PARTIDO POLÍTICO O COALICIÓN, PARA CONTENDER EN UNA ELECCIÓN CONSTITUCIONAL. ENTRE OTRAS, QUEDAN COMPRENDIDAS LAS SIGUIENTES:

A)   REUNIONES PÚBLICAS O PRIVADAS;

B)   PROMOCIONES A TRAVÉS DE TRANSMISIONES EN RADIO Y TELEVISIÓN Y CUALQUIER OTRO MEDIO ELECTRÓNICO;

C)   PROMOCIONES A TRAVÉS DE MEDIOS IMPRESOS;

D)   PROMOCIONES A TRAVÉS DE ANUNCIOS ESPECTACULARES EN LA VÍA PÚBLICA;

E)   ASAMBLEAS;

F)   DEBATES;

G)   ENTREVISTAS EN LOS MEDIOS; Y

H)   VISITAS DOMICILIARIAS;

PROPAGANDA DE PRECAMPAÑA ELECTORAL: EL CONJUNTO DE ESCRITOS, PUBLICACIONES, IMÁGENES, GRABACIONES, PROYECCIONES Y EXPRESIONES QUE DURANTE LA PRECAMPAÑA ELECTORAL PRODUCEN Y DIFUNDEN LOS ASPIRANTES A CANDIDATOS Y SUS SIMPATIZANTES, CON EL PROPÓSITO DE PRESENTAR Y DIFUNDIR SUS PROPUESTAS ANTE LA SOCIEDAD Y LOS MILITANTES DEL PARTIDO POR EL QUE ASPIRAN SER NOMINADOS; Y

ASPIRANTE A CANDIDATO: LOS CIUDADANOS QUE DECIDEN CONTENDER AL INTERIOR DE UN DETERMINADO PARTIDO POLÍTICO O COALICIÓN, CON EL FIN DE ALCANZAR SU NOMINACIÓN COMO CANDIDATO A UN PUESTO DE ELECCIÓN POPULAR.

ARTÍCULO 117 BIS.
CORRESPONDE A LOS PARTIDOS POLÍTICOS O COALICIONES, AUTORIZAR A SUS MILITANTES O SIMPATIZANTES LA REALIZACIÓN DE ACTIVIDADES PROSELITISTAS EN BUSCA DE SU NOMINACIÓN A UN PUESTO DE ELECCIÓN POPULAR, DE MANERA PREVIA AL EVENTO DE POSTULACIÓN O DESIGNACIÓN DE CANDIDATOS, CONFORME A SUS ESTATUTOS, ACUERDOS DE SUS ÓRGANOS DE REPRESENTACIÓN Y PRESCRIPCIONES DE ESTA LEY.

EL PARTIDO POLÍTICO O COALICIÓN DEBERÁ INFORMAR POR ESCRITO AL CONSEJO ESTATAL ELECTORAL, SOBRE EL INICIO DE LA PRECAMPAÑA ELECTORAL DENTRO DE LOS CINCO DÍAS ANTERIORES A SU INICIO, EN EL QUE DEBERÁ ACOMPAÑAR UN INFORME DE LOS LINEAMIENTOS O ACUERDOS, A LOS QUE ESTARÁN SUJETOS LOS ASPIRANTES A CANDIDATOS.

LAS PRECAMPAÑAS ELECTORALES NO PODRÁN INICIAR ANTES DE CUARENTA Y CINCO DÍAS NATURALES DEL INICIO DEL

PERIODO DE REGISTRO DE LA CANDIDATURA CORRESPONDIENTE, DEBIENDO CONCLUIR A MÁS TARDAR UN DÍA ANTES AL INICIO DE DICHO PERIODO.

EL PARTIDO POLÍTICO O COALICIÓN DEBERÁ INFORMAR AL CONSEJO ESTATAL ELECTORAL, DENTRO DE LOS CINCO DÍAS SIGUIENTES, SOBRE LA ACREDITACIÓN DE LOS ASPIRANTES A CANDIDATOS, ACOMPAÑANDO LA SIGUIENTE INFORMACIÓN:

COPIA DEL ESCRITO DE SOLICITUD;

PERIODO DE PRECAMPAÑA QUE HA DEFINIDO CADA PARTIDO;

LINEAMIENTOS, NORMAS COMPLEMENTARIAS, CONVOCATORIA Y ACUERDOS QUE SE TOMEN EN RELACIÓN CON LA ELECCIÓN DE LOS CANDIDATOS A PUESTOS DE ELECCIÓN POPULAR;

NOMBRE DEL RESPONSABLE DE LA OBTENCIÓN, ADMINISTRACIÓN Y GASTO DE LOS RECURSOS RECABADOS, DEL ASPIRANTE A CANDIDATO; Y

DOMICILIO PARA OÍR Y RECIBIR NOTIFICACIONES DEL ASPIRANTE A CANDIDATO.

EN CASO DE QUE EL ASPIRANTE A CANDIDATO NO INFORME QUE DESEA INICIAR LA PRECAMPAÑA, TANTO EL CONSEJO ESTATAL ELECTORAL COMO LOS PARTIDOS POLÍTICOS O COALICIONES, PODRÁN RECONOCER QUE LA PRECAMPAÑA HA DADO INICIO, UNA VEZ QUE SEAN PÚBLICOS Y NOTORIOS LOS ACTOS Y GASTOS DE PRECAMPAÑA, Y PODRÁ SER SUJETO A SANCIONES CONFORME LO ESTABLECIDO POR LOS ESTATUTOS DEL PARTIDO CORRESPONDIENTE Y ESTA LEY.

UNA VEZ NOTIFICADO, EL CONSEJO ESTATAL ELECTORAL, POR CONDUCTO DE SU COMISIÓN CORRESPONDIENTE HARÁ SABER

AL PARTIDO Y A LOS ASPIRANTES A CANDIDATOS, CONFORME A LA PRESENTE LEY, LAS OBLIGACIONES A QUE QUEDAN SUJETOS.

LOS PARTIDOS DISPONDRÁN LO NECESARIO A FIN DE QUE LOS ASPIRANTES A CANDIDATOS SEAN RECONOCIDOS COMO TALES, EXTENDIÉNDOLES LAS CONSTANCIAS DE REGISTRO RESPECTIVAS, SI CUMPLE CON LOS REQUISITOS Y RESULTE PROCEDENTE, CONFORME A ESTA LEY, LOS ESTATUTOS Y ACUERDOS DEL PARTIDO.

ARTÍCULO 117 BIS A.
LOS ASPIRANTES A CANDIDATO DEBERÁN OBSERVAR LO SIGUIENTE:

A. OBLIGACIONES

SON OBLIGACIONES DE LOS ASPIRANTES A CANDIDATOS:

RESPETAR LOS ESTATUTOS, LINEAMIENTOS O ACUERDOS DEL PARTIDO POLÍTICO O COALICIÓN, RESPECTO DE LA POSTULACIÓN DE CANDIDATOS, ASÍ COMO LO PRESCRITO EN LA PRESENTE LEY;

INFORMAR POR ESCRITO AL PARTIDO POLÍTICO O COALICIÓN DE SU ASPIRACIÓN, ACOMPAÑÁNDOLO CON UNA EXPOSICIÓN DE MOTIVOS Y EL PROGRAMA DE TRABAJO QUE SE PROPONE LLEVAR A CABO, COMO POSIBLE REPRESENTANTE DE ELECCIÓN POPULAR;

PRESENTAR UN INFORME FINANCIERO, SOBRE EL ORIGEN Y APLICACIÓN DE RECURSOS, ANTE EL PARTIDO POLÍTICO O COALICIÓN, DENTRO DE LOS TRES DÍAS ANTERIORES A LA REALIZACIÓN DEL EVENTO, EN EL CUAL SE ELIJA O DESIGNE AL CANDIDATO;

ENTREGAR AL PARTIDO POLÍTICO O COALICIÓN POR EL QUE CONTENDIÓ INTERNAMENTE, CUALQUIER REMANENTE DEL FINANCIAMIENTO DE PRECAMPAÑA QUE PUDIERA EXISTIR. LO ANTERIOR, SIN IMPORTAR SI EL ASPIRANTE A CANDIDATO CONCLUYÓ O NO LA PRECAMPAÑA ELECTORAL Y SI FUE O NO NOMINADO COMO CANDIDATO;

CUMPLIR CON EL TOPE DE GASTOS QUE PARA ESTE TIPO DE SELECCIÓN DE ASPIRANTES, DISPONE ESTA LEY EN EL CAPÍTULO SIGUIENTE;

SEÑALAR DOMICILIO LEGAL;

DESIGNAR A SU REPRESENTANTE Y AL RESPONSABLE DE LA OBTENCIÓN, ADMINISTRACIÓN Y GASTO DE LOS RECURSOS RECABADOS;

PROPICIAR LA EXPOSICIÓN, DESARROLLO Y DISCUSIÓN DEL PROGRAMA Y ACCIONES FIJADAS, CONFORME A LO ESTABLECIDO EN LOS DOCUMENTOS BÁSICOS Y, EN SU CASO, DE LA PLATAFORMA ELECTORAL DEL PARTIDO POLÍTICO O COALICIÓN; Y

LAS DEMÁS QUE ESTABLEZCA ESTA LEY.

EN EL CASO DE QUE SE TRATE DE ASPIRANTES QUE SEAN SERVIDORES PÚBLICOS, ADEMÁS DE CUMPLIR CON LO QUE ESTABLECE LA CONSTITUCIÓN POLÍTICA DEL ESTADO Y ESTA LEY, SE ABSTENDRÁN DE PROMOVER LA RECAUDACIÓN DE RECURSOS PARA DESTINARLOS A LA REALIZACIÓN DE ACTOS PROSELITISTAS A FAVOR DE SU CANDIDATURA O LA DE OTROS ASPIRANTES, SI NO HA INFORMADO DE ELLO A SU PARTIDO Y ÉSTE A SU VEZ NO LE HA OTORGADO LA CONSTANCIA

CORRESPONDIENTE, NI NOTIFICADO AL CONSEJO ESTATAL ELECTORAL SOBRE SU ASPIRACIÓN.

B. PROHIBICIONES

QUEDA PROHIBIDO A LOS ASPIRANTES A CANDIDATO LO SIGUIENTE:

RECIBIR CUALQUIER APORTACIÓN QUE SEA CONTRARIA A LAS DISPOSICIONES DE ESTA LEY;

REALIZAR ACTOS DE PRECAMPAÑA ELECTORAL ANTES DE LA EXPEDICIÓN DE LA CONSTANCIA DE REGISTRO CORRESPONDIENTE U OBTENER RECURSOS, CUALQUIERA QUE SEA SU ORIGEN, ANTES DE QUE AQUELLA INICIE;

UTILIZAR PARA FINES PERSONALES LOS RECURSOS RECABADOS AL AMPARO DE ACTOS PROSELITISTAS DE PRECAMPAÑA, SALVO VIÁTICOS, ALIMENTOS Y TRANSPORTACIÓN, RELACIONADOS DE MANERA DIRECTA;

HACER USO DE LA INFRAESTRUCTURA DE CUALQUIERA DE LOS TRES NIVELES DE GOBIERNO, INCLUIDOS, ENTRE OTROS, TELÉFONOS, FAXES Y HERRAMIENTAS DE INTERNET, PARA LA OBTENCIÓN DE FINANCIAMIENTO O EN APOYO A LA REALIZACIÓN DE CUALQUIER OTRO ACTO DE PRECAMPAÑA;

LA UTILIZACIÓN DE SÍMBOLOS, SIGNOS, EXPRESIONES, ALUSIONES O FUNDAMENTACIONES DE CARÁCTER RELIGIOSO;

LAS EXPRESIONES VERBALES O ALUSIONES OFENSIVAS A LAS INSTITUCIONES, PERSONAS Y PARTIDOS POLÍTICOS Y AQUELLAS CONTRARIAS A LA MORAL, A LAS BUENAS COSTUMBRES Y LAS QUE INCITEN AL DESORDEN, ASÍ COMO

LAS QUE INJURIEN A LAS AUTORIDADES O A LOS ASPIRANTES A CANDIDATOS DE OTROS PARTIDOS O COALICIONES;

QUE LA PROPAGANDA DE PRECAMPAÑA ELECTORAL SE FIJE O SE PINTE EN LUGARES DE USO COMÚN, NI EN ELEMENTOS DEL EQUIPAMIENTO URBANO, CARRETERO O FERROVIARIO, NI EN ACCIDENTES OROGRÁFICOS CUALQUIERA QUE SEA SU RÉGIMEN JURÍDICO, TALES COMO CERROS, COLINAS, MONTAÑAS Y EN GENERAL CUANDO SE MODIFIQUE EL PAISAJE NATURAL Y URBANO O PERJUDIQUE EL ENTORNO ECOLÓGICO; Y

CONTRATAR EN MEDIOS ELECTRÓNICOS Y PRENSA, POR SÍ O POR INTERPÓSITA PERSONA O POR ÓRGANO DISTINTO AL CONSEJO ESTATAL ELECTORAL, PROPAGANDA ELECTORAL Y EN EL PERIODO DE PRECAMPAÑAS.

ARTÍCULO 117 BIS B.
LOS RECURSOS QUE DESTINEN LOS ASPIRANTES A CANDIDATOS PARA LA REALIZACIÓN DE PROPAGANDA Y ACTOS DE PRECAMPAÑA ELECTORAL, NO PODRÁN REBASAR LOS TOPES QUE DETERMINE EL CONSEJO ESTATAL ELECTORAL; LOS CUALES NO PODRÁN SER MAYORES AL VEINTE POR CIENTO DEL ESTABLECIDO EN LA ELECCIÓN INMEDIATA ANTERIOR PARA LAS CANDIDATURAS A DIPUTADOS Y AYUNTAMIENTOS, Y PARA EL CASO DE ASPIRANTE A CANDIDATO A GOBERNADOR HASTA EL TREINTA POR CIENTO DE LA ELECCIÓN MENCIONADA.

QUEDAN COMPRENDIDOS DENTRO DE LOS TOPES DE GASTOS DE PRECAMPAÑA, LOS SIGUIENTES:

LOS OPERATIVOS DE PRECAMPAÑA, EN SALARIOS DEL PERSONAL EVENTUAL, HONORARIOS, ARRENDAMIENTO DE

BIENES MUEBLES E INMUEBLES, GASTOS DE TRANSPORTE DE PERSONAS Y DE MATERIAL, VIÁTICOS Y OTROS SIMILARES;

LOS DE PROPAGANDA EN PRENSA, RADIO Y TELEVISIÓN Y OTROS MEDIOS ELECTRÓNICOS, ANUNCIOS PUBLICITARIOS, ENTREVISTAS, INSERCIONES, PROGRAMAS ESPECIALES, Y OTROS SIMILARES; Y

LOS DESTINADOS CON MOTIVO DE LA CONTRATACIÓN DE AGENCIAS Y SERVICIOS PERSONALES ESPECIALIZADOS EN MERCADOTECNIA Y PUBLICIDAD ELECTORAL.

LOS RECURSOS OBTENIDOS DURANTE UNA PRECAMPAÑA ELECTORAL, ESTARÁN CONFORMADOS POR LAS APORTACIONES O DONATIVOS, EN DINERO O EN ESPECIE EFECTUADOS EN FAVOR DE LOS ASPIRANTES A CANDIDATOS, EN FORMA LIBRE Y VOLUNTARIA, POR LAS PERSONAS FÍSICAS O MORALES MEXICANAS CON RESIDENCIA EN EL PAÍS, NO COMPRENDIDAS EN EL ARTÍCULO 45 DE ESTA LEY.

PARA EL CASO DE LAS APORTACIONES EN ESPECIE QUE EN LAS PRECAMPAÑAS ELECTORALES, EFECTÚE CADA PERSONA FÍSICA O MORAL, TENDRÁN COMO LÍMITE EL EQUIVALENTE EL UNO POR CIENTO DEL MONTO TOTAL DETERMINADO COMO TOPE DE GASTO DE PRECAMPAÑA.

LOS PARTIDOS POLÍTICOS MEDIANTE FORMATOS APROBADOS POR EL CONSEJO ESTATAL ELECTORAL, INFORMARÁN LOS NOMBRES Y DOMICILIOS DE LAS PERSONAS FÍSICAS Y MORALES, ASÍ COMO LAS CANTIDADES APORTADAS.

CONFORME A LA NATURALEZA DE LAS APORTACIONES QUE CONFORMAN EL FINANCIAMIENTO DE LAS PRECAMPAÑAS ELECTORALES, SE SUJETARÁN A LO SIGUIENTE:

LAS APORTACIONES EN DINERO QUE EFECTÚE CADA PERSONA FÍSICA O MORAL DURANTE LA PRECAMPAÑA ELECTORAL TENDRÁN COMO LÍMITE EL EQUIVALENTE A TRESCIENTAS VECES EL SALARIO MÍNIMO GENERAL VIGENTE EN LA ENTIDAD, DEBIENDO EXPEDIRSE RECIBOS FOLIADOS, EN LOS CUALES SE HARÁ CONSTAR LOS DATOS DE IDENTIFICACIÓN DEL APORTANTE, CONFORME AL FORMATO QUE ESTABLEZCA EL CONSEJO ESTATAL ELECTORAL;

LOS RECURSOS OBTENIDOS MEDIANTE AUTOFINANCIAMIENTO, SE COMPROBARÁN CONFORME A LOS LINEAMIENTOS QUE DICTE EL CONSEJO ESTATAL ELECTORAL;

EN EL CASO DE COLECTAS, SÓLO DEBERÁ REPORTARSE EN EL INFORME CORRESPONDIENTE EL MONTO TOTAL OBTENIDO; DE EXCEDER ESTE MONTO UNA CANTIDAD EQUIVALENTE A CIENTO CINCUENTA VECES EL SALARIO MÍNIMO GENERAL VIGENTE, DEBERÁ JUSTIFICARSE SU PROCEDENCIA;

LAS APORTACIONES EN ESPECIE SE HARÁN CONSTAR POR ESCRITO EN CONTRATOS CELEBRADOS CONFORME A LAS LEYES APLICABLES; Y

LAS APORTACIONES EN BIENES MUEBLES O INMUEBLES DEBERÁN DESTINARSE ÚNICA Y EXCLUSIVAMENTE PARA EL CUMPLIMIENTO DEL OBJETO DE LA PRECAMPAÑA ELECTORAL.

ARTÍCULO 117 BIS C.
LOS ASPIRANTES A CANDIDATO DEBERÁN INFORMAR REGULARMENTE SOBRE LOS RECURSOS DE QUE DISPONGAN, SU MONTO, ORIGEN Y APLICACIÓN, ASÍ COMO DE LA ESTRUCTURA QUE LOS RESPALDA, SEAN ESTAS PERSONAS FÍSICAS O MORALES DE ACUERDO CON LOS PROCEDIMIENTOS,

LINEAMIENTOS Y FORMATOS QUE APRUEBE EL CONSEJO ESTATAL ELECTORAL.

AL TÉRMINO DE SU PRECAMPAÑA ELECTORAL DEBERÁN PRESENTAR DENTRO DE LOS DIEZ DÍAS SIGUIENTES, UN INFORME GENERAL DE LOS INGRESOS Y GASTOS QUE HAYA EFECTUADO, CONFORME A LOS LINEAMIENTOS Y FORMATOS QUE ESTABLEZCA EL CONSEJO ESTATAL ELECTORAL.

LOS GASTOS EN QUE SE INCURRA DURANTE LA PRECAMPAÑA ELECTORAL NO SERÁN CONTABILIZADOS COMO PARTE DE LOS GASTOS DE CAMPAÑA, NI PARA EFECTOS DEL CÁLCULO DE LOS TOPES DE GASTOS A QUE SE REFIERE ESTA LEY.

UNA VEZ QUE EL PARTIDO POLÍTICO HAYA RECIBIDO LOS INFORMES A QUE SE REFIERE ESTE ARTÍCULO, EN UN PLAZO NO MAYOR A CINCO DÍAS HÁBILES INFORMARÁ DE ELLO AL CONSEJO ESTATAL ELECTORAL, CON LAS OBSERVACIONES A QUE DEN LUGAR. LA ENTREGA DEL INFORME SE HARÁ A TRAVÉS DEL ÓRGANO ESPECIALIZADO EN ESA MATERIA DE SU PARTIDO POLÍTICO.

LA COMISIÓN CORRESPONDIENTE ANALIZARÁ LOS INFORMES RECIBIDOS Y EN CASO DE ENCONTRAR ERRORES Y OMISIONES, MEDIANTE OFICIO SOLICITARÁ ACLARACIONES Y RECTIFICACIONES A LOS PARTIDOS POLÍTICOS, QUE DEBERÁN SER NOTIFICADOS A MÁS TARDAR A LOS SIETE DÍAS POSTERIORES A LA RECEPCIÓN DE LOS INFORMES.

LOS PARTIDOS CONTARÁN CON CINCO DÍAS HÁBILES PARA HACER LAS ACLARACIONES Y RECTIFICACIONES QUE CORRESPONDAN.

A PARTIR DE LA FECHA EN QUE CONCLUYA EL PLAZO ESTABLECIDO EN EL PÁRRAFO ANTERIOR, LA COMISIÓN

CORRESPONDIENTE CONTARÁ CON CINCO DÍAS HÁBILES PARA ELABORAR EL PROYECTO DE DICTAMEN CONSOLIDADO CORRESPONDIENTE, QUE DEBERÁ CONTENER:

LA MENCIÓN DE LOS ERRORES E IRREGULARIDADES ENCONTRADOS;

EL SEÑALAMIENTO DE LAS ACLARACIONES Y RECTIFICACIONES PRESENTADAS POR LOS PARTIDOS POLÍTICOS;

LAS FECHAS DE NOTIFICACIÓN DE ERRORES Y OMISIONES, ASÍ COMO LAS FECHAS DE LAS RESPUESTAS DE LOS PARTIDOS; Y

EL RESULTADO Y LAS CONCLUSIONES DE LA REVISIÓN DE LOS INFORMES.

A PARTIR DE LA FECHA DE ELABORACIÓN DEL DICTAMEN CONSOLIDADO, LA COMISIÓN CORRESPONDIENTE CONTARÁ CON DIEZ DÍAS HÁBILES PARA PRESENTARLO AL CONSEJO ESTATAL ELECTORAL DENTRO DEL CUAL SE DETALLARÁN LAS IRREGULARIDADES ENCONTRADAS Y SE ESTABLECERÁN LAS SANCIONES QUE CORRESPONDAN.

EL CONSEJO ESTATAL ELECTORAL DEBERÁ APROBAR EL PROYECTO DE DICTAMEN CONSOLIDADO Y A PARTIR DE LA FECHA DE APROBACIÓN, CONTARÁ CON DIEZ DÍAS HÁBILES PARA HACER PÚBLICOS LOS RESULTADOS DE LOS INFORMES DE INGRESOS Y GASTOS APLICADOS A LOS PROCESOS INTERNOS DE SELECCIÓN DE CANDIDATOS.

ARTÍCULO 117 BIS D.
EL CONSEJO ESTATAL ELECTORAL, A PROPUESTA DE LA COMISIÓN CORRESPONDIENTE, DETERMINARÁ EL ALCANCE Y

REPERCUSIONES DE LOS ERRORES U OMISIONES TÉCNICAS, ESTABLECERÁ LOS LINEAMIENTOS Y FORMATOS QUE LOS ASPIRANTES A CANDIDATO Y PARTIDOS POLÍTICOS DEBERÁN OBSERVAR EN SUS INFORMES DE GASTOS.

EL CONSEJO ESTATAL ELECTORAL, RECIBIRÁ LAS QUEJAS, POR PARTE DE LOS PARTIDOS POLÍTICOS O COALICIÓN, A QUE HAYA LUGAR SOBRE EL ORIGEN Y APLICACIÓN DE LOS RECURSOS UTILIZADOS EN PRECAMPAÑAS ELECTORALES.

CUANDO UN PARTIDO POLÍTICO O COALICIÓN NO CUMPLA EN TIEMPO CON LA PRESENTACIÓN DE LOS INFORMES A QUE SE REFIERE LA FRACCIÓN XIV DEL ARTÍCULO 30 DE ESTA LEY, EL CONSEJO ESTATAL ELECTORAL, POR CONDUCTO DE LA COMISIÓN CORRESPONDIENTE Y PARTIDOS POLÍTICOS, NOTIFICARÁ AL PARTIDO POLÍTICO O COALICIÓN Y AL ASPIRANTE A CANDIDATO, APERCIBIÉNDOLOS DE QUE EN CASO DE NO SUBSANAR LA OMISIÓN EN UN TÉRMINO DE TRES DÍAS SE IMPONDRÁ LA SANCIÓN PREVISTA EN LA FRACCIÓN II DEL ARTÍCULO 247 DEL PRESENTE ORDENAMIENTO.

SONORA

TÍTULO SEGUNDO
DE LAS PRECAMPAÑAS ELECTORALES
ARTÍCULO 160.-
PARA LOS EFECTOS DEL PRESENTE CÓDIGO, SE ENTIENDE POR:

I.- PRECAMPAÑA ELECTORAL: ES EL CONJUNTO DE ACTIVIDADES REGULADAS POR ESTE CÓDIGO, LOS ESTATUTOS Y ACUERDOS DE LOS PARTIDOS, QUE DE MANERA PREVIA A LA POSTULACIÓN DE CANDIDATURAS SON LLEVADAS A CABO POR LOS ASPIRANTES A CANDIDATOS;

II.- ACTOS DE PRECAMPAÑA: SON LAS ACCIONES QUE TIENEN POR OBJETO DAR A CONOCER A LOS ASPIRANTES A CANDIDATO, CON EL FIN DE OBTENER LA NOMINACIÓN COMO CANDIDATO DEL PARTIDO PARA CONTENDER EN UNA ELECCIÓN CONSTITUCIONAL;

III.- PROPAGANDA DE PRECAMPAÑA ELECTORAL: ES EL CONJUNTO DE ESCRITOS, PUBLICACIONES, IMÁGENES, GRABACIONES, PROYECCIONES Y EXPRESIONES QUE SE DIFUNDEN DURANTE LA PRECAMPAÑA ELECTORAL POR LOS ASPIRANTES A CANDIDATOS Y SUS APOYADORES O SIMPATIZANTES; Y

IV.- PRECANDIDATO: EL CIUDADANO QUE CONTIENDA AL INTERIOR DE UN DETERMINADO PARTIDO CON EL FIN DE ALCANZAR SU NOMINACIÓN COMO CANDIDATO A UN CARGO DE ELECCIÓN POPULAR.

ARTÍCULO 161.-
LAS DISPOSICIONES CONTEMPLADAS EN LOS ARTÍCULOS DEL 162 AL 173 DE ESTE CÓDIGO SÓLO SERÁN APLICABLES A LOS PROCEDIMIENTOS INTERNOS DE LOS PARTIDOS PARA LA SELECCIÓN

O ELECCIÓN DE SUS CANDIDATOS A PUESTOS DE ELECCIÓN POPULAR; CUANDO DICHOS PROCEDIMIENTOS, ADEMÁS DE LA PARTICIPACIÓN DE SUS MILITANTES, TRASCIENDAN AL EXTERIOR DE LOS PROPIOS PARTIDOS MEDIANTE PUBLICITACIÓN MASIVA DIRIGIDA A LA CIUDADANÍA EN GENERAL.

ARTÍCULO 162.-

EL PARTIDO, A TRAVÉS DE SU DIRIGENCIA ESTATAL,DEBERÁ INFORMAR POR ESCRITO AL CONSEJO ESTATAL SOBRE EL INICIO DE LA PRECAMPAÑA ELECTORAL, DENTRO DE LOS CINCO DÍAS ANTERIORESA ÉSTA, CON CUYO ESCRITO DEBERÁ ACOMPAÑARSE UN INFORME DE LOS LINEA MIENTOS O ACUERDOS A LOS QUE ESTARÁN SUJETOS LOSASPIRANTES A CANDIDATOS.

LAS PRECAMPAÑAS SE REALIZARÁN EN LOS SIGUIENTES PLAZOS:

I.- PARA PRECANDIDATOS A GOBERNADOR, PODRÁN REALIZARSE DURANTE LOS CUARENTA DÍAS ANTERIORES AL INICIO DEL REGISTRO DE CANDIDATOS PARA LA ELECCIÓN CORRESPONDIENTE;

II.- PARA PRECANDIDATOS A DIPUTADOS PODRÁN REALIZARSE DURANTE LOS TREINTA DÍAS ANTERIORES AL INICIO DEL REGISTRO DE CANDIDATOS PARA LA ELECCIÓN CORRESPONDIENTE; Y

III.- LAS PRECAMPAÑAS PARA PRECANDIDATOS DE AYUNTAMIENTOS PODRÁN REALIZARSE DURANTE LOS TREINTA DÍAS ANTERIORES AL INICIO DEL REGISTRO DE CANDIDATOS PARA LA ELECCIÓN CORRESPONDIENTE.

EL CONSEJO ESTATAL DEBERÁ HACER PÚBLICO, DURANTE EL MES DE ENERO DEL AÑO DE LA ELECCIÓN, EL CALENDARIO OFICIAL PARA PRECAMPAÑAS APLICABLE AL PROCESO ELECTORAL CORRESPONDIENTE.

ARTÍCULO 163.-

EL PARTIDO DEBERÁ INFORMAR AL CONSEJO ESTATAL, DENTRO DE LOS CINCO DÍAS SIGUIENTES A LA ACREDITACIÓN DE PRECANDIDATOS, LO SIGUIENTE:

I.- RELACIÓN DE LOS PRECANDIDATOS ACREDITADOS Y CARGO POR EL

QUE COMPITEN;

II.- INICIO DE ACTIVIDADES;

III.- CALENDARIO DE ACTIVIDADES OFICIALES;

IV.- NOMBRE DEL RESPONSABLE DE LA OBTENCIÓN, ADMINISTRACIÓN Y GASTO DE LOS RECURSOS DEL PRECANDIDATO; Y

V.- DOMICILIO PARA RECIBIR NOTIFICACIONES DE CADA UNO DE LOS PRECANDIDATO O EL DE SU REPRESENTANTE.

ARTÍCULO 164.-

LOS PRECANDIDATOS DEBERÁN OBSERVAR LO SIGUIENTE:

I.- RESPETAR LOS ESTATUTOS, LINEAMIENTOS O ACUERDOS DEL PARTIDO, ALIANZA O COALICIÓN, RESPECTO DE LA POSTULACIÓN DE CANDIDATOS, ASÍ COMO LO DISPUESTO EN EL PRESENTE CÓDIGO;

II.- ENTREGAR AL PARTIDO POR EL QUE CONTENDIÓ INTERNAMENTE, CUALQUIER REMANENTE DEL FINANCIAMIENTO DE PRECAMPAÑA QUE PUDIERA EXISTIR, INDEPENDIENTEMENTE DE QUE EL PRECANDIDATO HAYA CONCLUIDO O NO LA PRECAMPAÑA ELECTORAL Y SI FUE O NO POSTULADO O DESIGNADO COMO CANDIDATO;

III.- CUMPLIR CON EL TOPE DE GASTOS QUE SE DETERMINE AL INTERIOR DE CADA PARTIDO Y, EN SU CASO, POR EL CONSEJO ESTATAL;

IV.- DESIGNAR A SU REPRESENTANTE; Y

V.- LAS DEMÁS QUE ESTABLEZCA ESTE CÓDIGO.

ARTÍCULO 165.-

EN EL CASO DE QUIENES SEAN SERVIDORES PÚBLICOS DEBERÁN RENUNCIAR U OBTENER PERMISO SIN GOCE DE

SUELDO PARA AUSENTARSE DE SU CARGO POR LO MENOS TRES DÍAS ANTES DE SU REGISTRO COMO PRECANDIDATO.

ARTÍCULO 166.-
QUEDA PROHIBIDO A LOS PRECANDIDATOS LO SIGUIENTE:
I.- RECIBIR CUALQUIER APORTACIÓN QUE NO ESTÉ AUTORIZADA POR EL PARTIDO, ALIANZA O COALICIÓN, ASÍ COMO AQUELLAS EXPRESAMENTE PROHIBIDAS EN ESTE CÓDIGO; Y/O
II.- REALIZAR ACTOS DE PRECAMPAÑA ELECTORAL ANTES DE LA EXPEDICIÓN DE LA CONSTANCIA DE REGISTRO CORRESPONDIENTE POR EL ÓRGANO AUTORIZADO DEL PARTIDO Y, EN SU CASO, POR EL CONSEJO ELECTORAL RESPECTIVO.

CAPÍTULO II
ORIGEN DE LOS RECURSOS FINANCIEROS
EN LAS PRECAMPAÑAS ELECTORALES
ARTÍCULO 167.-
LA SUMA DE LOS RECURSOS PARA LA REALIZACIÓN DE PROPAGANDA Y ACTOS DE PRECAMPAÑA ELECTORAL, QUE DESTINEN TODOS LOS PRECANDIDATOS DE UN PARTIDO Y PARA UNA ELECCIÓN DETERMINADA, NO PODRÁ REBASAR LOS TOPES QUE DETERMINE EL PARTIDO DE QUE SE TRATE Y QUE EN NINGÚN CASO PODRÁN SER SUPERIORES AL 25% DEL TOPE DE GASTOS DE CAMPAÑA QUE PARA ESA ELECCIÓN FIJE EL CONSEJO ESTATAL.

ARTÍCULO 168.-
LOS RECURSOS OBTENIDOS PARA Y DURANTE UNA PRECAMPAÑA ELECTORAL, ESTARÁN CONFORMADOS POR LAS APORTA CIONES O DONACIONES EN DINERO O EN ESPECIE EFECTUADAS A FAVOR DE LOS ASPIRANTES A CANDIDATOS, EN FORMA LIBRE Y VOLUNTARIA, POR PERSONAS FÍSICAS O PERSONAS MORALES CIVILES QUE TENGAN EN SU OBJETO SOCIAL LA AUTORIZACIÓN PARA ESTE TIPO DE

APORTACIONES, LAS QUE DEBERÁN SER MEXICANAS, CON CLÁUSULA DE
EXCLUSIÓN DE EXTRANJEROS Y ENCONTRARSE INSCRITAS EN EL CONSEJO ESTATAL CON DOS AÑOS DE ANTICIPACIÓN AL DÍA DE LA ELECCIÓN.

CAPÍTULO III
DE LA FISCALIZACIÓN DE LOS RECURSOS
DE LAS PRECAMPAÑAS ELECTORALES

ARTÍCULO 169.-

LOS PRECANDIDATOS DEBERÁN INFORMAR SEMANALMENTE A SU PARTIDO SOBRE LOS RECURSOS DE QUE DISPONGAN DURANTE EL MISMO PLAZO, ASÍ COMO SU MONTO, ORIGEN, APLICACIÓN Y DESTINO, JUNTO CON LA RELACIÓN DE APORTANTES.

CON BASE EN LA INFORMACIÓN ANTERIOR, DENTRO DE LOS SIETE DÍAS SIGUIENTES A LA CONCLUSIÓN DEL PERÍODO DE PRECAMPAÑAS EL PARTIDO PRESENTARÁ AL CONSEJO ESTATAL UN INFORME INTEGRAL INCLUYENDO LOS DATOS REFERIDOS CON RELACIÓN AL TIEMPO TOTAL DE PRECAMPAÑA.

ARTÍCULO 170.-

LOS GASTOS QUE EFECTÚEN DURANTE LA PRECAMPAÑA ELECTORAL LOS PRECANDIDATOS DE UN MISMO PARTIDO Y PARA UN MISMO CARGO SERÁN CONTABILIZADOS COMO PARTE DE LOS
GASTOS DE CAMPAÑA PARA LA ELECCIÓN CORRESPONDIENTE.

ARTÍCULO 171.-

EL CONSEJO ESTATAL EMITIRÁ UN DICTAMEN SOBRE EL INFORME FINANCIERO DE LAS PRECAMPAÑAS ELECTORALES, A MÁS TARDAR EN VEINTICINCO DÍAS A PARTIR DE SU RECEPCIÓN.

ARTÍCULO 172.-

CUANDO UN PARTIDO NO CUMPLA EN TIEMPO CON LA PRESENTACIÓN DE LOS INFORMES A QUE SE REFIERE EL SEGUNDO PÁRRAFO DEL ARTÍCULO 169 ESTE CÓDIGO, EL CONSEJO ESTATAL, POR CONDUCTO DE LA COMISIÓN RESPECTIVA, NOTIFICARÁ PERSONALMENTE TANTO AL PARTIDO COMO AL O LOS PRECANDIDATOS DE DI CHA OMISIÓN, APERCIBIÉNDOLOS DE QUE EN CASO DE NO SUBSANARLA EN UN TÉRMINO DE CINCO DÍAS, SE IMPONDRÁ LA SANCIÓN PREVISTA EN LA FRACCIÓN III DEL ARTÍCULO 173 DE ESTE CÓDIGO.

ARTÍCULO 173.-

LOS PARTIDOS O CIUDADANOS QUE INCUMPLAN CON LAS DISPOSICIONES DE ESTE CÓDIGO EN MATERIA DE PRECAMPAÑAS ELECTORALES, SEGÚN LA GRAVEDAD DE LA FALTA, PODRÁN

HACERSE ACREEDORES A LAS SIGUIENTES SANCIONES:

I.- APERCIBIMIENTO;

II.- MULTA HASTA POR MIL VECES EL SALARIO MÍNIMO GENERAL VIGENTE EN LA ENTIDAD;

III.- EN EL CASO DE QUE EL CONSEJO ESTATAL CONOZCA QUE SE HA INICIADO UNA PRECAMPAÑA SIN LA NOTIFICACIÓN PREVIA REQUERIDA PARA DICHO EFECTO, SE IMPONDRÁ AL RESPONSABLE UN APERCIBIMIENTO PÚBLICO Y MULTA DE HASTA TRES VECES EL COSTO ESTIMADO DE LOS ACTOS REALIZADOS DENTRO DE LA MISMA.

IV.- PÉRDIDA DEL DERECHO A REGISTRAR EL ASPIRANTE A CANDIDATO, CUANDO ESTE INCUMPLA REITERADAMENTE LAS DISPOSICIONES QUE REGLAMENTAN LAS PRECAMPAÑAS O SE EXCEDA EN LOS TOPES DE GASTOS DE LA MISMA.

PARA LA APLICACIÓN DE ESTAS SANCIONES SE RESPETARÁ PREVIAMENTE EL DERECHO DE AUDIENCIA DE LOS PRESUNTOS INFRACTORES.

TABASCO
TÍTULO SEGUNDO
DE LOS ACTOS PREPARATORIOS DE LA ELECCIÓN
CAPÍTULO PRIMERO
DE LOS PROCESOS DE SELECCIÓN DE CANDIDATOS A CARGOS DE ELECCIÓN POPULAR Y LAS PRECAMPAÑAS ELECTORALES.

ARTÍCULO 201.
LOS PROCESOS INTERNOS PARA LA SELECCIÓN DE CANDIDATOS A CARGOS DE ELECCIÓN POPULAR SON EL CONJUNTO DE ACTIVIDADES QUE REALIZAN LOS PARTIDOS POLÍTICOS Y LOS PRECANDIDATOS A DICHOS CARGOS, DE CONFORMIDAD CON LO ESTABLECIDO EN ESTA LEY, EN LOS ESTATUTOS Y EN LOS REGLAMENTOS, ACUERDOS Y DEMÁS DISPOSICIONES DE CARÁCTER GENERAL QUE APRUEBEN LOS ÓRGANOS DE DIRECCIÓN DE CADA PARTIDO POLÍTICO.

ARTÍCULO 202.
AL MENOS TREINTA DÍAS ANTES DEL INICIO FORMAL DE LOS PROCESOS A QUE SE REFIERE EL ARTÍCULO 201, INCLUSIVE, CADA PARTIDO DETERMINARÁ, CONFORME A SUS ESTATUTOS, EL PROCEDIMIENTO APLICABLE PARA LA SELECCIÓN DE SUS CANDIDATOS A CARGOS DE ELECCIÓN POPULAR, SEGÚN LA ELECCIÓN DE QUE SE TRATE.
LA DETERMINACIÓN DEBERÁ SER COMUNICADA AL CONSEJO ESTATAL DENTRO DE LAS SETENTA Y DOS HORAS SIGUIENTES A SU APROBACIÓN, DEBIENDO SEÑALAR LO SIGUIENTE:
I. LA FECHA DE INICIO DEL PROCESO INTERNO;
II. EL MÉTODO O MÉTODOS QUE SERÁN UTILIZADOS;
III. LA FECHA PARA LA EXPEDICIÓN DE LA CONVOCATORIA CORRESPONDIENTE;
IV. LOS PLAZOS QUE COMPRENDERÁ CADA FASE DEL PROCESO INTERNO;

V. LOS ÓRGANOS DE DIRECCIÓN RESPONSABLES DE SU CONDUCCIÓN Y VIGILANCIA; Y

VI. LA FECHA DE CELEBRACIÓN DE LA ASAMBLEA ELECTORAL ESTATAL, DISTRITAL, MUNICIPAL O EQUIVALENTE, EN SU CASO LA FECHA

PARA LA REALIZACIÓN DE LA JORNADA COMICIAL INTERNA, CONFORME A LO SIGUIENTE:

A). DURANTE LOS PROCESOS ELECTORALES EN QUE SE ELIJAN GOBERNADOR DEL ESTADO, DIPUTADOS Y PRESIDENTES MUNICIPALES Y REGIDORES, LAS PRECAMPAÑAS DARÁN INICIO EN LA PRIMERA SEMANA DE JUNIO DEL AÑO DE LA ELECCIÓN. NO PODRÁN DURAR MÁS DE CUARENTA DÍAS, Y

B). DURANTE LOS PROCESOS ELECTORALES EN QUE SE ELIJAN DIPUTADOS Y PRESIDENTES MUNICIPALES Y REGIDORES, LAS PRECAMPAÑAS DARÁN INICIO EN LA PRIMERA SEMANA DE JULIO DEL AÑO DE LA ELECCIÓN. NO PODRÁN DURAR MÁS DE TREINTA DÍAS.

LAS PRECAMPAÑAS, DARÁN INICIO AL DÍA SIGUIENTE DE QUE SE APRUEBE EL REGISTRO INTERNO DE LOS PRECANDIDATOS. LAS PRECAMPAÑAS DE TODOS LOS PARTIDOS DEBERÁN CELEBRARSE DENTRO DE LOS MISMOS PLAZOS. CUANDO UN PARTIDO TENGA PREVISTA LA CELEBRACIÓN DE SUS ELECCIONES DE PRECANDIDATOS POR CONSULTA DIRECTA, LA JORNADA SE REALIZARÁ EL MISMO DÍA.

ARTÍCULO 203.

CADA PARTIDO DEBERÁ INFORMAR AL CONSEJO ESTATAL, DENTRO DE LOS CINCO DÍAS SIGUIENTES A LA CONCLUSIÓN DEL REGISTRO DE PRECANDIDATOS, LO SIGUIENTE:

I. LA RELACIÓN DE REGISTROS DE PRECANDIDATOS APROBADOS POR EL PARTIDO;

II. CANDIDATURAS POR LAS QUE COMPITEN;

III. INICIO, CONCLUSIÓN DE ACTIVIDADES DE PRECAMPAÑA Y FECHA DE LA ELECCIÓN;

IV. TOPE DE GASTOS QUE HAYA FIJADO EL ÓRGANO DIRECTIVO DEL PARTIDO, EL QUE EN NINGÚN CASO DEBERÁ SER MAYOR A LO INDICADO EN EL ARTÍCULO 210 DE LA PRESENTE LEY;

V. NOMBRE DE LA PERSONA AUTORIZADA POR EL PRECANDIDATO, PARA LA RECEPCIÓN, ADMINISTRACIÓN Y EJERCICIO DE LOS RECURSOS ECONÓMICOS DE LA PRECAMPAÑA; Y

VI. EL DOMICILIO DE LOS PRECANDIDATOS PARA OÍR Y RECIBIR NOTIFICACIONES.

ARTÍCULO 204.

LOS PRECANDIDATOS A CANDIDATURAS A CARGOS DE ELECCIÓN POPULAR QUE PARTICIPEN EN LOS PROCESOS DE SELECCIÓN INTERNA CONVOCADOS POR CADA PARTIDO NO PODRÁN REALIZAR ACTIVIDADES DE PROSELITISMO O DIFUSIÓN DE PROPAGANDA, POR NINGÚN MEDIO, ANTES DE LA FECHA DE INICIO DE LAS PRECAMPAÑAS; LA VIOLACIÓN A ESTA DISPOSICIÓN SE SANCIONARÁ CON LA NEGATIVA DE REGISTRO COMO PRECANDIDATO.

ARTÍCULO 205.

LOS PARTIDOS POLÍTICOS HARÁN USO DEL TIEMPO EN RADIO Y TELEVISIÓN QUE CONFORME A ESTA LEY LES CORRESPONDA PARA LA DIFUSIÓN DE SUS PROCESOS DE SELECCIÓN INTERNA DE CANDIDATOS A CARGOS DE ELECCIÓN POPULAR, DE CONFORMIDAD CON LAS REGLAS Y PAUTAS QUE DETERMINE EL INSTITUTO FEDERAL. LOS PRECANDIDATOS DEBIDAMENTE REGISTRADOS PODRÁN ACCEDER A RADIO Y TELEVISIÓN EXCLUSIVAMENTE A TRAVÉS DEL TIEMPO QUE CORRESPONDA EN DICHOS MEDIOS AL PARTIDO POLÍTICO POR EL QUE PRETENDEN SER POSTULADOS.

ARTÍCULO 206.

QUEDA PROHIBIDO A LOS PRECANDIDATOS A CANDIDATURAS A CARGOS DE ELECCIÓN POPULAR, EN TODO TIEMPO, LA

CONTRATACIÓN DE PROPAGANDA O CUALQUIER OTRA FORMA DE PROMOCIÓN PERSONAL EN RADIO Y TELEVISIÓN. LA VIOLACIÓN A ESTA NORMA SE SANCIONARÁ CON LA NEGATIVA DE REGISTRO COMO PRECANDIDATO, O EN SU CASO CON LA CANCELACIÓN DE DICHO REGISTRO. DE COMPROBARSE LA VIOLACIÓN A ESTA NORMA EN FECHA POSTERIOR A LA DE POSTULACIÓN DEL CANDIDATO POR EL PARTIDO DE QUE SE TRATE, EL INSTITUTO ESTATAL NEGARÁ EL REGISTRO LEGAL DEL INFRACTOR, NOTIFICANDO AL PARTIDO O COALICIÓN PARA QUE EN EL PLAZO QUE SE DETERMINE, SUSTITUYA AL CANDIDATO.

ARTÍCULO 207.
SE ENTIENDE POR PRECAMPAÑA ELECTORAL EL CONJUNTO DE ACTOS QUE REALIZAN LOS PARTIDOS POLÍTICOS, SUS MILITANTES Y LOS PRECANDIDATOS A CANDIDATURAS A CARGOS DE ELECCIÓN POPULAR DEBIDAMENTE REGISTRADOS POR CADA PARTIDO.
SE ENTIENDE POR ACTOS DE PRECAMPAÑA ELECTORAL LAS REUNIONES PÚBLICAS, ASAMBLEAS, MARCHAS Y EN GENERAL AQUELLOS EN QUE LOS PRECANDIDATOS A UNA CANDIDATURA SE DIRIGEN A LOS AFILIADOS Y/O AL ELECTORADO EN GENERAL, CON EL OBJETIVO DE OBTENER SU RESPALDO PARA SER POSTULADO COMO CANDIDATO A UN CARGO DE ELECCIÓN POPULAR. SE ENTIENDE POR PROPAGANDA DE PRECAMPAÑA EL CONJUNTO DE ESCRITOS, PUBLICACIONES, IMÁGENES, GRABACIONES, PROYECCIONES Y EXPRESIONES QUE DURANTE EL PERIODO ESTABLECIDO POR ESTA LEY Y EL QUE SEÑALE LA CONVOCATORIA RESPECTIVA DIFUNDEN LOS PRECANDIDATOS A CANDIDATURAS A CARGOS DE ELECCIÓN POPULAR CON EL PROPÓSITO DE DAR A CONOCER SUS PROPUESTAS.
PRECANDIDATO ES EL CIUDADANO QUE PRETENDE SER POSTULADO POR UN PARTIDO POLÍTICO COMO CANDIDATO A CARGO DE ELECCIÓN POPULAR, CONFORME A ESTA LEY Y A

LOS ESTATUTOS DE UN PARTIDO POLÍTICO, EN EL PROCESO DE SELECCIÓN INTERNA DE CANDIDATOS A CARGOS DE ELECCIÓN POPULAR.

NINGÚN CIUDADANO PODRÁ PARTICIPAR SIMULTÁNEAMENTE EN PROCESOS DE SELECCIÓN INTERNA DE CANDIDATOS A CARGOS DE ELECCIÓN POPULAR POR DIFERENTES PARTIDOS POLÍTICOS, SALVO QUE ENTRE ELLOS MEDIE CONVENIO PARA PARTICIPAR EN COALICIÓN.

ARTÍCULO 208.

LOS PARTIDOS POLÍTICOS, CONFORME A SUS ESTATUTOS, DEBERÁN ESTABLECER EL ÓRGANO INTERNO RESPONSABLE DE LA ORGANIZACIÓN DE LOS PROCESOS DE SELECCIÓN DE SUS CANDIDATOS Y, EN SU CASO, DE LAS PRECAMPAÑAS.

LOS PRECANDIDATOS PODRÁN IMPUGNAR, ANTE EL ÓRGANO INTERNO COMPETENTE, LOS REGLAMENTOS Y CONVOCATORIAS; LA INTEGRACIÓN DE LOS ÓRGANOS RESPONSABLES DE CONDUCIR LOS PROCESOS INTERNOS, LOS ACUERDOS Y RESOLUCIONES QUE ADOPTEN, Y EN GENERAL LOS ACTOS QUE REALICEN LOS ÓRGANOS DIRECTIVOS, O SUS INTEGRANTES, CUANDO DE LOS MISMOS SE DESPRENDA LA VIOLACIÓN DE LAS NORMAS QUE RIJAN LOS PROCESOS DE SELECCIÓN DE CANDIDATOS A CARGOS DE ELECCIÓN POPULAR. CADA PARTIDO POLÍTICO EMITIRÁ UN REGLAMENTO INTERNO EN EL QUE SE NORMARÁN LOS PROCEDIMIENTOS Y PLAZOS PARA LA RESOLUCIÓN DE TALES CONTROVERSIAS. LOS MEDIOS DE IMPUGNACIÓN INTERNOS QUE SE INTERPONGAN CON MOTIVO DE LOS RESULTADOS DE LOS PROCESOS DE SELECCIÓN INTERNA DE CANDIDATOS A CARGOS DE ELECCIÓN POPULAR DEBERÁN QUEDAR RESUELTOS EN DEFINITIVA A MÁS TARDAR CATORCE DÍAS DESPUÉS DE LA FECHA DE REALIZACIÓN DE LA CONSULTA MEDIANTE VOTO DIRECTO, O DE LA ASAMBLEA EN QUE SE HAYA ADOPTADO LA DECISIÓN SOBRE CANDIDATURAS.

LOS MEDIOS DE IMPUGNACIÓN QUE PRESENTEN LOS PRECANDIDATOS DEBIDAMENTE REGISTRADOS EN CONTRA DE LOS RESULTADOS DE ELECCIONES INTERNAS, O DE LA ASAMBLEA EN QUE SE HAYAN ADOPTADO DECISIONES SOBRE CANDIDATURAS, SE PRESENTARÁN ANTE EL ÓRGANO INTERNO COMPETENTE DENTRO DEL TÉRMINO ESTABLECIDO EN SUS DOCUMENTOS BÁSICOS.

SOLAMENTE LOS PRECANDIDATOS DEBIDAMENTE REGISTRADOS POR EL PARTIDO POLÍTICO DE QUE SE TRATE PODRÁN IMPUGNAR EL RESULTADO DEL PROCESO DE SELECCIÓN DE CANDIDATOS EN QUE HAYAN PARTICIPADO.

ARTÍCULO 209.

ES COMPETENCIA DIRECTA DE CADA PARTIDO POLÍTICO, A TRAVÉS DEL ÓRGANO ESTABLECIDO POR SUS ESTATUTOS, O POR EL REGLAMENTO O CONVOCATORIA CORRESPONDIENTE, NEGAR O CANCELAR EL REGISTRO A LOS PRECANDIDATOS QUE INCURRAN EN CONDUCTAS CONTRARIAS A ESTA LEY O A LAS NORMAS QUE RIJAN EL PROCESO INTERNO, ASÍ COMO CONFIRMAR O MODIFICAR SUS RESULTADOS, O DECLARAR LA NULIDAD DE TODO EL PROCESO INTERNO DE SELECCIÓN, APLICANDO EN TODO CASO LOS PRINCIPIOS LEGALES Y LAS NORMAS ESTABLECIDAS EN SUS ESTATUTOS O EN LOS REGLAMENTOS Y CONVOCATORIAS RESPECTIVAS.

LAS DECISIONES QUE ADOPTEN LOS ÓRGANOS COMPETENTES DE CADA PARTIDO PODRÁN SER RECURRIDAS POR LOS ASPIRANTES O PRECANDIDATOS ANTE EL TRIBUNAL ELECTORAL, UNA VEZ AGOTADOS LOS PROCEDIMIENTOS INTERNOS DE JUSTICIA PARTIDARIA.

ARTÍCULO 210.

A MÁS TARDAR EN EL MES DE ABRIL DEL AÑO DE LA ELECCIÓN, EL CONSEJO ESTATAL DEL INSTITUTO ESTATAL DETERMINARÁ LOS TOPES DE GASTO DE PRECAMPAÑA POR PRECANDIDATO Y TIPO DE ELECCIÓN PARA LA QUE PRETENDA SER

POSTULADO. EL TOPE SERÁ EQUIVALENTE AL VEINTE POR CIENTO DEL ESTABLECIDO PARA LAS CAMPAÑAS INMEDIATAS ANTERIORES,

SEGÚN LA ELECCIÓN DE QUE SE TRATE.

EL CONSEJO ESTATAL, A PROPUESTA DEL ÓRGANO TÉCNICO DE FISCALIZACIÓN DEL INSTITUTO ESTATAL, DETERMINARÁ LOS REQUISITOS QUE CADA PRECANDIDATO DEBE CUBRIR AL PRESENTAR SU INFORME DE INGRESOS Y GASTOS DE PRECAMPAÑA. EN TODO CASO, EL INFORME RESPECTIVO DEBERÁ SER ENTREGADO AL ÓRGANO INTERNO DEL PARTIDO COMPETENTE A MÁS TARDAR DENTRO DE LOS SIETE DÍAS SIGUIENTES AL DE LA JORNADA COMICIAL INTERNA O CELEBRACIÓN DE LA ASAMBLEA RESPECTIVA.

SI UN PRECANDIDATO INCUMPLE LA OBLIGACIÓN DE ENTREGAR SU INFORME DE INGRESOS Y GASTOS DE PRECAMPAÑA DENTRO DEL PLAZO ANTES ESTABLECIDO Y HUBIESE OBTENIDO LA MAYORÍA DE VOTOS EN LA CONSULTA INTERNA O EN LA ASAMBLEA RESPECTIVA, NO PODRÁ SER REGISTRADO LEGALMENTE COMO CANDIDATO. LOS PRECANDIDATOS QUE SIN HABER OBTENIDO LA POSTULACIÓN A LA CANDIDATURA NO ENTREGUEN EL INFORME ANTES SEÑALADO SERÁN SANCIONADOS EN LOS TÉRMINOS DE LO ESTABLECIDO POR EL LIBRO SÉPTIMO DE ESTA LEY Y A SU NORMATIVIDAD INTERNA.

LOS PRECANDIDATOS QUE REBASEN EL TOPE DE GASTOS DE PRECAMPAÑA ESTABLECIDO POR EL CONSEJO ESTATAL SERÁN SANCIONADOS CON LA CANCELACIÓN DE SU REGISTRO O, EN SU CASO, CON LA PÉRDIDA DE LA CANDIDATURA QUE HAYAN OBTENIDO.

EN EL ÚLTIMO SUPUESTO, LOS PARTIDOS CONSERVAN EL DERECHO DE REALIZAR LAS SUSTITUCIONES QUE PROCEDAN.

ARTÍCULO 211.

QUEDARÁN COMPRENDIDOS DENTRO DE LOS TOPES DE GASTO DE PRECAMPAÑA LOS CONCEPTOS SEÑALADOS EN LAS FRACCIONES I, II, III Y IV DEL ARTÍCULO 225 DE ESTA LEY.

CAPÍTULO SEGUNDO
DE LA FISCALIZACIÓN DE LOS RECURSOS DE LAS PRECAMPAÑAS
ARTÍCULO 212.
CADA PARTIDO POLÍTICO HARÁ ENTREGA AL ÓRGANO TÉCNICO DE FISCALIZACIÓN DEL INSTITUTO ESTATAL DE LOS INFORMES DE INGRESOS Y GASTOS DE CADA UNO DE LOS PRECANDIDATOS QUE HAYAN PARTICIPADO EN SUS PRECAMPAÑAS, SEGÚN EL TIPO DE ELECCIÓN DE QUE SE TRATE. INFORMARÁ TAMBIÉN LOS NOMBRES Y DATOS DE LOCALIZACIÓN DE LOS PRECANDIDATOS QUE HAYAN INCUMPLIDO LA OBLIGACIÓN DE PRESENTAR EL RESPECTIVO INFORME, PARA LOS EFECTOS LEGALESPROCEDENTES.

ARTÍCULO 213.
DENTRO DEL INFORME ANUAL QUE CORRESPONDA, CADA PARTIDO POLÍTICO REPORTARÁ LOS GASTOS EFECTUADOS CON MOTIVO DE LA REALIZACIÓN DE SUS PROCESOS DE SELECCIÓN INTERNA Y PRECAMPAÑAS, ASÍ COMO LOS INGRESOS UTILIZADOS PARA FINANCIAR DICHOS GASTOS.

ARTÍCULO 214.-
LOS INFORMES SEÑALADOS EN EL ARTÍCULO 212 SERÁN PRESENTADOS ANTE EL ÓRGANO TÉCNICO DE FISCALIZACIÓN DEL INSTITUTO ESTATAL A MÁS TARDAR DENTRO DE LOS VEINTE DÍAS POSTERIORES A LA CONCLUSIÓN DE LOS PROCESOS DE SELECCIÓN INTERNA DE CANDIDATOS A CARGOS DE ELECCIÓN POPULAR.
EL ÓRGANO TÉCNICO DE FISCALIZACIÓN DEL INSTITUTO ESTATAL REVISARÁ LOS INFORMES Y EMITIRÁ UN DICTAMEN CONSOLIDADO POR CADA PARTIDO POLÍTICO EN EL QUE EN SU

CASO, SE ESPECIFICARÁN LAS IRREGULARIDADES ENCONTRADAS Y SE PROPONDRÁN LAS SANCIONES QUE CORRESPONDAN A LOS PRECANDIDATOS O AL PARTIDO.

EL CONSEJO ESTATAL, A PROPUESTA DEL ÓRGANO TÉCNICO DE FISCALIZACIÓN DEL INSTITUTO ESTATAL, DETERMINARÁ REGLAS SIMPLIFICADAS Y PROCEDIMIENTOS EXPEDITOS PARA LA PRESENTACIÓN Y REVISIÓN DE LOS INFORMES DE INGRESOS Y GASTOS DE PRECAMPAÑA DE LOS PRECANDIDATOS.

ARTÍCULO 215.

A LAS PRECAMPAÑAS Y A LOS PRECANDIDATOS QUE EN ELLAS PARTICIPEN LES SERÁN APLICABLES, EN LO CONDUCENTE, LAS NORMAS PREVISTAS EN ESTA LEY RESPECTO DE LOS ACTOS DE CAMPAÑA Y PROPAGANDA ELECTORAL. EL CONSEJO ESTATAL EMITIRÁ LOS DEMÁS REGLAMENTOS Y ACUERDOS, EN LOS TEMAS PREVISTOS EN ESTA LEY, QUE SEAN NECESARIOS PARA LA DEBIDA REGULACIÓN DE LOS PROCESOS INTERNOS DE SELECCIÓN DE CANDIDATOS A CARGOS DE ELECCIÓN POPULAR Y LAS PRECAMPAÑAS.

TLAXCALA

CAPÍTULO V
PROCESOS INTERNOS DE SELECCIÓN DE CANDIDATOS
Y PRECAMPAÑAS ELECTORALES
SECCIÓN PRIMERA
DISPOSICIONES GENERALES
ARTÍCULO 242.
LA REGULACIÓN DE LOS PROCESOS INTERNOS DE LOS PARTIDOS POLÍTICOS Y DE LAS PRECAMPAÑAS DE SUS ASPIRANTES A CANDIDATOS, TENDRÁN COMO FINALIDAD GARANTIZAR LA EQUIDAD EN LA CONTIENDA EN LOS PROCESOS INTERNOS Y FISCALIZAR LOS RECURSOS QUE SEAN APLICADOS EN LOS ACTOS DE PRECAMPAÑA.

EL INSTITUTO DETERMINARÁ LOS TOPES DE LOS GASTOS DE PRECAMPAÑA QUE OBSERVARÁ CADA ASPIRANTE A CANDIDATO, PARA LA ELECCIÓN DE GOBERNADOR, DIPUTADOS LOCALES, INTEGRANTES DE LOSAYUNTAMIENTOS Y PRE SIDENTES DE COMUNIDAD, RESPECTIVAMENTE, LOS CUÁLES NO PODRÁN SER SUPERIORES AL QUINCE POR CIENTO DEL TOPE DE GASTOS DE CAMPAÑA DE LA ELECCIÓN INMEDIATA ANTERIOR DE QUE SE TRATE.

EL INSTITUTO DETERMINARÁ LOS TOPES DE GASTOS DE PRECAMPAÑA VEINTE DÍAS ANTES DEL INICIO DE ÉSTAS.

ARTÍCULO 243.
TODOS LOS PARTIDOS POLÍTICOS CON REGISTRO Y ACREDITACIÓN ANTE EL INSTITUTO, PODRÁN
REALIZAR PROCESOS INTERNOS ORIENTADOS A SELECCIONAR A SUS CANDIDATOS PARA CARGOS CONSTITUCIONALES DE ELECCIÓN POPULAR.

ARTÍCULO 244.

LOS CIUDADANOS QUE REALICEN ACTIVIDADES PROPAGANDÍSTICAS O PUBLICITARIAS, POR SÍ MISMOS O A TRAVÉS DE PARTIDOS POLÍTICOS, CON EL OBJETO DE PROMOVER Y OBTENER APOYO A SU ASPIRACIÓN DE SER POSTULADO A UN CARGO DE ELECCIÓN POPULAR, SE AJUSTARÁN A LOS PLAZOS Y LAS DISPOSICIONES QUE ESTABLECE ESTE CÓDIGO Y A LA NORMATIVIDAD INTERNA DEL PARTIDO POLÍTICO DE QUE SE TRATE.

LOS CIUDADANOS NO PODRÁN REALIZAR ACTOS DE PRECAMPAÑA ELECTORAL SIN AUTORIZACIÓN DE LAS DIRIGENCIAS ESTATALES DE SUS PARTIDOS POLÍTICOS RESPECTIVOS.

EL INCUMPLIMIENTO A LO DISPUESTO POR ESTE ARTÍCULO DARÁ MOTIVO A QUE EL INSTITUTO NIEGUE EN SU MOMENTO EL REGISTRO COMO CANDIDATO AL CARGO DE ELECCIÓN POPULAR AL QUE ASPIRA EN EL PROCESO ELECTORAL DE QUE SE TRATE.

ARTÍCULO 245.

LOS PROCESOS INTERNOS DE LOS PARTIDOS POLÍTICOS, ORIENTADOS A SELECCIONAR A SU CANDIDATOS QUE HABRÁN DE CONTENDER EN LAS ELECCIONES A QUE SE REFIERE ESTE CÓDIGO, SÓLO PODRÁN INICIAR DURANTE EL AÑO DE LA ELECCIÓN DE QUE SE TRATE Y DEBERÁN CONCLUIR NECESARIAMENTE A MÁS TARDAR QUINCE DÍAS ANTES DEL INICIO DEL PERIODO DE REGISTRO DE CANDIDATOS DE LA ELECCIÓN DE QUE SE TRATE.

LAS PRECAMPAÑAS NO PODRÁN DURAR, MÁS DE LAS DOS TERCERAS PARTES DE LAS RESPECTIVAS CAMPAÑAS ELECTORALES.

ARTÍCULO 246.
CADA PARTIDO POLÍTICO PODRÁ REALIZAR GASTOS CON MOTIVO DE LAS PRECAMPAÑAS QUE EFECTÚEN PARA ELEGIR A SUS CANDIDATOS. LOS PARTIDOS POLÍTICOS PODRÁN UTILIZAR FINANCIAMIENTO PÚBLICO PARA EL

SOSTENIMIENTO DE ACTIVIDADES ORDINARIAS PERMANENTES, A FIN DE ORGANIZAR SUS PROCESOS INTERNOS.

ARTÍCULO 247.
EN LOS PROCESOS DE SELECCIÓN DE CANDIDATOS A PRESIDENTES DE COMUNIDAD, LA REGULACIÓN DE PRECAMPAÑAS ELECTORALES SE AJUSTARÁ A LAS DISPOSICIONES A QUE SE REFIERE ESTE CÓDIGO.

ARTÍCULO 248.
PARA LOS EFECTOS DE ESTE CÓDIGO, SE ENTENDERÁ POR:
I. PRECAMPAÑA ELECTORAL: AL CONJUNTO DE ACTOS REALIZADOS POR LOS PARTIDOS POLÍTICOS, Y CIUDADANOS REGULADOS POR ESTE CÓDIGO, LOS ESTATUTOS Y REGLAMENTOS DE LOS PARTIDOS POLÍTICOS, CONEL PROPÓSITO DE ELEGIR EN PROCESOS INTERNOS A SUS ASPIRANTES A CANDIDATOS A PUESTOS DE ELECCIÓN POPULAR EN LAS ELECCIONES EN QUE PARTICIPEN. LAS PRECAMPAÑAS SE CIRCUNSCRIBEN A LA ETAPA PREPARATORIA DE LA ELECCIÓN.
II. ACTOS DE PRECAMPAÑA: LAS ACTIVIDADES DE ORGANIZACIÓN, MÍTINES, MARCHAS, REUNIONES PÚBLICAS, ASAMBLEAS, DEBATES, RECORRIDOS O CUALQUIER ACTIVIDAD PÚBLICA QUE TENGAN POR OBJETO SOLICITAR EL VOTO A FAVOR DE LA CANDIDATURA A UN CARGO DE ELECCIÓN POPULAR.
III. PROPAGANDA DE PRECAMPAÑA ELECTORAL: ESCRITOS, PUBLICACIONES, IMÁGENES, IMPRESOS, PUBLICIDAD POR INTERNET, PINTA DE BARDAS, GRABACIONES SONORAS O DE VIDEO, GRAFFITI, PROYECCIONES O EXPRESIONES ORALES O VISUALES, CUYA DIFUSIÓN DEBERÁ REALIZARSE EXCLUSIVAMENTE POR PRECANDIDATOS O SIMPATIZANTES DURANTE EL PERIODO DE PRECAMPAÑAS;
IV. ASPIRANTES A CANDIDATO: LOS CIUDADANOS QUE LOS PARTIDOS POLÍTICOS REGISTRAN ANTE LOS ÓRGANOS

ELECTORALES DURANTE LA PRECAMPAÑA, CON EL PROPÓSITO DE ALCANZAR LA CANDIDATURA A UN PUESTO DE ELECCIÓN POPULAR; Y,

V. PROCESO INTERNO: ES EL PROCESO DE SELECCIÓN QUE LLEVA A CABO UN PARTIDO POLÍTICO, QUE TIENE COMO FINALIDAD RESOLVER LA POSTULACIÓN DE SUS CANDIDATOS A CARGOS DE ELECCIÓN POPULAR.

ARTÍCULO 249. DEROGADO

ARTÍCULO 250.
PARA EFECTOS DE FISCALIZACIÓN, LOS PARTIDOS POLÍTICOS COMUNICARÁN AL CONSEJO GENERAL, POR ESCRITO, CUANDO MENOS CON DIEZ DÍAS DE ANTICIPACIÓN, LA FECHA DE INICIO DE SU PROCESO INTERNO.

EL ESCRITO INDICARÁ, CUANDO MENOS:LAS FECHAS DE INICIO Y CONCLUSIÓN DEL PROCESO INTERNO DE QUE SE TRATE;

VERACRUZ

ARTÍCULO 70.
EL PROCESO INTERNO ES EL CONJUNTO DE ACTIVIDADES QUE REALIZAN LOS PARTIDOS POLÍTICOS CON EL OBJETO DE SELECCIONAR A SUS CANDIDATOS, A CARGOS DE ELECCIÓN POPULAR, EN LOS

TÉRMINOS DE SUS ESTATUTOS Y DE LA CONVOCATORIA QUE SE EMITA PARA TAL FIN.

LA PRECAMPAÑA ES EL CONJUNTO DE ACTIVIDADES QUE REALIZAN LOS PRECANDIDATOS CON EL FIN DE DIFUNDIR Y PROMOVER SU IMAGEN, PROPUESTAS O PROGRAMAS ENTRE LOS MILITANTES Y SIMPATIZANTES DE LOS PARTIDOS, EN SUS PROCESOS DE SELECCIÓN DE SUS CANDIDATOS. LOS ASPECTOS NO PREVISTOS EXPRESAMENTE EN MATERIA DE PRECAMPAÑAS, SE APLICARÁN EN LO CONDUCENTE, A LAS DISPOSICIONES ESTABLECIDAS EN EL PRESENTE CÓDIGO EN LO RELATIVO A LAS CAMPAÑAS.

EN EL TRANSCURSO DE LAS PRECAMPAÑAS QUE LLEVEN ACABO LOS PRECANDIDATOS A DIPUTADOS Y EDILES, QUEDA PROHIBIDA LA CONTRATACIÓN Y TRASMISIÓN DE MENSAJES PUBLICITARIOS EN PRENSA ESCRITA, RADIO Y TELEVISIÓN O DE CUALQUIER OTRO MEDIO ELECTRÓNICO. LOS CIUDADANOS QUE POR SÍ, O A TRAVÉS DE PARTIDOS O TERCEROS, REALICEN ACTIVIDADES PROPAGANDÍSTICAS Y PUBLICITARIAS, CON OBJETO DE PROMOVER SU IMAGEN PERSONAL, DE MANERA PÚBLICA Y CON EL INEQUÍVOCO PROPÓSITO DE OBTENER LA POSTULACIÓN A UN CARGO DE ELECCIÓN POPULAR, SE AJUSTARÁN A LOS PLAZOS Y DISPOSICIONES ESTABLECIDOS EN ESTE CÓDIGO. EL INCUMPLIMIENTO A ESTA NORMA DARÁ MOTIVO A QUE EL INSTITUTO, A TRAVÉS DE SUS ÓRGANOS COMPETENTES Y EN LA OPORTUNIDAD CORRESPONDIENTE, LES NIEGUE EL REGISTRO COMO CANDIDATO.

A LOS CIUDADANOS SE LES CONSIDERARÁ PRECANDIDATOS CUANDO REALICEN SU REGISTRO EN UN PROCESO INTERNO, COMO ASPIRANTES A UN CARGO DE ELECCIÓN POPULAR, DENTRO DEL PERIODO PREVIO A LA CELEBRACIÓN DE DICHO PROCESO INTERNO.

ARTÍCULO 71.

EL PARTIDO, EN TÉRMINOS DE SUS ESTATUTOS, DEFINIRÁ EL PROCEDIMIENTO DE SELECCIÓN DE SUS CANDIDATOS, QUE CONTENDERÁN EN LOS PROCESOS ELECTORALES DE RENOVACIÓN DE LOSPODERES EJECUTIVO Y LEGISLATIVO, ASÍ COMO DE LOS AYUNTAMIENTOS DEL ESTADO; PARA TAL EFECTO, CORRESPONDE AL PARTIDO AUTORIZAR A LOS PRECANDIDATOS LA REALIZACIÓN DE ACTOS TENDIENTES A DIFUNDIR Y PROMOVER SU IMAGEN, IDEAS O PROGRAMAS ENTRE SUS SIMPATIZANTES Y MILITANTES, PREVIO AL EVENTO DE LA ELECCIÓN O DESIGNACIÓN DE CANDIDATOS.

EL PARTIDO TIENEN LA OBLIGACIÓN DE PRESENTAR AL CONSEJO GENERAL, A MÁS A TARDAR DIEZ DÍAS ANTES DEL

INICIO DE LAS PRECAMPAÑAS, LAS CONVOCATORIAS DEBIDAMENTE APROBADAS POR SUS ÓRGANOS COMPETENTES, PARA LA SELECCIÓN DE SUS CANDIDATOS, DEBIENDO ACOMPAÑAR UN INFORME DE LOS LINEAMIENTOS O ACUERDOS A LOS QUE SE SUJETARÁN LOS ASPIRANTES.

CAPÍTULO II
DEL INICIO DE LOS PROCESOS INTERNOS Y PRECAMPAÑAS
ARTÍCULO 72.

LOS PROCESOS INTERNOS DE SELECCIÓN DE CANDIDATOS DE LOS PARTIDOS PODRÁN REALIZARSE A PARTIR DEL DÍA DIECISÉIS DEL MES DE MARZO DEL AÑO DE LA ELECCIÓN.

ARTÍCULO 73.

EL PARTIDO DEBERÁ INFORMAR AL CONSEJO GENERAL, DENTRO DE LOS CINCO DÍAS
 SIGUIENTES A LA CONCLUSIÓN DEL REGISTRO DE PRECANDIDATOS, LO SIGUIENTE:
I. LA RELACIÓN DE REGISTROS DE PRECANDIDATOS APROBADOS POR EL PARTIDO, ASÍ COMO EL
PROCEDIMIENTO DE ELECCIÓN RESPECTIVO;
II. CANDIDATURAS POR LAS QUE COMPITEN;
III. INICIO Y CONCLUSIÓN DE ACTIVIDADES DE PRECAMPAÑA;
IV. TOPE DE GASTOS QUE HAYA FIJADO EL ÓRGANO DIRECTIVO DEL PARTIDO;
V. NOMBRE DE LA PERSONA AUTORIZADA POR EL PRECANDIDATO, PARA LA RECEPCIÓN, ADMINISTRACIÓN Y EJERCICIO DE LOS RECURSOS ECONÓMICOS DE LA PRECAMPAÑA; Y
VI. EL DOMICILIO DE LOS PRECANDIDATOS PARA OÍR Y RECIBIR NOTIFICACIONES.

ARTÍCULO 74.

LOS CIUDADANOS QUE REALICEN PRECAMPAÑA PARA OCUPAR UN CARGO DE ELECCIÓN POPULAR, TENDRÁN LA OBLIGACIÓN DE CUMPLIR CON LOS SIGUIENTES LINEAMIENTOS:

I. RESPETAR LOS ESTATUTOS, LA CONVOCATORIA O ACUERDOS DEL PARTIDO QUE SE HAYAN EMITIDO CON MOTIVO DE LA SELECCIÓN DE CANDIDATOS, ASÍ COMO LO DISPUESTO EN EL PRESENTE CÓDIGO;

II. CUMPLIR CON EL TOPE DE GASTOS QUE SE DETERMINE AL INTERIOR DE CADA PARTIDO;

III. RENDIR UN INFORME POR ESCRITO AL PARTIDO POR EL CUAL DESEAN POSTULARSE, EN LOS TÉRMINOS DEL ARTÍCULO 79, RESPECTO DEL MANEJO Y APLICACIÓN DE LOS RECURSOS;

IV. DESIGNAR A SU REPRESENTANTE ANTE EL ÓRGANO INTERNO ENCARGADO DEL PROCESO; Y

V. LAS DEMÁS QUE ESTABLEZCA ESTE CÓDIGO. LOS PRECANDIDATOS TENDRÁN LA OBLIGACIÓN DE RENDIR LOS INFORMES DE GASTOS DE PRECAMPAÑAS ANTE EL PARTIDO POLÍTICO, EN CASO DE INCUMPLIMIENTO SE NOTIFICARÁ AL CONSEJO GENERAL PARA QUE ÉSTE INICIE EL PROCEDIMIENTO QUE CORRESPONDA PARA DETERMINAR LA RESPONSABILIDAD DEL CIUDADANO POR DICHA OMISIÓN.

ARTÍCULO 75.
LOS SERVIDORES PÚBLICOS QUE SE ENCUENTREN EN LOS SUPUESTOS DE LAS FRACCIONES II, III Y IV DEL ARTÍCULO 23, DE LAS FRACCIONES IV Y V DEL ARTICULO 43, Y DE LA FRACCIÓN III DEL ARTÍCULO 69 DE LA CONSTITUCIÓN DEL ESTADO, QUE PRETENDAN PARTICIPAR EN UNA PRECAMPAÑA ELECTORAL O PROCESO INTERNO, CON EL OBJETO DE ALCANZAR LA POSTULACIÓN O DESIGNACIÓN DE SU PARTIDO POLÍTICO PARA ALGÚN CARGO DE ELECCIÓN POPULAR, DEBERÁN DE OBTENER LICENCIA SIN GOCE DE SUELDO PARA AUSENTARSE DE SU CARGO POR LO MENOS CINCO DÍAS ANTES DE SU REGISTRO COMO PRECANDIDATOS, EN LOS COMICIOS QUE CORRESPONDAN.

ARTÍCULO 76.

LA PROPAGANDA ELECTORAL QUE SEA COLOCADA POR ACTIVIDADES DE PRECAMPAÑA, DEBERÁ SER RETIRADA POR LOS PRECANDIDATOS CINCO DÍAS ANTES DEL REGISTRO DE CANDIDATOS. EN CASO DE INCUMPLIMIENTO, SE APLICARA UNA MULTA ADMINISTRATIVA AL PRECANDIDATO DE CINCUENTA SALARIOS MÍNIMOS VIGENTES EN LA CAPITAL DEL ESTADO, POR PARTE DE LA AUTORIDAD MUNICIPAL, POR EL RETIRO DE LA MISMA.

CAPÍTULO III
DEL FINANCIAMIENTO DE LAS PRECAMPAÑAS ELECTORALES
ARTÍCULO 77.

EL PARTIDO FIJARÁ EL TOPE DE GASTOS DE PRECAMPAÑAS PARA SUS PRECANDIDATOS.

POR CADA ELECCIÓN, LA SUMA TOTAL DE GASTO DE SUS PRECANDIDATOS NO PODRÁ SER SUPERIOR AL VEINTE POR CIENTO, DEL TOPE DE GASTOS DE LA CAMPAÑA INMEDIATA ANTERIOR FIJADA POR EL INSTITUTO PARA CADA ELECCIÓN.

ARTÍCULO 78.

EL FINANCIAMIENTO DE LAS PRECAMPAÑAS SERÁ PREFERENTEMENTE PRIVADO. SÓLO PODRÁ SER PÚBLICO CUANDO LOS PARTIDOS RESERVEN PARTE DE SUS PRERROGATIVAS ORDINARIAS PARA FINANCIAR A SUS PRECANDIDATOS EN LOS PROCESOS INTERNOS DE CONFORMIDAD CON SUS ESTATUTOS.

CAPÍTULO IV
DE LA FISCALIZACIÓN DE LOS RECURSOS DE LAS PRECAMPAÑAS ELECTORALES
ARTÍCULO 79.

EL PARTIDO ESTABLECERÁ LOS PLAZOS EN QUE SUS PRECANDIDATOS RENDIRÁN LOS INFORMES SOBRE LOS

RECURSOS DE QUE DISPONGAN DURANTE LAS PRECAMPAÑA, ASÍ COMO SU MONTO, ORIGEN, APLICACIÓN Y DESTINO. EL INFORME QUE RINDAN, LLEVARÁ ANEXO LA RELACIÓN DE LOS DONANTES A LA PRECAMPAÑA ELECTORAL.

LOS PRECANDIDATOS LLEVARÁN UN CONTROL DETALLADO DEL ORIGEN, APLICACIÓN Y DESTINO DE LOS RECURSOS FINANCIEROS DE SUS ACTIVIDADES DE PRECAMPAÑA, EN EL QUE ESTABLECERÁN CON CLARIDAD LA LISTA NOMINAL DE DONANTES, CANTIDADES Y PERIODOS DE APLICACIÓN DE TALES RECURSOS. ÉSTOS DEBERÁN ADMINISTRARSE A TRAVÉS DE UNA CUENTA CONCENTRADORA QUE ABRIRÁ EL PARTIDO POR CADA TIPO DE ELECCIÓN, DE LA CUAL SE DESPRENDERÁN SUBCUENTAS POR CADA PRECANDIDATO.

CON BASE EN LOS LINEAMIENTOS ANTERIORES, DENTRO DE LOS OCHO DÍAS SIGUIENTES A LA CONCLUSIÓN DEL PERÍODO DE PRECAMPAÑAS, EL PARTIDO PRESENTARÁ A LA COMISIÓN DE FISCALIZACIÓN EL INFORME DE GASTOS DE PRECAMPAÑA.

ARTÍCULO 80.

LOS GASTOS QUE EFECTÚE DURANTE LA PRECAMPAÑA EL CANDIDATO SELECCIONADO EN EL PROCESO INTERNO LE SERÁN CONTABILIZADOS COMO PARTE DE LOS GASTOS DE CAMPAÑA PARA LA ELECCIÓN CORRESPONDIENTE. ESTA DISPOSICIÓN SERÁ APLICABLE A CUALQUIER PRECANDIDATO, QUE EN SU CASO, SEA REGISTRADO COMO CANDIDATO POR OTRO PARTIDO.

ARTÍCULO 81.

CUANDO UN PARTIDO NO CUMPLA EN TIEMPO Y FORMA CON LA PRESENTACIÓN DEL INFORME DE GASTOS DE PRECAMPAÑA, LA COMISIÓN DE FISCALIZACIÓN, NOTIFICARÁ PERSONALMENTE TANTO AL PARTIDO COMO AL O LOS PRECANDIDATOS DE DICHA OMISIÓN, APERCIBIÉNDOLOS DE QUE EN CASO DE NO SUBSANAR EN UN TÉRMINO DE TRES DÍAS, SE HARÁ ACREEDOR A LAS SANCIONES

CORRESPONDIENTES DE CONFORMIDAD CON LO PREVISTO EN EL LIBRO SEXTO DEL PRESENTE ORDENAMIENTO.

ARTÍCULO 82.

UNA VEZ RECIBIDOS LOS INFORMES, LA COMISIÓN DE FISCALIZACIÓN LOS REVISARÁ Y ANALIZARÁ DENTRO DE LOS DIEZ DÍAS SIGUIENTES.

LA COMISIÓN CONTARA CON LA FACULTAD DE REQUERIR A LOS PARTIDOS, LA DOCUMENTACIÓN NECESARIA PARA COMPROBAR LA VERACIDAD DE LO REPORTADO EN LOS INFORMES.

EL PROCEDIMIENTO PARA LA REVISIÓN Y ANÁLISIS DE LOS INFORMES SE REALIZARA DE CONFORMIDAD CON LO SIGUIENTE:

I. EN EL CASO QUE, NO EXISTA NECESIDAD DE SOLVENTAR DEFICIENCIAS, SE SUJETARÁ A LO
SIGUIENTE:

A) EN UN TÉRMINO DE DIEZ DÍAS EMITIRÁ UN DICTAMEN SOBRE EL INFORME DE LA PRECAMPAÑA ELECTORAL CORRESPONDIENTE; Y

B) EL DICTAMEN SOBRE EL INFORME SERÁ PRESENTADO ANTE EL CONSEJO GENERAL EN UN TÉRMINO DE TRES DÍAS SIGUIENTES A SU CONCLUSIÓN

II. SI DE LA REVISIÓN DE LOS INFORMES SE ADVIERTE LA EXISTENCIA DE ERRORES U OMISIONES
TÉCNICAS, SE SUJETARA A LO SIGUIENTE:

A) EN UN TÉRMINO DE TRES DÍAS SIGUIENTES A LA CONCLUSIÓN DE LA REVISIÓN, NOTIFICARÁ A LOS PARTIDOS POLÍTICOS, PARA QUE EN UN PLAZO NO MAYOR A TRES DÍAS CONTADOS A PARTIR DE LA NOTIFICACIÓN, PRESENTEN LAS ACLARACIONES O RECTIFICACIONES CONDUCENTES;

B) AL VENCIMIENTO DEL PLAZO SEÑALADO EN EL INCISO ANTERIOR, LA COMISIÓN DISPONDRÁ DE UN PLAZO DE DIEZ DÍAS PARA ELABORAR UN DICTAMEN CONSOLIDADO;

C) EL DICTAMEN CONSOLIDADO SERÁ PRESENTADO AL CONSEJO GENERAL DENTRO DE LOS TRES DÍAS SIGUIENTES A SU CONCLUSIÓN; EL DICTAMEN DEBERÁ CUMPLIR CON LOS REQUISITOS QUE SEÑALA LA FRACCIÓN V DEL ARTÍCULO 66 DE ESTA LEY.

EL CONSEJO GENERAL, EMITIRÁ LA RESOLUCIÓN CORRESPONDIENTE DENTRO DE LOS DIEZ DÍAS SIGUIENTES, ORDENÁNDOSE LA NOTIFICACIÓN A LOS PARTIDOS POLÍTICOS Y SU PUBLICACIÓN EN LA GACETA OFICIAL DEL ESTADO.

ZACATECAS

TÍTULO TERCERO
DE LAS PRECAMPAÑAS
CAPÍTULO ÚNICO
ARTÍCULO 108
1. LOS PARTIDOS POLÍTICOS CON ACREDITACIÓN Y REGISTRO VIGENTE ANTE EL INSTITUTO, CON BASE EN SUS ESTATUTOS, PODRÁN REALIZAR PRECAMPAÑAS DENTRO DE LOS PROCESOS DE ELECCIÓN INTERNOS, A FIN DE DEFINIR A LOS CIUDADANOS QUE POSTULARÁN COMO SUS CANDIDATOS A CARGOS DE ELECCIÓN POPULAR.

COMUNICACIÓN AL INSTITUTO
ARTÍCULO 110
1. PREVIO AL INICIO DE LOS PROCESOS INTERNOS DE SELECCIÓN DE CANDIDATOS, LOS PARTIDOS
POLÍTICOS DEBERÁN COMUNICAR AL INSTITUTO SU REALIZACIÓN, MEDIANTE ESCRITO AL QUE
DEBERÁN ANEXAR COPIA DE LA CONVOCATORIA CORRESPONDIENTE, EN LA QUE SE INDIQUE:
I. LAS FECHAS DE INICIO Y CONCLUSIÓN DE SUS PROCESOS INTERNOS;
II. LOS TIEMPOS DE DURACIÓN Y LAS REGLAS DE SUS CAMPAÑAS INTERNAS; Y
III. LOS MONTOS QUE EL ÓRGANO DIRECTIVO DEL PARTIDO HAYA AUTORIZADO PARA GASTOS DE
LAS PRECAMPAÑAS.
2. LOS PARTIDOS POLÍTICOS QUE REALICEN GASTOS CON MOTIVO DE LAS PRECAMPAÑAS PARA ELEGIR A SUS CANDIDATOS, DEBERÁN SUJETARSE A LAS DISPOSICIONES CONTENIDAS EN EL ARTÍCULO 69 DE ESTA LEY.

CONTRATACIÓN DE ESPACIOS EN MEDIOS DE COMUNICACIÓN

ARTÍCULO 111

1. LA CONTRATACIÓN DE ESPACIOS EN LOS MEDIOS DE COMUNICACIÓN, SE HARÁ POR LOS PARTIDOS POLÍTICOS CON CARGO A SU RESPECTIVO FINANCIAMIENTO PÚBLICO. LOS MEDIOS DEBERÁN EXPEDIR FACTURAS A LOS SOLICITANTES DE SERVICIOS. ES OBLIGACIÓN DE LOS PARTIDOS POLÍTICOS INFORMAR AL INSTITUTO SOBRE LA CELEBRACIÓN DE TALES CONTRATOS.

PLAZOS ESTATUTARIOS Y PROPAGANDA
ARTÍCULO 112

1. LOS PLAZOS PARA LAS ACTIVIDADES DE PRECAMPAÑAS QUE REALICEN LOS PARTIDOS PARA ELEGIR A SUS CANDIDATOS, SE ESTABLECERÁN DE ACUERDO A ESTA LEY, Y CONFORME A SUS

RESPECTIVOS ESTATUTOS, DEBIÉNDOSE CONCLUIR A MÁS TARDAR EL DÍA 31 DE MARZO DEL AÑO DE LA ELECCIÓN.

2. LA PROPAGANDA ELECTORAL EN LA VÍA PÚBLICA UNA VEZ TERMINADAS LAS PRECAMPAÑAS QUE REALICEN LOS PARTIDOS POLÍTICOS EN LA FASE DE PRECANDIDATURAS, DEBERÁ SER RETIRADA POR QUIENES ORDENARON SU COLOCACIÓN, A MÁS TARDAR ANTES DEL INICIO DEL REGISTRO DE CANDIDATOS. DE NO HACERLO, SE PEDIRÁ A LAS AUTORIDADES MUNICIPALES PROCEDAN A REALIZAR EL RETIRO, APLICANDO EL COSTO DE DICHOS TRABAJOS CON CARGO A LAS PRERROGATIVAS DEL PARTIDO INFRACTOR.

3. SIN PERJUICIO DE LO PREVISTO EN EL PÁRRAFO ANTERIOR, EL INSTITUTO PODRÁ IMPONER UNA MULTA DE HASTA MIL VECES EL SALARIO MÍNIMO VIGENTE EN EL ESTADO, AL PARTIDO POLÍTICO Y A SUS PRECANDIDATOS OMISOS EN RETIRAR LA PROPAGANDA.

4. DURANTE LAS PRECAMPAÑAS ELECTORALES, LOS PARTIDOS POLÍTICOS, COALICIONES Y LOS CANDIDATOS, NO PODRÁN UTILIZAR EN SU FAVOR, LOS PROGRAMAS PÚBLICOS DE

CARÁCTER SOCIAL EN LA REALIZACIÓN DE ACTOS DE PROSELITISMO POLÍTICO.

5. LOS GOBIERNOS ESTATAL Y MUNICIPALES, SUS DEPENDENCIAS Y ORGANISMOS PARAESTATALES Y PARAMUNICIPALES, DEBERÁN ABSTENERSE DE HACER PROPAGANDA SOBRE LOS PROGRAMAS DE CARÁCTER SOCIAL A SU CARGO, ASÍ COMO AQUELLA DIRIGIDA EN FAVOR O EN CONTRA DE PARTIDOS POLÍTICOS, COALICIONES O PRECANDIDATOS. TAL SUSPENSIÓN PUBLICITARIA O DE PROPAGANDA PREVALECERÁ A PARTIR DEL INICIO DE REGISTRO DE LAS PRECANDIDATURAS, DURANTE EL TRANSCURSO DE LAS CAMPAÑAS ELECTORALES Y EL DÍA DE LA JORNADA ELECTORAL.

PRESENTACIÓN DE INFORMES DE PRECAMPAÑA
ARTÍCULO 113

1. QUIENES HAYAN PARTICIPADO EN CALIDAD DE PRECANDIDATOS PARA UN CARGO DE ELECCIÓN POPULAR, DEBERÁN RENDIR UN INFORME DE GASTOS DE PRECAMPAÑA AL ÓRGANO INTERNO DE SU PARTIDO, DENTRO DE LOS PLAZOS ESTABLECIDOS PARA ELLO, EN LA RESPECTIVA CONVOCATORIA. AL MOMENTO DE PRESENTAR EL INFORME TRIMESTRAL REFERENTE A LA APLICACIÓN DEL FINANCIAMIENTO PÚBLICO PARA GASTOS ORDINARIOS, EL ÓRGANO DE CONTROL PARTIDISTA, DEBERÁ REMITIR AL CONSEJO GENERAL DEL INSTITUTO, LOS INFORMES DE GASTOS DE PRECAMPAÑA QUE HAYA RECIBIDO.

2. LOS PRECANDIDATOS A QUE SE REFIERE EL PÁRRAFO ANTERIOR QUE OMITAN PRESENTAR EL INFORME DE GASTOS DE PRECAMPAÑA, SE HARÁN ACREEDORES A QUE SU PARTIDO LES APLIQUE ALGUNA DE LAS SANCIONES ESTATUTARIAS, Y QUE PUEDEN SER DESDE UNA MULTA, HASTA EN SU CASO, LA PÉRDIDA DEL DERECHO A SER REGISTRADO COMO CANDIDATO. EL PARTIDO POLÍTICO INFORMARÁ AL INSTITUTO SOBRE LAS SANCIONES IMPUESTAS.

3. AL PARTIDO POLÍTICO QUE OMITA REMITIR AL CONSEJO GENERAL LOS INFORMES A QUE SE REFIERE ESTE ARTÍCULO, SE LE IMPONDRÁ LA SANCIÓN ADMINISTRATIVA CORRESPONDIENTE.

Bibliografía

BARTELS, Larry M. (1988). *Presidential primaries and the dynamics of public choice*, Princeton, NJ: Princeton University Press.

BUTLER, David y D. Kavanagh. (1997). *The British General Election of 1997*, Londres: Macmillan.

CAMPBELL, James E., L. L. Cherry y K. A. Wink. (1992)." The Convention Bump" en *American Politics Quarterly*, vol. 20, págs. 287-307.

COOPER E. M. Jahoda, 1947, "*The evasion of propaganda: How prejudiced people respond to anti prejudiced propaganda*", en the Journal of Psychology, Vol. 23, pp. 15-25.

DOWNS, Anthony 1957. (1973), *Teoría económica de la democracia,* Madrid: Aguilar.

ENELOW, James y Hinich Melvin J. (1984). The Spatial Theory of Voting: An Introduction, Cambridge: Cambridge University Press.

FAN, David (1988). *Predictions of Public Opinion From the Mass Media*, Nueva York: Greenwood.

FESTINGER, Leon (1957). A theory of cognitive dissonance, Stanford, CA: Stanford University Press.

GEER, John G. (1988). " The Effects of Presidential Debates on The Electorate's Preferences for Candidates", en *American Politics Quarterly*, vol. 16 pags. 486-501.

GRABER, Doris A. (1980). Mass media and American politics, Washington, DC: *Congressional Quarterly Press*.

HEATH, A., R. Jowell, J. Curtice, J. Field y S. Witherspoon et al. (1991). *Understanding Political Change: the British voter 1964-1987*, Oxford: Pergamon.

KAPLER, Joseph, 1960, The Effects of Mass Communication, Glencoe, IL, Free Press.

KREPS, D. M. (1990). *A Course in Microeconomic Theory*, NJ: Princeton University Press.

LAZARFELD, Paul F., B. Berelson y H. Gaudet (1944). *The people's Choice: How the Voter Makes Up His Mind in a Presidential Campaign*, New York: Columbia University Press.

McCOMBS, Maxwell y L. D. Shaw (1972). "The agenda-setting function of the mass media," en *Public Opinion Quaterly*, vol. 36, pp. 176-187.

MENDOZA Gallardo Ingrid Michelle (2006). La mediatización y la construcción de opinión pública, en Gaceta Universitaria No. 418, p. 4, 12 de diciembre del 2006.

MENDELSON, Paul F. y G. J. O´Keefe, (1976). *The people choose a President*, New York: Praeger.

NOÉLLE-NEUMAN, Elisabeth (1983). " The effects of media on media effects research", en *Journal of Communication*, vol. 33, págs. 157-165.

NORRIS, Pippa, J. Curtice, D. Sanders, M. Scammell y H. A. Semetko (1999) . On Message. *Communicating the ampaign*. Beverly Hills: Sage.

PAGE, Benjamin, R. Shapiro y G. R. Dempsey (1987). Television news and changes in Americans' policy preferences", en *American Political Science Review*, vol. 83, págs. 23-44.

PATTERSON, Thomas (1980). *The Mass Media Election*, New York: Praeger.

SANDERS David (1997), "Voting and the Electorate," en P. Dunleavy, A. Gamble, I. Holiday y G. Peele, (eds). *Developments in British Politics 5, Londres: Macmillan.*

SHAPIRO and Dempsey (1987). Waths Moves Public Opinion, en http://wikisum.com/w/Page,_Shapiro,_and_Dempsey:_What_moves_p ublic_opinion

TRIADA Tena Daniel, Regulación de Pre campañas en México, en revistas Pluralidad y Consenso, México, Senado de la República, 2007.

VALDEZ Zepeda, Andrés (2004). *Campañas Electorales Inteligentes*, México: Universalidad de Guadalajara.

VALDEZ Zepeda, Andrés, *et al*, (2008). La estrategia Obama: la construcción de una marca exitosa en la política electoral y el gobierno, en Revista Latina de Comunicación, España, Universidad de Tenerife, www.revistalatinacs.org/08/alma03/11_**obama**.pdf .

www.ingramcontent.com/pod-product-compliance
Lightning Source LLC
Chambersburg PA
CBHW080409290526

45791CB00008BA/2206

* 9 7 8 1 4 9 4 4 8 9 1 5 1 *